高等院校
计算机技术系列教材

电子商务概论

姚春荣　刘利华　主编

WUHAN UNIVERSITY PRESS
武汉大学出版社

高等院校计算机技术系列教材
编委会

主　任

魏长华

副 主 任

朱定华　金汉均

委　员

（按姓氏笔画为序）

王敬华　王淑礼　汪金友　吴黎兵　张晓春

杜　威　倪永军　姚春荣　胡新和　胡艳蓉

岑柏兹　曾　志　鲍　琼　戴上平　魏　敏

魏媛媛

总 序

进入 21 世纪以来，人类已步入了知识经济的时代。作为知识经济重要组成部分的信息产业已经成为全球经济的主导产业。计算机科学与技术在信息产业中占据了极其重要的地位，计算机技术的进步直接促进了信息产业的发展。在国内，随着社会主义市场经济的高速发展，国民生活水平的不断提高，尤其 IT 行业在国民经济中的迅猛渗透和延伸，越来越需要大量从事计算机技术方面工作的高级人才加盟充实。

另一方面，随着我国教育改革的不断深入，高等教育已经完成了从精英教育向大众化教育的转变，在校大学本科和专科计算机专业学生的人数大量增加，接受计算机科学与技术教育的对象发生了变化。我国的高等教育进入了前所未有的大发展时期，时代的进步与发展对高等教育提出了更高、更新的要求。早在 2001 年 8 月，教育部就颁发了《关于加强高等学校本科教学工作，提高教学质量的若干意见》。文件明确指出，本科教育是高等教育的主体和基础，抓好本科教学是提高整个高等教育质量的重点和关键。2007 年 1 月，教育部和财政部又联合启动了"高等学校本科教学质量与教学改革工程"（以下简称"质量工程"）。"质量工程"以提高高等学校本科教学质量为目标，以推进改革和实现优质资源共享为手段，按照"分类指导、鼓励特色、重在改革"的原则，加强内涵建设，提升我国高等教育的质量和整体实力。

本科教学质量工程的启动对高等院校从事计算机科学与技术教学的教师提出了一个新的课题：如何在新形势下培养高素质创新型的计算机专业人才，以适应社会进步的需要，适应国民经济的发展，增强高新技术领域在国际上的竞争力。

毋庸置疑，教材建设是"本科教学质量工程"的重要内容之一。新时期计算机专业教材应做到以培养学生会思考问题、发现问题、分析问题和解决问题的实际能力为干线，以理论教学与实际操作相结合，"案例、实训"与应用问题相结合，课程学习与就业相结合为理念，设计学生的知识结构、能力结构、素质结构的人才培养方案。为了适应新形势对人才培养提出的要求，在教材的建设上，应该体现内容的科学性、先进性、思维性、启发性和实用性，突出中国学生学习计算机专业的特点和优势，做到"够用、能用、实用、活用"。这就需要从总体上优化课程结构，构造脉络清晰的课程群；精练教学内容，设计实用能用的知识点；夯实专业基础，增强灵活应用的支撑力；加强实践教学，体现理论实践的连接度，力求形成"基础课程厚实，专业课程宽新，实验课程创新"的教材格局。

提高计算机科学与技术课程的教学质量，关键是要不断地进行教学改革，不断地进行教材更新，在保证教材知识正确性、严谨性、结构性和完整性的条件下，使之能充分反映当代科学技术发展的现状和动态，使之能为学生提供接触最新计算机科学理论和技术的机会；教材内容应提倡学生进行创新性的学习和思维，鼓励学生动手能力的培养和锻炼。在这个问题上，计算机科学与技术这个领域表现得尤为突出。

正是在这种编写思想指导下，在武汉大学出版社的大力支持下，我们组织中南地区的华中科技大学、武汉大学、华中师范大学、武汉理工大学、武汉科技学院、湖北经济学院、武汉生物工程学院、信阳师范学院、咸宁职业技术学院、江门职业技术学院、广东警官干部学院、深圳技师学院等院校长期工作在教学和科研第一线的骨干教师，按照21世纪大学本科计算机科学与技术课程体系要求，反复研究写作大纲，广泛猎取相关资料，精心设计教材内容，认真勘正知识谬误。经过大家努力的工作，辛勤的劳动，这套高等院校计算机技术系列教材终于与读者见面了。我相信通过这套教材的编写和出版，能够为我国计算机科学与技术教材的建设有所贡献，能够为我国高等院校计算机专业本科教学质量的提高有所帮助，能够为更多具有高素质的、创新型的计算机专业人才的培养有所作为。

魏长华

2007年7月于武昌

前 言

电子商务（Electronic Commerce）就是利用计算机技术、网络技术和远程通信技术，实现整个商务过程的电子化、数字化和网络化。具体含义是指借助计算机网络进行网上交易活动，即在网上发布供求信息，订货及确认订货，支付及票据的签发、传送和接收，确定配送方案并监控配送过程等。电子商务是商务、管理、计算机学科的综合，商务是本质，计算机是工具，而管理的功能贯穿于商务活动的全过程。

电子商务活动的诞生及其迅速发展是经济全球化、贸易自由化、社会经济网络化相互整合的产物。作为迎接经济全球化的关键手段，电子商务是实现经济变迁的重要措施、先进手段和科学方法，决定一个国家或地区在网络时代的前途和命运。电子商务是21世纪最有发展前途的领域之一。随着电子商务技术的成熟，人们的兴趣逐渐从技术转向应用和管理，经济学和管理学角度的研究对电子商务的影响日益增强。

为了适应新经济对电子商务人才的迫切需求，也为了适应教学的需要，我们组织编写了这本电子商务专业教材，旨在为学科建设和人才培养做出应有的努力。

本书共分8章，论述的内容有电子商务的基础知识、电子商务的技术基础、Internet电子商务的基本模式、行业电子商务、电子货币与支付系统、网络营销、电子商务物流、电子商务法律法规。通过该内容体系的学习，可以为电子商务初学者奠定坚实的专业基础。

本书依照电子商务的运作规律，根据教学的需要，结合最新的数据和案例，结合电子商务的实务性要求来组织和编写各章节内容和实践内容。对初学者来说，结合实践来认识电子商务是非常必要的，因为电子商务本身是跨学科的，所以比较难；而且又是虚拟的，所以比较抽象；实践教学是学习电子商务中的一个重要环节。这是编写本书的一个重要的出发点。

本书由姚春荣负责总体设计，编写人员均为直接工作在电子商务教学和科研第一线的实际工作者。本书由姚春荣编写第1章、第3章、第4章、第8章以及实训部分，第2章由杨彦编写，刘利华编写第5章和第6章，刘丹编写第7章，最后由姚春荣进行统稿和修订。另外，在此感谢武汉生物工程学院信息管理系魏长华教授对本书编写过程中给予的指导和大力支持！

由于作者水平和能力的局限，书中的错漏和不足在所难免，敬请读者批评指正，以便我们进一步完善和修订。

目 录

第 1 章　电子商务概述

1.1　Dell 案例

Dell 公司（http://www.dell.com.cn）CEO 迈克尔·戴尔的经营思想是："绕过分销商等传统价值链中的中间环节，按单定制并将产品直接销售到客户手中。" Dell 公司以客户为中心并与之建立直接的联系，与供应商建立合作伙伴关系，大规模按单定制，实现实时生产和零库存。Dell 公司的成功更在于将新观念与网络创造性地结合。正是这种结合推动了 Dell 与其客户和供应商之间更高效地进行直接沟通，更紧密地合作与分享信息。Dell 网页见图 1-1。

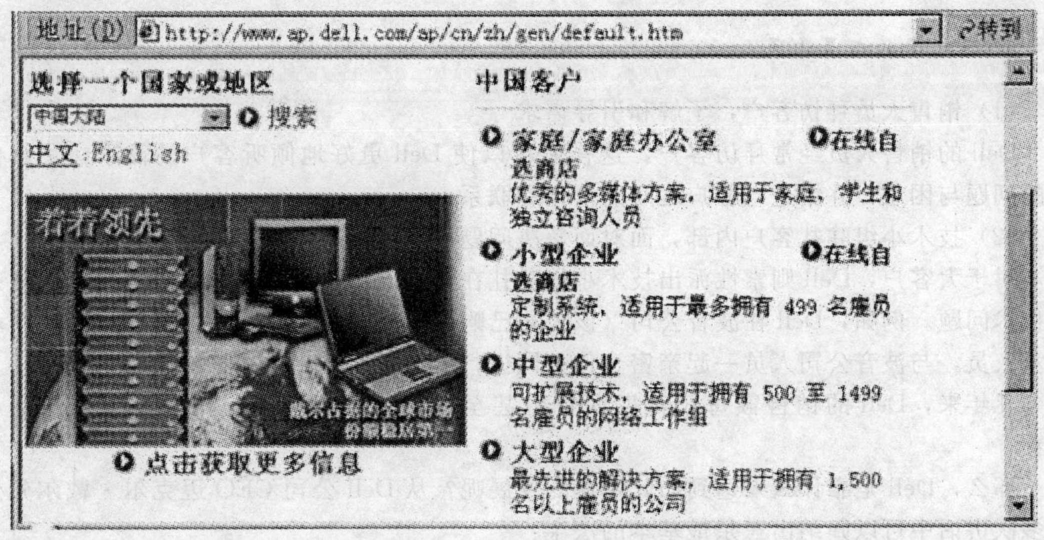

图 1-1　Dell 的网页

传统价值链中生产厂商与供应商以及与最终客户之间的界限正在变得模糊，Dell 模式的核心就是与客户进行直接沟通，这样不仅避免了中间环节的加价和时滞，减少了产品的销售费用和库存的成本与风险，还使公司与客户之间建立了一种直接的联系，这种联系带来了有价值的信息，这些信息又进一步加强和巩固了 Dell 与客户以及与供应商之间的关系。Dell 与客户的沟通方式主要有：

1. 电话沟通

公司向客户提供800免费电话服务。直销人员通过电话针对不同技术层次的客户回答各种问题并引导客户选择配置。

2. 网络沟通

客户只要到公司的Web站点就可以获取有关Dell的信息并可在线订购产品。Dell同时还提供在线支持工具以帮助客户解决各类常见的技术问题。此外，Dell还与全球200多家最大的客户建有特制的企业内部网站（Premier Pages）。在防火墙的安全保护下，这些大客户可以直接进入网站订购并获取相关技术信息。

Dell为5000多个有400名以上员工的美国公司建立了首页，这些首页同客户的Internet连接，让获准的雇员在线配置个人计算机和付款，跟踪交付情况，每天约有500万美元的Dell PC以这种方式订货。

作为使用新观念、新技术的先锋，Dell将网上销售看做其直接销售模式的一种自然延伸。网上销售意味着客户在不与销售商见面的情况下，在线自主完成购物的全部过程——从收到产品信息、选择、比较乃至付款订购（除了提货）。尽管如此，Dell仍很重视传统面对面的人员沟通方式。Dell的逻辑是借助信息技术使技术人员摆脱简单的琐事，以便投入到复杂的咨询工作中。

3. 面对面的人员沟通

（1）销售人员拜访客户，了解和引导需求

Dell的销售人员经常拜访客户，这样做可以使Dell更好地倾听客户的需求，了解他们的问题与困难，并增进与客户之间的信任和联系。

（2）技术小组驻扎客户内部，面对面解决问题

对于大客户，Dell则索性派出技术小组驻扎在客户内部，以便随时协助客户解决复杂的技术问题。例如，Dell在波音公司（该公司已购买了10万台Dell PC机）派驻了30名技术人员，与波音公司人员一起亲密合作共同进行PC机及网络的规划和配置。

几年来，Dell的销售额每年都以两位数甚至三位数的速度迅速增长，令业界刮目相看。

那么，Dell是靠什么来达到如此快速的发展呢？从Dell公司CEO迈克尔·戴尔先生的多次讲话中可以归纳出三条最基本的法宝：

一是靠直销模式：在此模式中有两条基本的实施方法：通过与客户洽谈实施面对面销售，这主要针对大客户；通过800免费热线电话订销产品。

二是靠按订单加工生产：这种方法是用户订购什么样的产品，就生产什么样的产品，绝对满足需求。

三是网上销售：Dell公司在1996年便不失时机地设立了网上商店，当时每天的销售额约为100万美元。现在每天的网上销售额达600万美元，Dell网址每周约有200万人访问。

直销减少了中间环节的开销，节省了成本。目前Dell公司收入的65%来自800免费

电话；按订单进行生产，减少了库存，加速了产品的上市时间；网上商店方便了客户浏览厂家的产品和服务，进一步扩展了直销渠道，降低了成本。

互联网时代的高效性和可交互性，彻底改变了传统的经营方式。对用户来讲，通过互联网络可以得到自己想要得到的东西；对企业来讲，无论是营销还是直接的销售行为，或者是服务，完全可以根据用户的需要来定制专项的服务或者产品。而这种方式，在传统的工业时代是不可能实现的，因为成本太高。而在互联网时代能够实现，因为只要通过鼠标的点击，用户就可以定制自己需要的任何东西。

思考：

(1) 何为电子商务？如何理解“电子”与“商务”的关系？

(2) 有了网络沟通是否还需要电话沟通和面对面的沟通？

(3) 如果没有网络，Dell 能否实现直销？

1.2　传统商务与电子商务

1.2.1　传统商务及交易运作过程

传统商务是商品生产、流通、结算所进行的全部活动的总称，商务活动作为商业、贸易、服务、行政事务和经济事务等的统称，几乎覆盖了人类社会经济生活的各个方面。

传统商务活动的三个基本要素为：买方、卖方、交易。商品交易是商务活动的形式，必须由买方和卖方共同参加并完成商品所有权的转移，期间常常需要中介机构提供相应的服务。整个交易过程是信息流、资金流、物流的统一。

传统商品交易过程大致可分为四个阶段：交易前的准备、交易磋商、合同签订与执行、支付与结算。

1. 交易前的准备

交易前的准备是指买卖双方在交易磋商的准备活动。

买方根据自己的需求，进行货源市场调查和市场分析，寻找满足需求的产品或服务，制定购货计划并计划购货款，再按计划初步确定购买商品的种类、数量、规格、价格、购货地点和交易方式等。

卖方首先要进行市场调研和市场分析，生产适销对路的产品，制定各种销售策略和销售方式，寻找交易伙伴和交易机会。

概括而言，交易前的准备实际上就是买卖双方利用各种有限的媒体空间进行商品信息的发布、查询和匹配的过程。而且在大多数情况下，彼此欲进行交易的标的已经存在，即前有“供”，后有“求”。

2. 交易磋商

交易磋商是指买卖双方对所有交易的细节进行谈判，包括双方在交易的权利、所承担的义务，以及购买商品的种类、数量、规格、价格、购货地点、交易方式、运输方式、违约方式和索赔等。贸易磋商实际上是贸易双方进行口头磋商或纸面贸易单证的传递过程。纸面贸易单证包括询价单、价格磋商、定购合同、发货单、运输单、发票、收货单等，各种纸面贸易单证反映了商品交易双方的价格意向、营销策略、管理要求及详细的商品供需信息。其传递主要通过邮寄方式传递。

3. 合同签订与执行

磋商的过程，经常是通过口头协议来完成的，但在磋商过程完成后，交易双方必须要以书面形式签订具有法律效应的商贸合同，以确定磋商的结果和监督执行，并在产生纠纷时通过合同由相应机构进行仲裁。

根据合同，卖方要备货、组货，完成必要的交易手续，将商品交付运输公司包装、起运、发货或直接交付给买方。买方接到商品后，要组织验货，完成接收过程。

4. 支付与结算

买方要根据约定或合同规定进行付款，付款可通过银行和金融机构进行，以完成整个交易过程。传统商贸业务中的支付一般有支票和现金两种方式，支票方式多用于企业的商贸过程，现金方式常用于企业对个体消费者的商品零售过程。

1.2.2 电子商务及交易运作过程

简单地讲，电子商务是指利用电子手段（特别是计算机网络）进行商务活动。电子商务的核心是“商务”。它是对传统商务所涉及的各种要素的重组。重组的目的是提高各种要素的运行效率和质量，它并没有摆脱传统商务活动的三个要素：买方、卖方、交易。在电子商务环境下，商务实际的运作过程虽然也由交易前的准备、贸易的磋商、合同签订与执行、资金的支付与结算等环节，但是交易具体使用的运作方法是完全不同的。

1. 交易前的准备

在电子商务模式中，交易的供需信息都是通过交易双方的网址和网络主页完成的。

2. 贸易的磋商

电子商务中的贸易磋商过程将纸面单证在网络和系统的支持下变成了电子化的记录、文件和报文在网络上的传递过程，并且由专门的数据交换协议保证网络信息传递的正确性、安全性和快速的特点。

3. 合同的签订与执行

电子商务环境下的网络协议和电子商务应用系统的功能保证了交易双方所有的贸易磋商文件的正确性和可靠性，并且在第三方授权的情况下具有法律效应，可以作为在执行过程中产生纠纷的仲裁依据。

4. 资金的支付

电子商务中交易的资金支付采用信用卡、电子支票、电子现金和电子钱包等形式，以在网上支付的方式进行。

传统商务与电子商务运作过程比较见表 1-1。

表 1-1　**传统商务与电子商务运作过程比较**

	交易前的准备	贸易磋商过程	合同与执行	支付方式
传统商务	商品信息的发布、查询和匹配，通过传统方式来完成	口头磋商或纸面贸易单证的传递过程。工具：电话、传真、邮寄等	以书面形式签订具有法律效应的商务合同（纸面合同）	支票、现金
电子商务	通过交易双方的网址和网络主页完成	电子化的记录、文件和报文在网络上传递	电子合同，同样可具有法律效力	网上支付：信用卡、电子支票、电子现金、电子钱包等

1.2.3　传统商务与电子商务的比较

电子商务虽然和传统商务有着同样的商务流程，但它以提高商业运作效率为目标，综合运用信息技术，将交易全过程中的数据和资料用电子方式实现，以求在整个商业运作过程中实现交易无纸化、直接化。电子商务与传统商务有着许多差异，见表 1-2。

表 1-2　**电子商务与传统商务的差异**

项目	传统商务	电子商务
交易对象	部分地区	全球
交易时间	规定的营业时间内	24 小时
营销活动	销售商的单方营销	双向通信，PC，一对一
顾客方便度	受时间与地点的限制，还要看店主的脸色	顾客按自己的方式无拘无束地购物
顾客需求	需要用很长时间掌握顾客的需求	能够迅速捕捉顾客的需求，及时应对
销售地点	需要销售时间（店铺）	虚拟空间（Cyber Space）

1.2.4　传统企业面临的变革

- 技术的变革：互联网是目前最流行、最可靠的电子商务媒介，企业必须全面采用网络技术。

- 流程的变革：企业作业流程的变革，源于企业必须提高整体效率去应对市场和客户。
- 结构的变革：为适应电子商务和经济全球化，必须调整结构，特别是大集团企业。
- 文化的变革：企业的商务半径短时间迅速扩大，要有全球性的思维方式。

1.2.5 电子商务对社会的影响

随着电子商务魅力的日渐显露，虚拟企业、虚拟银行、网络营销、网上购物、网上支付、网络广告等一大批前所未闻的新词汇正在为人们所熟悉和认同，这些词汇同时也从另一个侧面反映了电子商务正在对社会和经济产生的影响。

1. 电子商务将改变商务活动的方式

传统的商务活动最典型的情景就是“推销员满天飞”、“采购员遍地跑”、“说破了嘴、跑断了腿”，消费者在商场中筋疲力尽地寻找自己所需要的商品。现在，通过互联网只要动动手就可以了。人们可以进入网上商场浏览、采购各类产品，而且还能得到在线服务；商家可以在网上与客户联系，利用网络进行货款结算服务；政府还可以方便地进行电子招标、政府采购等。

2. 电子商务将改变人们的消费方式

网上购物的最大特征是消费者的主导性，购物意愿掌握在消费者手中；同时消费者还能以一种轻松自由的自我服务的方式来完成交易，消费者主权可以在网络购物中充分体现出来。

3. 电子商务将改变企业的生产方式

由于电子商务是一种快捷、方便的购物手段，消费者的个性化、特殊化需要可以完全通过网络展示在生产厂商面前。为了取悦顾客，突出产品的设计风格，制造业中的许多企业纷纷发展和普及电子商务，如美国福特汽车公司在 1998 年 3 月将分布在全世界的 12 万个电脑工作站与公司的内部网连接起来，并将全世界经销商纳入内部网。福特公司的最终目的是实现能够按照用户的不同要求，做到按需供应汽车。

4. 电子商务将对传统行业带来一场革命

电子商务是在商务活动的全过程中，通过人与电子通信方式的结合，极大地提高商务活动的效率，减少不必要的中间环节，传统的制造业借此进入小批量、多品种的时代，使“零库存”成为可能；传统的零售业和批发业开创了“无店铺”、“网上营销”的新模式；各种线上服务为传统服务业提供了全新的服务方式。

5. 电子商务将带来一个全新的金融业

由于在线电子支付是电子商务的关键环节，也是电子商务得以顺利发展的基础条件，

随着电子商务在电子交易环节上的突破，将传统的金融业带入一个全新的领域。1995年10月，全球第一家网上银行“安全第一网络银行”（Security First Network Bank）在美国诞生。这家银行没有建筑物，没有地址，营业厅就是首页画面，员工只有10人，与总资产超过2000亿美元的美国花旗银行相比，“安全第一网络银行”简直是微不足道，但与花旗银行不同的是，该银行所有交易都通过互联网进行。

6. 电子商务将转变政府的行为

政府承担着大量的社会、经济、文化的管理和服务的功能。在电子商务时代，对政府管理行为提出新的要求，电子政府或称网上政府，将随着电子商务发展而成为一个重要的社会角色。

总而言之，作为一种商务活动过程，电子商务将带来一场史无前例的革命。其对社会经济的影响会远远超过商务的本身。它还将对就业、法律制度以及文化教育等带来巨大的影响。

1.3 电子商务的定义及分类

1.3.1 电子商务的内涵

电子商务引起人们的普遍关注，源于英文Electronic Commerce。电子商务是通过各种电子方式而不是面对面方式完成的交易，是信息技术的高级应用，是商业的新模式，但国内外迄今为止还没有对“电子商务”的权威的、严格及统一的定义。

对于电子商务，在不同的发展阶段，中外专家学者从不同的角度提出了众多的定义，如图1-2所示。

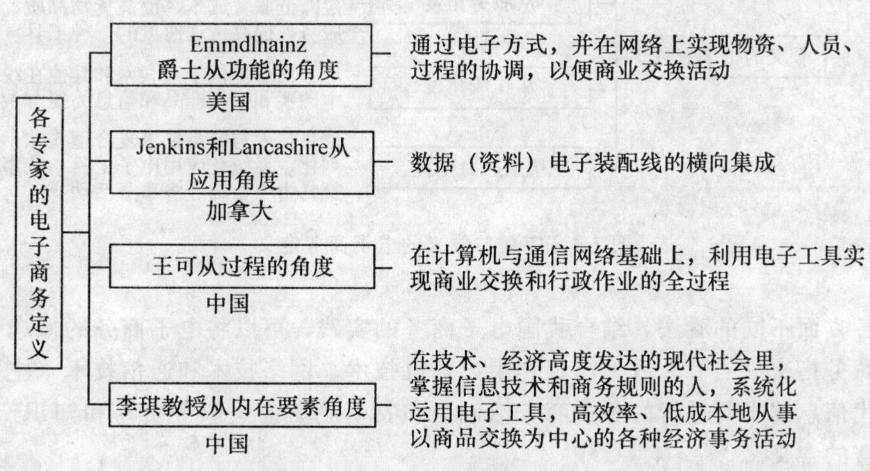

图1-2 各专家对电子商务的定义

协会或组织对电子商务的各种定义，如图 1-3 所示。

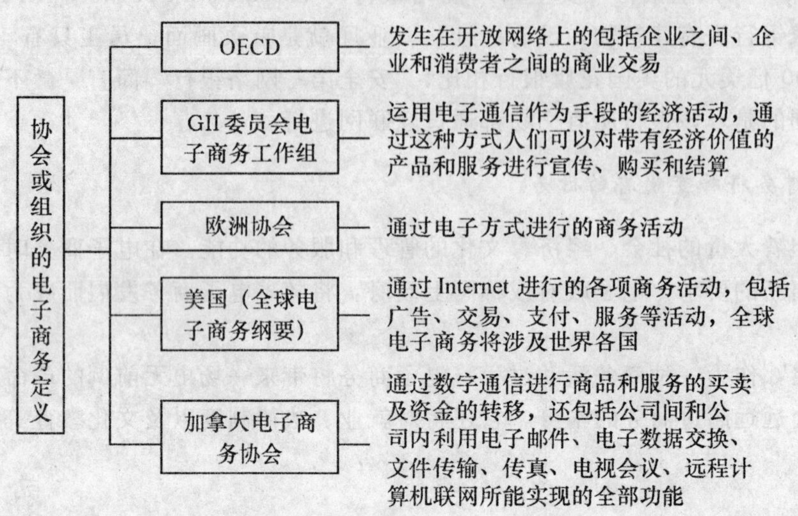

图 1-3　协会或组织对电子商务的定义

从电子商务定义范围上审视电子商务，可以分为广义电子商务和狭义电子商务，如图 1-4 所示。

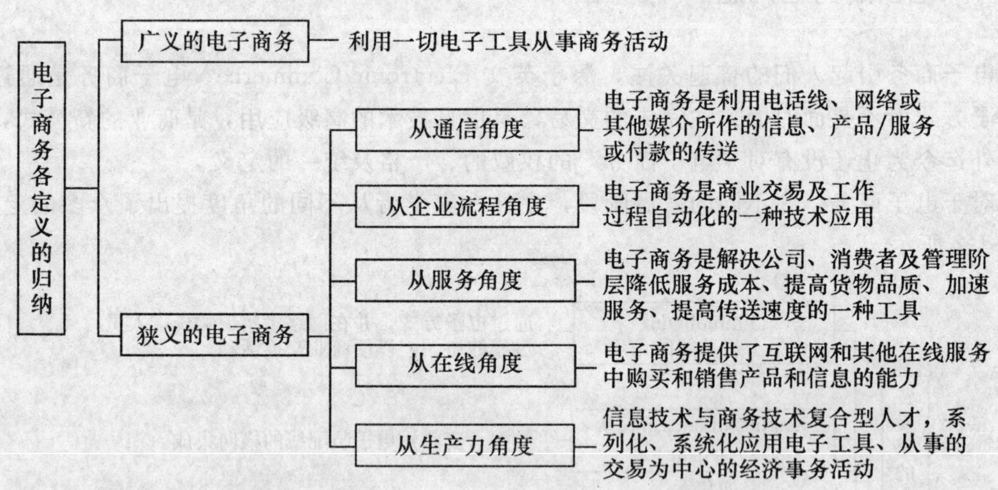

图 1-4　广义与狭义的电子商务定义

综合各方面不同的看法，结合我国电子商务的实践，可以将电子商务的概念作如下描述：电子商务指交易当事人或参与者利用计算机技术、网络技术和通信技术（主要是互联网）等现代信息技术所进行的各类商务活动，包括货物贸易、服务贸易和知识产权贸易。它具有丰富的含义。

第一，电子商务是一种采用最先进信息技术的买卖方式。电子工具必然是现代化的。所谓现代化工具是指当代技术成熟、先进、高效、低成本、安全、可靠和方便操作的电子工具。交易各方将自己的各类供求意愿按照一定的格式输入电子商务网络，电子商务网络便会根据用户的要求，寻找相关信息并提供给用户多种买卖选择。一旦用户确认，电子商务就会协助完成合同的签订、分类、传递和款项收付等全套业务。这就为卖方以较高的价格卖出产品、买方以较低的价格购入产品和原材料等提供了一条非常好的途径。就如中国电子商务专家曾强所描述的，“电子商务＝卖方赚钱＋买方省钱”。

第二，电子商务实质上形成了一个虚拟的市场交换场所。它能跨越时空，实时地为用户提供各类商品和服务的供应量、需求量、发展状况及买卖双方的详细情况。

第三，对电子商务的理解，应从“现代信息技术”和“商务”两个方面考虑。一方面，“电子商务”概念所包括的“现代信息技术”应涵盖各种使用电子技术为基础的通信方式；另一方面，对“商务”一词应作广义解释。如果将“现代信息技术”看做一个子集，“商务”看做另一个子集，电子商务所覆盖的范围应当是这两个子集所形成的交集。电子商务的主要成分是“商务”，是在“电子”基础上的商务。

第四，电子商务的前提是商务信息化，而不是简单地等同于商务电子化。真正的电子商务绝不仅仅是企业前台的商务电子化，更重要的是包括后台在内的整个运作系统的全面信息化，以及企业整体经营流程的优化和重组。

第五，电子商务的核心是人。电子商务是一个社会系统，它的中心必然是人。电子商务的出发点和归宿是商务，商务的中心是人或人的集合。电子工具的系统化应用也只能靠人。

第六，对象的变化是至关重要的。以往的商务活动主要是针对实物商品进行的商务活动，电子商务则首先要将实的商品虚拟化，形成信息化的虚拟商品，进而对虚拟商品进行整理、储存、加工传输。

狭义的电子商务仅仅指通过 Internet 进行的商业活动。而广义的电子商务则将利用包括 Internet、Intranet、LAN 等各种不同形式网络在内的一切计算机网络进行的所有商贸活动都归属于电子商务。从发展的观点看，采用广义的电子商务的理解比较合理。所以，美国学者瑞维·卡拉可塔和安德鲁·B. 惠斯顿提出：电子商务是一种现代商业方法，这种方法以满足企业、商人和顾客的需要为目的，通过增加服务传递速度，改善服务质量，降低交易费用。由此，可以得到电子商务的定义。

狭义的电子商务（Electronic Commerce，EC）定义：电子商务称为电子交易，主要指借助于计算机网络进行网上交易活动，即在网上实施展示、查询、订货、促销、销售、转账、清算、服务等。

广义的电子商务（Electronic Business，EB）定义：指包括电子交易在内的、通过现代信息技术进行的各种商务活动，不局限于企业之间、企业与个人之间的商务活动，而且也包括企业内各部门之间发生的一切商务活动。

1.3.2 电子商务的特点

电子商务与传统商业方式不同，其优越性是显而易见的，如表 1-3 所示。图 1-5 说明了传统商务通信与电子商务通信的比较。

表 1-3　　　　电子商务的特点

序号	基本特点	综合特点
1	书写电子化、传递数据化	高效率
2	没有店面租金成本	
3	没有库存压力	低成本
4	很低的行销成本	极方便
5	经营规模不受场地限制	
6	支付手段高度电子化	无时限
7	便于收集客户信息	无空限
8	特别适用于电子信息产品的销售	

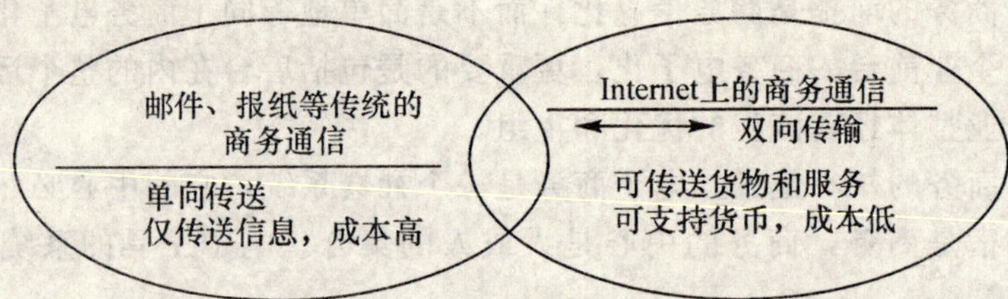

图 1-5　传统商务通信方式与电子商务通信方式比较

电子商务与传统商业方式相比，具有如下特点：

1. 交易虚拟化

通过 Internet 为代表的计算机互联网络进行的贸易，贸易双方从贸易磋商、签订合同到支付等，无需当面进行，均通过计算机互联网络完成，整个交易完全虚拟化。对卖方来说，可以到网络管理机构申请域名，制作自己的主页，组织产品信息上网。而虚拟现实、网上聊天等新技术的发展使买方能够根据自己的需求选择广告，并将信息反馈给卖方。通过信息的推拉互动，签订电子合同，完成交易并进行电子支付。整个交易都在网络这个虚拟的环境中进行。

2. 交易成本低

电子商务使买卖双方的交易成本大大降低，具体表现在：

（1）距离越远，网络上进行信息传递的成本相对于信件、电话、传真的成本而言就越低。此外，缩短时间及减少重复的数据录入也降低了信息成本。

（2）买卖双方通过网络进行商务活动，无需中介者参与，减少了交易的有关环节。

（3）卖方可通过互联网络进行产品介绍、宣传，避免了在传统方式下做广告、发印刷产品等的大量费用。

（4）电子商务实行“无纸贸易”，可减少 90％的文件处理费用。

（5）互联网使买卖双方能够即时沟通供需信息，使无库存生产和无库存销售成为可

能，从而使库存成本降为零。

（6）企业利用内部网（Intranet）可实现“无纸办公”，提高内部信息传递的效率，节省时间，并降低管理成本。

（7）传统的贸易平台是地面店铺，新的电子商务贸易平台只是网吧或办公室。

3. 交易效率高

由于互联网络将贸易中的商业报文标准化，使商业报文能在世界各地瞬间完成传递与计算机自动处理，原料采购、产品生产、需求与销售、银行汇兑、保险、货物托运及申报等过程无须人员干预，能在最短的时间内完成。传统贸易方式中，由于人员合作和工作时间的问题，往往会延误传输时间，失去最佳商机。电子商务克服传统贸易方式费用高、易出错、处理速度慢等缺点，极大地缩短了交易时间，使整个交易更快捷、方便。

4. 交易透明化

买卖双方从交易的洽谈、签约，以及货款的支付、交货通知等整个交易过程都在网络上进行。通畅、快捷的信息传输可以保证各种信息之间互相核对，可以防止伪造信息的流通。

1.3.3　电子商务的分类

电子商务有多种分类方法，比如可以按交易的对象、参与的主体、应用的平台以及是否在线支付等进行分类，如表 1-4 所示。

表 1-4　　不同标准的电子商务分类

分类标准	分类
按交易对象	数字化商品（完全 EC），非数字化商务商品、网上服务（完全 EC）
按参与主体	B2B，B2C，C2C，B2G 等
按应用平台	专用网（如 EDI），互联网（Internet），电话网，电视网，三网合一
按是否在线支付	在线支付型，非在线支付型
按地域范围	本地电子商务、远程国内电子商务、全球电子商务

目前应用最多，也是应用最广泛的电子商务分类是：企业间电子商务、消费者与企业的电子商务、政府与企业的电子商务，如图 1-6 所示。

以下主要从三个方面具体介绍电子商务的分类。

1. 按交易的对象划分

电子交易的参与者主要有企业、消费者、政府机构等。按交易对象划分，有企业对企业、企业对消费者、企业对政府、消费者对消费者等类型的电子商务。

（1）企业对企业的电子商务（Business to Business（B2B）EC）

也称为商家对商家或商业机构对商业机构的电子商务，B2B 方式是电子商务应用最早

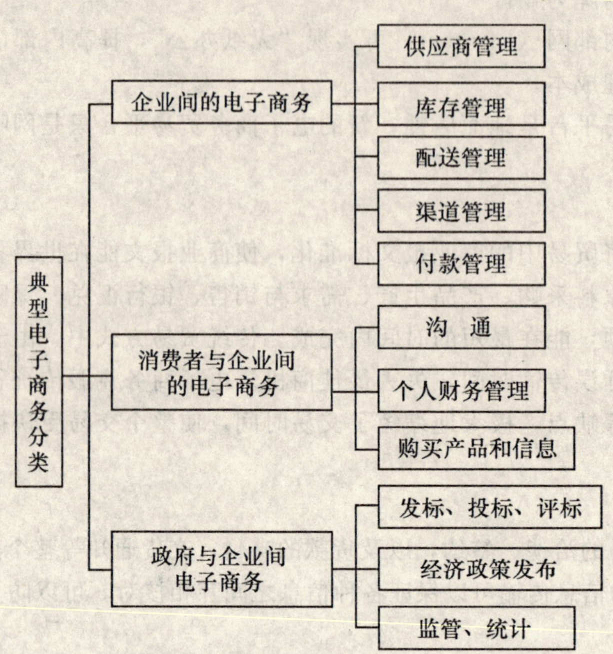

图 1-6 三种典型电子商务

和最受企业重视的形式，企业可以使用 Internet 或其他网络围绕每笔交易寻找最佳合作伙伴，完成从定购到结算的全部交易行为，包括向供应商订货、签约、接受发票和使用电子资金转移、信用证、银行托收等方式进行付款，以及在商贸过程中发生的其他问题如索赔、商品发送管理和运输跟踪等。企业对企业的电子商务经营额大，所需的各种硬软件环境较复杂，但 B2B 电子商务发展得最快，已经有了多年的历史，特别是通过增值网络（Value Added Network，VAN）上运行的电子数据交换（EDI），使企业对企业的电子商务得到了迅速扩大和推广。

在第三方建立的电子商务平台上开展交易，也是企业对企业电子商务的一种模式。例如，由马云创立的阿里巴巴网站（http://china.alibaba.com）。作为商业服务网站，阿里巴巴允许供方企业在网站上登记自己的商品、服务信息，买方企业在网站上搜索信息，求购商品，寻找交易伙伴。阿里巴巴帮助供需双方进行信息匹配，进而开展具体交易活动。

企业对企业电子商务的发展方向是在中立的电子交易市场上完成企业之间的商品、服务的销售和采购。在这种电子商务模式中，众多企业的电子商务平台无缝接入企业外部的电子交易市场。在电子交易市场上，聚集了众多的企业和它们的商品与服务信息，是一个多卖主体系（multi-vendor-systems），也是一种高度网络化、自动化的商务模式，是整个电子商务应用的最高境界。

(2) 企业对消费者的电子商务（Business to Customer（B2C）EC）

这是消费者利用互联网直接参与经济活动的形式，基本上表现为网上在线零售形式。随着万维网（WWW）的出现，网上销售迅速发展起来。目前，在互联网上有许许多多各种类型的虚拟商店和虚拟企业，提供各种与商品销售有关的服务。通过网上商店买卖的商品可以是实体化的，如书籍、鲜花、服装、食品、汽车、电视等；也可以是数字化的，如新闻、音乐、电影、数据库、软件及各类基于知识的商品；还有提供的各类服务，有安排旅游、在线医疗诊断和远程教育等。中国的网上书店“当当”就是属于企业对消费者电子商务网站。

(3) 企业对政府的电子商务 (Business to Government (B2G) EC)

这种商务活动覆盖企业与政府组织间的各项事务。政府既是商品和服务的购买者，同时也是商务的管理者，具有商业和行政两种行为。商业行为方面，企业与政府之间进行的各种手续的报批，政府通过互联网发布采购清单（招标），企业以电子化方式回应（投标），进而开展具体交易。它基本上是一种招标性质的电子商务。行政行为方面，政府在网上以电子交换方式来完成对企业和电子交易的征税等，这成为政府机关政务公开的手段和方法。

(4) 消费者对消费者的电子商务 (Customer to Customer (C2C) EC)

消费者对消费者的电子商务是指消费者之间在商务平台上所开展的电子商务。阿里巴巴旗下的淘宝网（http://www.taobao.com）就是这样的商务类型。它为客户提供了一个虚拟交易社区，实行双向拍卖，竞价成交。

2. 按商品交易过程完整程度划分

按交易过程在网络上的完成程度，电子商务可以分为完全电子商务和不完全电子商务。

(1) 完全电子商务

指产品或服务可以完全通过电子商务方式实现和完成整个交易过程的电子商务。一些数字化的无形产品和服务如软件、音乐、远程教育等，供需双方直接在网络上完成订货或申请服务、网上支付与结算、实施服务或产品使用权的转移，无需借助其他手段。完全电子商务在理论上是电子商务的最高境界，但交易对象的特性仅限于无形产品和网上信息服务，不能涵盖所有商品和服务。

(2) 不完全电子商务

指商品交易的全过程无法完全依靠电子商务方式实现的电子商务。一些物质和非数字化的商品无法在网络上供货和送货，需要依靠一些外部要素，如运输系统、邮政系统等来完成货物的运输和配送。

3. 按电子商务使用的网络类型划分

(1) EDI 网络电子商务 (Electronic Data Interchange，电子数据交换)

EDI 是按照一个公认的标准和协议，将商务活动中涉及的文件标准化和格式化，通过计算机网络，在贸易伙伴的计算机网络系统之间进行数据交换和自动处理。EDI 主要应用于企业与企业、企业与批发商、批发商与零售商之间的批发业务。EDI 电子商务在 20 世纪 90 年代已得到较大的发展，技术上也较为成熟，但是因为开展 EDI 对企业有较高的管理、资金和技术要求，因此至今尚不太普及。

(2) 互联网电子商务 (Internet 网络)

指利用 Internet 网络开展的电子商务活动，在 Internet 上可以进行各种形式的电子商务业务，所涉及的领域广泛，全世界各个企业和个人都可以参与，正以飞快的速度在发展，其前景十分诱人，是目前电子商务的主要形式。

(3) 内联网络电子商务(Intranet 网络)

指在一个大型企业的内部或一个行业内开展的电子商务活动，形成一个商务活动链，可以大大提高工作效率，降低业务成本。已经开通的上海网上南京路一条街主页，包括了南京路上的主要商店，客户可以在网上游览著名的上海南京路商业街，并在网上南京路上的网上商店中以电子商务的形式购物。上述两个都是 B2C 的电子商务应用形式。

4. 按交易的地域范围划分

(1) 本地电子商务

通常指利用本城市内或本地区内的信息网络实现的电子商务活动，电子交易的地域范围较小。本地电子商务由于地理范围较小，物质商品的货物运送相对快捷。在有些国家，它还受到本地区特殊政策、法规的影响和支配。本地电子商务可以有效地整合本地资源，是开展有远程国内电子商务和全球电子商务的基础系统。

(2) 远程国内电子商务

指在本国范围内进行的网上电子交易活动，其交易的地域范围较大，对软硬件和技术要求较高，要求具有一个全国性的电子商务环境。国家电子商务系统在构成要素和连接网络上与本地电子商务没有本质区别，只不过是在范围和规模方面上升到国家级。

(3) 全球电子商务

指在全世界范围内进行的电子交易活动，参加电子交易各方通过网络进行贸易。全球电子商务业务内容繁杂，数据来往频繁，要求电子商务系统严格、准确、安全、可靠，应制订出世界统一的电子商务标准和电子商务(贸易)协议，使全球电子商务得到顺利发展。

1.4 电子商务的基本组成

1.4.1 电子商务概念模型

电子商务概念模型是对现实世界中电子商务活动的一般抽象描述，它由电子商务实体，电子市场，交易事务，以及商流、信息流、资金流、物流等基本要素构成，见图 1-7。

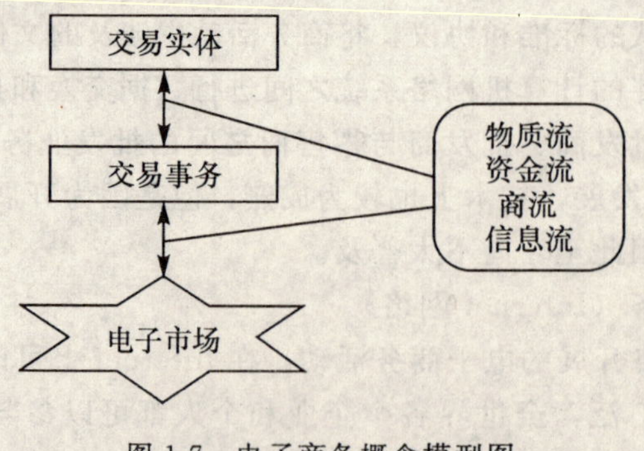

图 1-7 电子商务概念模型图

在电子商务概念模型中，电子商务实体（简称EC实体）指能够从事电子商务活动的客观对象，例如企业、银行、商店、政府机构、科研教育机构和个人等；电子市场指EC实体从事商品和服务交易的场所，由各种各样的商务活动参与者，利用各种通信装置，通过网络连接成一个统一的经济整体；交易事务指EC实体之间所从事的具体商务活动的内容，例如询价、报价、转账支付、广告宣传、商品运输等。

电子商务的任何一笔交易，都包含物流、资金流、商流和信息流。其中物流主要指商品和服务的配送与传输渠道。对于大多数商品和服务来说，物流可能仍然经由传统的营销渠道；然而对于有些商品和服务来说，可以直接以网络传输的方式进行配送，如各种电子出版物、信息咨询服务、有价信息等。资金流主要指资金的转移过程，包括付款、转账、结算、兑换等过程。商流指商品和服务所有权的转移，它的标志是提货单、房产证等法律文书。信息流既包括商品信息的提供、促销行销、技术支持、售后服务等内容，也包括询价单、报价单、付款通知单、转账通知单等商业贸易单证，还包括交易方的支付能力、支付信誉和中介信誉等。

从电子商务概念模型不难看出，电子商务实质上是电子商务实体围绕交易事务、通过电子市场发生的经济活动关系，产生这些经济活动关系是通过物流、资金流、商流、信息流来实现的。因此，电子商务的概念模型可以抽象地描述为每个EC实体和电子市场之间的交易事务关系。

1.4.2 电子商务的研究对象

电子商务研究的对象由商务对象、商务媒体、商务事件，以及信息流、商流、资金流、物流等基本要素构成。电子商务对象是指从事电子商务的客观对象，包括企业、客户和政府，因而产生了企业与企业间的电子商务、企业与消费者间的电子商务、企业与政府间的电子商务等电子商务模式。

商务媒体指商务对象进行交易的场所，或者说是虚拟电子市场。一方面，虚拟电子市场与传统的市场有很多共同点，如都要遵从价值规律和等价交换规律等；另一方面，虚拟市场又与传统的市场有很大的差异，这些差异主要表现在信息技术的应用从时间、空间上将市场扩展到了最大化，从效率上产生了质的飞跃。应该认识到，信息技术的这一影响是深远的。

商务事件指电子商务对象之间所从事的具体商务内容，例如询价、报价、支付、广告、商品储存和运输等。电子商务一方面创造了很多传统商务中所未能涉及的商务活动内容，同时也将部分传统商务活动的形式推入坟墓。

研究电子商务，既要对上述各因素进行单独研究，也要研究它们相互之间的关系，从而使上述各因素相互协调发展，相互促进，共同为电子商务的发展协同工作。

1.4.3 电子商务的组成

1. 电子商务的基本组成要素

电子商务的基本组成要素包括Internet、Intranet、Extranet、用户、配送中心、认证中心、银行、商家等，如图 1-8 所示。

(1) 网络包括 Internet、Intranet、Extranet。

(2) 用户分为个人用户和企业用户。

(3) 认证中心（CA）是受法律承认的权威机构，负责发放和管理电子证书，使网上交易的各方能互相确认身份。

(4) 物流中心接受商家的送货要求，组织运送无法从网上直接得到的商品，跟踪产品的流向，将商品送到消费者手中。

(5) 网上银行在 Internet 上实现传统银行的业务，为用户提供 24 小时实时服务。

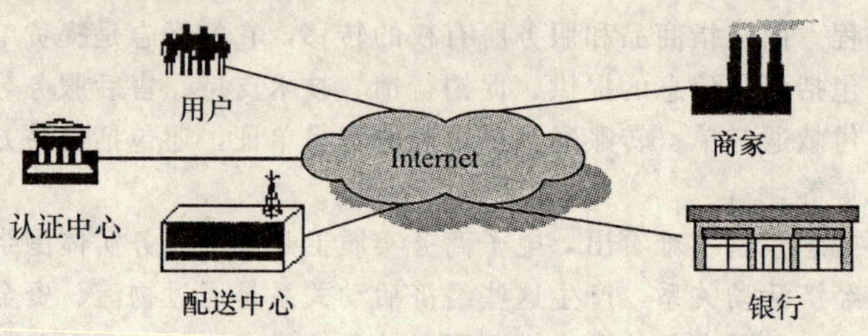

图 1-8 电子商务组成要素

2. 电子商务的环境

电子商务的发展需要一个整体的应用环境。可以从这样几个方面讨论电子商务环境：电子商务的社会环境、技术环境、管理环境等，如图 1-9 所示。

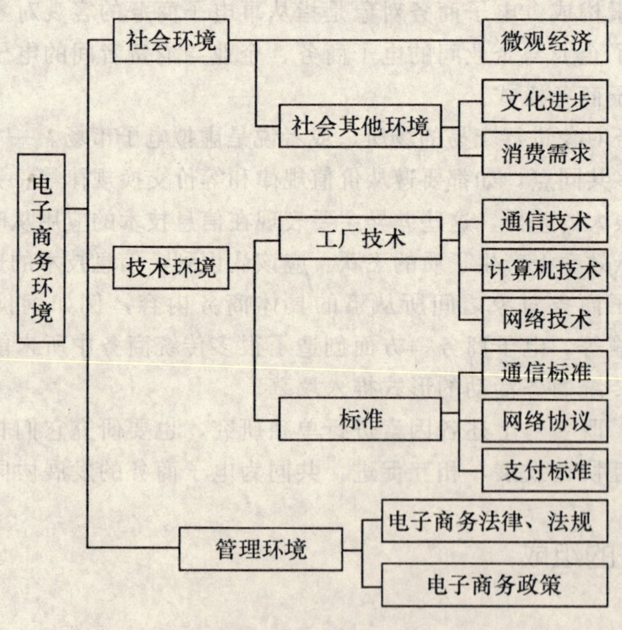

图 1-9 电子商务环境

目前，电子商务的核心是电子交易，电子交易依赖于一个可信任的安全电子交易支持环境，如图 1-10 所示。

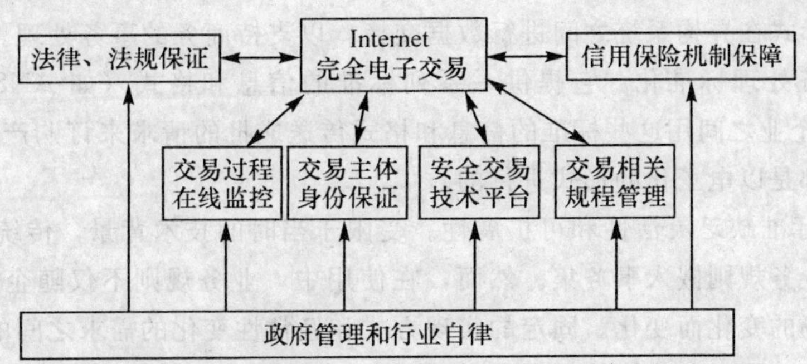

图 1-10 可信赖的 Internet 安全电子交易支持环境

1.5 电子商务的起源和发展

1.5.1 电子商务产生的背景及原因

1. 产生背景

电子商务对整个人类来说是一个新生事物，电子商务产生的原动力是信息技术（IT）的进步和社会商业的发展。因此它的产生有其深刻的技术背景和商业背景，20 世纪 90 年代，Internet 的出现将信息技术的进步推向了一个新高潮。与此同时，信息技术与社会商业的融合发展，导致了社会网络化、经济数字化、竞争全球化、贸易自由化的趋势不断加强。电子商务正是在这种背景下产生的，如图 1-11 所示。

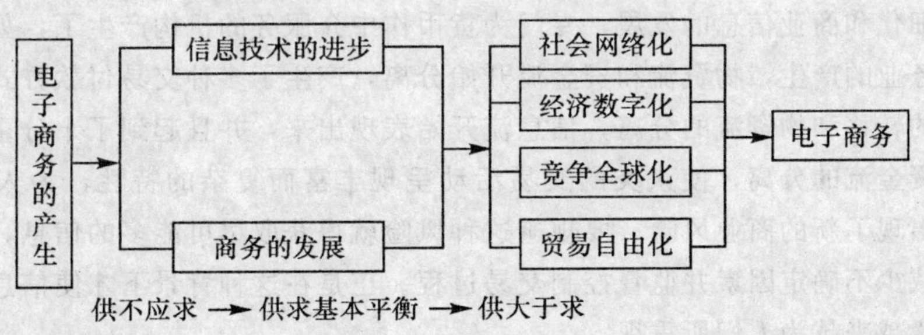

图 1-11 电子商务的产生

(1) 技术背景

电子商务是随着信息技术的不断发展而产生的，其中，EDI，Internet，Web 和 Java

等对电子商务有着举足轻重的作用。

自从ARPANET诞生之后，计算机网络和Internet在20世纪70年代得到了迅速的发展，很多企业开始依靠EDI（Electronic Data Interchange）实现业务处理的自动化。EDI指以电子形式在异构系统之间进行数据交换，以支持商务的事务处理。EDI着重于合作者之间的事务处理标准化。它提供一系列标准的信息和格式（如ANSIX.12和UN/EDI-FACT），企业之间用这些标准的信息和格式传送成批的请求来订购产品、接收货物、付账，而这些都是以电子化的形式进行的。

但是EDI标准缺乏灵活性和可扩展性。受限于当时的技术背景，传统EDI使用固定的事务集，把业务规则嵌入事务集。然而，在使用中，业务规则不仅随企业不同而不同，而且会随着市场的变化而变化。固定的实现方式和经常性变化的需求之间的矛盾，是传统EDI的最大困难。再者，传统的EDI服务是在昂贵的增值网络上进行的，建立与维护的高成本阻碍它进入中小型企业及组织机构，增值网络的高成本是传统EDI的又一大障碍。

到20世纪80年代初，TCP/IP协议族在ARPANET上全面实现后，随之而来的是Internet的蓬勃发展，人们就开始考虑借助Internet进行EDI，Internet的低成本消除了传统EDI的一大障碍。而且，面向对象软件开发技术在80年代取得了长足发展，方便了EDI应用系统的开发。但是，EDI标准缺乏灵活性和可扩展性这一事实并未因此而改变。

进入20世纪90年代，随着Web的诞生，许多商家开始采用Web应用系统来支持电子商务，如网络广告、网络营销、客户关系管理等。1995年5月，Java的问世进一步推动了Internet与网络计算的发展，迎来了网络计算与电子商务时代。电子商务应用也推动了Web和Java等技术进一步发展。

正是上述各类技术的发展为电子商务的产生和发展奠定了坚实的技术基础，并且推动着电子商务应用的蓬勃发展。

(2) 商业背景

在任何商业活动中，买卖双方所交换的是他们的需求。商业活动的发生过程中都必然包含了物资流、资金流和信息流，这是人类商业活动所共同遵循的。在人类社会的商业活动中，自始至终存在的是物资流。而资金流是伴随着货币的产生才出现的。后来随着社会分工的日益细化和商业信息的发展，专门为货币作中介服务的机构产生了，如银行。随着货币中介服务业的产生，物资流和资金流开始分离，产生了多种交易付款方式。正是随着商品所有权的转移和物资流的分离，信息流开始表现出来，并且起到了十分重要的作用。

物流与资金流的分离，使人类的交易活动呈现丰富而复杂的特性，为人们提供了方便，但是也出现了新的商业风险。要规避这种风险就得获取尽可能多的信息，只有多掌握信息，才能减少不确定因素并监督控制交易过程。正是在这种背景下才使信息作为规避风险的有效手段越来越为人们所重视。

正是信息流的凸现重要与规避商业风险的必需，商业活动中引入了电子手段，从而导致新的经济模式的产生，并且导致了行业的重组。电子商务阶段的一个重要特点就是信息流处于极为重要的地位，它站在更高的角度对商品流通的全过程进行控制。因此，不断发展的商业活动呼唤着一个新的经济模式——电子商务的产生。

2. 产生原因

电子商务的产生原因是生产力发展的客观要求和 IT 技术发展的必然结果。

(1) 生产力的发展是电子商务产生的根本原因

在商品经济条件下，经济规律作用的结果必然要求全球资源在全世界范围内的最优配置，因而形成了经济全球化、市场国际化、社会分工国际化及产业结构在全球范围的调整。而这些又导致了资本的大量转移和大批跨国公司的涌现，推动了国际贸易的发展。国际贸易成为推动世界经济增长的发动机。国际贸易的迅速增长造成了传统的以纸为载体的贸易单证数量激增。市场的激烈竞争使生产由大规模的批量生产向柔性的小批量多品种转变，以适应迅速变化的市场的各种需求，组织形式则由大型、纵向、集中式向横向、分散式、网络化发展。制造商、供货商和消费者之间，跨国公司与各分公司之间迫切要求提高商业文件、单证的传递和处理速度、空间跨度和准确度。追求商业贸易的"无纸化"成为所有贸易伙伴的共同需求。而传统的单证和文件采用人工处理，劳动强度大，效率低，出错率高，费用高。以纸为载体的贸易单证和文件成了阻碍国际贸易发展的一个关键因素。

(2) IT 业的发展为电子商务的产生奠定了坚实的物质基础

IT 业的发展过程中产生了晶体管集成电路、大规模集成电路和超大规模集成电路，对应产生了 PC 机、小型机、分布式计算环境等技术。IT 业从以下几个方面促成了电子商务的产生：近 30 年来，计算机的处理速度越来越快，处理能力越来越强，价格越来越低，应用越来越广泛，计算机的广泛应用为电子商务的应用提供了物质基础；Internet 逐渐成为全球通信与交易的媒体，全球上网用户呈级数增长趋势，快捷、安全、低成本的特点使网络不断地普及和成熟，从而为电子商务的发展提供了应用条件；以电子支付技术为基础的信用卡和电子货币的普及应用，为电子商务的发展提供了金融基础，信用卡以其方便、快捷、安全等优点而成为人们消费支付的重要手段，并由此形成了完善的全球性信用卡计算机网络支付与结算系统，为电子商务中的网上支付提供了重要的技术手段。

1.5.2　萌芽阶段的电子商务

19 世纪 70 年代，人类第二次科技革命开始，人类进入了电气时代。随后，垄断组织出现，作为超大型企业，它是一种新的经济联合体。垄断组织有财力购买先进设备，有能力了解并开辟世界市场，有力量进行科研，不断开发新产品，有能力在竞争中占据优势，这使企业管理幅度和范围增大，难度加大，企业必须重视组织管理的协调。此时企业之间进行商务信息交流仍然停留在借助电报、电话等工具上。

20 世纪 40 年代，以电子计算机为代表的第三次科技革命爆发，计算机技术、通信技术得到迅猛发展。计算机和通信工具马上成为人们经济活动中不可或缺的工具。早期计算机只是用于单机处理一些文件，储存一些数据。20 世纪 70 年代初，随着处理各类商务文件的增多，人们逐渐发现由人工输入到一台计算机中的数据约 70%来源于另一台计算机输出的文件，由于过多的人为因素，还影响了数据的准确性和工作效率，人们便开始尝试在贸易伙伴之间的计算机上使数据能够自动交换，这样电子数据交换技术（EDI）随之产生，这也标志着电子商务的诞生。

1.5.3 基于 EDI 阶段的电子商务

EDI 技术是将业务文件按一个公认的标准从一台计算机传输到另一台计算机上去的电子传输方法。由于 EDI 大大减少了纸张票据，因此，人们也形象地称 EDI 为“无纸贸易”或“无纸交易”。

EDI 在商业领域内的应用进展比人们当初所预料的要慢得多。阻碍 EDI 发展的主要原因是 EDI 标准太复杂，使用 VAN 的费用高，大多数企业很难将其付诸实践。EDI 需要企业遵循一套国际组织制订的 EDI 商业标准，但是在具体的实施过程中，行业内以及行业间的标准协调工作举步维艰。因此，EDI 多用于行业内部的商务活动，商业伙伴之间的 EDI 并未广泛展开，基于 EDI 的电子商务应用范围的确非常有限。

1.5.4 基于互联网的电子商务

20 世纪 90 年代中期，Internet 迅速普及，逐步从大学、科研机构走向企业和百姓家庭，其功能也从信息共享演变成为一种大众化的信息传播工具。从 1991 年起，一直排斥在 Internet 之外的商业贸易活动正式进入到这个王国，因而使电子商务成为 Internet 应用的最大热点。

在基于 Internet 的电子商务发展初期，企业在 Internet 上建立静态网站，并发布基于 HTML 的网页作为在线目录。自 1997 年以来，一些创新的公司实施了第二代电子商务计划，计划的核心就是将其网站前端与后端订单管理和存货控制系统相连接。第二代电子商务计划使客户能够直接从一个公司的网站发出和追踪订单，这就大大降低了交易费用，并使客户能够更多地控制订购过程。第二代电子商务在很大程度上以供应商为中心，因为公司希望使其内部流程实现自动化，并将其链接到 Internet 上，以便为客户提供服务。这种后端系统与前端 Internet 界面的集成使公司每分钟都可提供有关库存、价格以及订货和发货状况的最新信息。

显然，它与基于 EDI 的电子商务相比，具有以下一些明显的优势：

(1) 费用低廉，由于 Internet 是国际的开放性网络，使用费用很便宜，一般来说，其费用不到 VAN 的 1/4，这一优势使许多企业尤其是中小企业对它非常感兴趣。

(2) 覆盖面广，Internet 几乎遍及全球的各个角落，用户通过普通电话线就可以方便地与贸易伙伴传递商业信息和文件。

(3) 功能更全面，Internet 可以全面支持不同类型的用户实现不同层次的商务目标，如发布电子商情、在线洽谈、建立虚拟商场或网上银行等。

(4) 使用更灵活，基于 Internet 的电子商务可以不受特殊数据交换协议的限制，任何商业文件或单证可以直接通过填写与现行的纸面单证格式一致的屏幕单证来完成，不需要再进行翻译，任何人都能看懂或直接使用。

1.5.5 电子商务的新发展

2000年以来，由于电子商务的全球性、方便快捷性、低成本等不可比拟的优势，伴随着信息技术的发展、个性化需求的不断增加以及不同企业的大量进入，其内涵和外延在不断充实，逐步扩展到了E（electronic电子）概念的高度，开拓了更广阔的应用空间。凡是通过电子方式进行的各项社会活动，即利用信息技术来解决问题、创造商机、降低成本、满足个性化需求等活动（电子政务、电子医务、电子军务等），均被概括为E概念的电子商务。

1. 我国电子商务发展趋势分析预测

21世纪初，我国电子商务逐步赶超，逐渐减少与国外发达国家的差距，稳步推进电子商务：

(1) 2000—2020年，电子商务打基础及快速发展阶段，与国外差距从10—15年缩短到5—6年，沿海地区达到国外中等发达国家21世纪初的水平；

(2) 2021—2035年，电子商务全推广普及阶段，大大缩短与发达国家的差距，2035年沿海地区接近和赶上国外中等发达国家水平；

(3) 2026—2050年，电子商务高速发展阶段，2050年我国电子商务达到国外中等发达国家水平，沿海地区能与国外发达国家同步发展。

2. "十一·五"电子商务发展预测及展望

"十一·五"期间是我国信息化建设加速发展时期，我国电子商务、计算机应用水平将上一个新台阶。

(1) 各类电子商务（B2B，B2G，B2C，G2C，C2C）在国民经济主要部门（工业、农业、商业、交通运输业、金融、保险、证券业及信息服务业）将全面发展，以网络营销为重点的电子商务将基本普及，网上支付随环境条件改善而逐步发展。2010年电子商务交易额比2005年将翻两番。

(2) 行业电子商务将成为下一代电子商务发展主流。中国电子商务进入迅猛发展时期的典型特征是风险资金、网站定位等将从以往的"大而全"模式转向专业细分的行业商务门户。第一代的电子商务专注于内容，第二代专注于综合性电子商务，而下一代的行业电子商务将增值内容和商务平台紧密集成，充分发挥Internet在信息服务方面的优势，使电子商务真正进入实用阶段。

(3) 地区、城市、社区电子商务会加速发展。"十一·五"期间，北京、上海、广东等地电子商务试点经验将进一步推广，将建成若干信息化示范省市、地区、社区及乡镇，2010年全国各地区、中小城市电子商务将会快速发展。金字系列重点应用工程与数字奥运会胜利完成，社会公用事业、公共服务等公共领域信息化步伐加快。社区服务等公共领域将广泛应用信息技术，为人民群众衣食住行提供良好的环境和服务。

信息技术进入家庭，智能建筑逐步推广，电话、手机、信息家电、家用电脑进一步普及，使信息技术大量进入家庭及个人生活，推动了家庭信息化的发展。

2010 年全国家庭电脑普及率将达 16%～20%，城市家庭电脑普及率达 40%～50%，全国信息家电数字化、智能化，家庭影院，居家办公将逐步普及，家庭信息化的发展将大大提高生活质量。

（4）多样化、多层次、多模式发展电子商务。

多样化：企业业态多样化，多种业态的企业需要有多样化的信息化、电子商务解决方案，信息化应用系统解决方案多样化；企业与消费者参与电子商务形式的多样化。

多层次：不同层次的电子商务将长期并存，即电子商情、网络营销、非支付型电子商务与支付型电子商务长期并存，近期以非支付型电子商务为主，为支付型电子商务逐步创造条件，逐步发展。

多模式：政府与行业组织全国性的及地区性典型的示范与推广，企业自动组合与自主发展，传统商业与新型商业并举，网上营销与网下支付相结合，企业与消费者利用多种方式参与电子商务。

（5）电子商务网站将会出现兼并热潮。首先是同类兼并。目前中国为数不少的网站属于重复建设之列，定位相同或相近，业务内容趋同。由于资源有限，并且在 Internet“赢家通吃”原则下，最终胜出的只是名列前茅的网站。其次是互补性兼并。那些处于领先地位的电子商务企业在资源、品牌、客户规模等诸方面具有很大的优势，但与国外著名电子商务企业相比还有很大差距。这些具备良好基础和发展前景的网站要发展，必然采取互补性收购策略，结成战略联盟。

（6）电子商务的深度将进一步拓展。目前受限于技术创新和应用水平，企业发展电子商务仍处于起步阶段。随着这两方面水平的提高以及其他相关技术的发展，电子商务将向纵深挺进，新一代的电子商务将浮出水面，取代目前简单依托“网站＋电子邮件”的方式。电子商务企业将从网上商店和门户的初级形态，过渡到将企业的核心业务流程、客户关系管理等都延伸到 Internet 上，使产品和服务更贴近用户需求。互动、实时成为企业信息交流的共同特点，网络成为企业资源计划、客户关系管理及供应链管理的中枢神经。企业将创建、形成新的价值链，把新老上下游利益相关者联合起来，形成更高效的战略联盟，共同谋求更大的利益。

（7）电子商务将催生新行当 EASP——电子商务应用服务商。电子商务是将来的主要商务交易模式，但对于国内为数众多的中小型企业来说，将面临诸如建设投入大、运营成本高、见效周期长、效果不理想、缺乏标准化的应用系统、软硬件需不断升级等一系列难题。有了 EASP，中小企业可以把上述问题转给他们解决，只专注于做好自己的产品和服务便可。

本章小结

本章是整个教程的先导，所以在学习本章节内容时，务必注意概念、知识点的正确掌握和理解，特别是电子商务的概念和电子商务的各种分类以及电子商务的基本组成要素及其概念模型的基本组成要素。关键概念有：电子商务的内涵，电子商务的特点，广义的电子商务，狭义的电子商务，B2C 电子商务，B2B 电子商务，C2C 电子商务，B2G 电子商务，不完全电子商务，完全电子商务，EDI 电子商务，Internet 商务，内联网商务、电子

商务概念模型的基本组成要素，电子商务的基本组成要素。

习　题　1

1. 解释下列名词：电子商务，B2C电子商务，B2B电子商务，C2C电子商务。
2. 试述电子商务对社会的影响。
3. 试述电子商务的产生与发展的三个阶段。
4. 试从不同的角度对电子商务进行分类。
5. 什么是直接电子商务？什么是间接电子商务？
6. 试描述电子商务概念模型。
7. 电子商务的组成包括哪些内容？

第 2 章 电子商务的技术基础

2.1 网络技术与通信技术

从技术角度讲，电子商务是一种多技术的集成，技术是电子商务产生、发展的基础和前提。电子商务的实现技术主要有计算机技术、网络通信技术、金融信息处理技术。本节介绍网络信息技术，也称为网络通信技术。

2.1.1 网络概述

1. 网络的概念

什么是计算机网络？不同的角度有不同的解释。目前比较公认的观点是：计算机网络是指将若干地理位置不同并具有独立功能的多个计算机，通过通信设备和传输线路连接起来，实现信息交换和网络共享的一种计算机系统。在电子商务应用中，计算机网络作为基础设施，将分散在各地的计算机系统连接起来，使计算机之间的通信在商务活动中发挥重要的作用。

建立计算机网络的主要目的是实现资源共享。网络资源主要包括以下几种：

(1) 硬件资源，指构成网络的物质实体。网络硬件资源主要包括大型主机、大容量磁盘、光盘库、打印机、不间断电源系统（UPS）、网络通信设备、通信线路和服务器硬件等。

(2) 软件资源，指控制和管理网络运行的程序系统以及在网络中装载和应用的各种计算机程序。网络软件资源主要包括网络操作系统、数据库管理系统、网络管理系统、应用软件、开发工具和服务器软件等。

(3) 数据资源，指网络中各种设备所存储的以及在网络中传输的各类信息，是用二进制码表示的，其外在表现形式为文字、数字、声音、图形等。网络数据资源主要包括文件、数据库和光、磁盘所保存的各种数据。

2. 网络的分类

计算机网络的分类方法很多，通常按照网络所覆盖的范围不同，将其分为局域网(Local Area Network，LAN)、城域网（Metropolitan Area Network，MAN)、广域网(Wide Area Network，WAN)。

（1）局域网。局域网覆盖范围通常限于几千米以内，传输速率为 10～10 000Mbit/s。局域网主要用来构建一个单位的内部网络，例如校园网、企业网等。局域网通常属单位所有，以共享网络资源为主要目的。

（2）城域网。城域网的覆盖范围通常限于几千米至几十千米，主要指大型企业集团、Internet 服务提供商、电信部门、有线电视台和市政府构建的专用网络和公用网。

（3）广域网。广域网的覆盖范围很大，几个城市、一个国家、几个国家甚至全球都属于广域网的范畴。距离从几十千米到几千、几万千米。广域网主要是指使用公用数据网所组成的计算机网络，如我国的公用互联网、金桥信息网等。公用数据网一般由国家委托电信部门建设、管理、经营和维护。

3. 网络协议——TCP/IP

在计算机网络中，不同计算机之间的信息交换，必须按照通信双方预先共同预定好的规则进行，这些规则规定了数据交换的格式及同步问题。为进行网络中的数据交换而建立的规则、标准和约定就是网络协议。

TCP/IP（Transmission Control Protocol/Internet Protocol，传输控制协议/互联网络协议）是 Internet 所使用的最基本的协议，是实际上的工业标准。TCP 是传输控制协议，规定一种可靠的信息传递服务。IP 协议称互联网协议，提供网间连接的完善功能。

（1）TCP/IP 参考模型

TCP/IP 协议的开发研制人员将 Internet 分为五个层次，以便于理解，称为互联网分层模型或互联网分层参考模型，如表 2-1 所示。

表 2-1　互联网分层模型表

应用层（第五层）
传输层（第四层）
互联网层（第三层）
网络接口层（第二层）
物理层（第一层）

- 物理层：对应于网络的基本硬件，是 Internet 的物理构成，即我们可以看得见的硬件设备，如 PC 机、互联网服务器、网络设备等。必须对这些硬件设备的电气特性作一个规范，使这些设备都能够互相连接并兼容使用。
- 网络接口层：定义将数据组成正确帧的规程和在网络中传输帧的规程。帧是指一串数据，是数据在网络中传输的单位。
- 互联网层：定义互联网中传输的“信息包”格式，以及从一个用户通过一个或多个路由器到最终目标的“信息包”转发机制。
- 传输层：为两个用户进程之间建立、管理和拆除可靠而又有效的端到端连接。
- 应用层：定义应用程序使用互联网的规程。

(2) IP 地址及分类

在 TCP/IP 网络中，每台主机都必须有一个唯一的 IP 地址，以确定主机的位置。这个 IP 地址在整个网络中必须是唯一的，才不至于在传输数据时出现混乱。

Internet 的网络地址是指连入 Internet 网络的计算机的地址编号。所以，在 Internet 网络中，网络地址唯一地标识一台计算机。目前，在 Internet 中，IP 地址是一个 32 位的二进制地址，分为 4 组，每组 8 位，由小数点分开，用 4 个字节来表示，而且，用点号分开的每个字节的数值范围是 0～255，如 202.116.0.1，这种书写方法称为点数表示法。

IP 地址可确认网络中的任何一个网络和计算机，而要识别其他网络或其中的计算机，则是根据这些 IP 地址的分类来确定的。一般将 IP 地址按节点计算机所在网络规模的大小分为 A，B，C 三类，默认的网络掩码是根据 IP 地址中的第一个字段确定的。

- A 类地址

A 类地址的表示范围为 0.0.0.0～126.255.255.255，默认网络掩码为 255.0.0.0。A 类地址分配给规模特别大的网络使用。A 类网络用第一组数字表示网络的地址，后面 3 组数字作为主机的地址。

- B 类地址

B 类地址的表示范围为 128.0.0.0～191.255.255.255，默认网络掩码为 255.255.0.0。B 类地址分配给一般的中型网络。B 类网络用第 1、第 2 组数字表示网络的地址，后面两组数字代表网络上的主机地址。

- C 类地址

C 类地址的表示范围为 192.0.0.0～223.255.255.255，默认网络掩码为 255.255.255.0。C 类地址分配给小型网络，如一般的局域网和校园网，它可连接的主机数量最少，采用把所属的用户分为若干网段的方式进行管理。C 类网络用前 3 组数字表示网络的地址，最后一组数字作为网络上的主机地址。

实际上，还存在 D 类地址和 E 类地址。但这两类地址用途比较特殊：D 类地址称为广播地址，供特殊协议向选定的节点发送信息时用；E 类地址保留给将来使用。

连接到 Internet 上的每台计算机，不论其 IP 地址属于哪类都与网络中的其他计算机处于平等地位，因为只有 IP 地址才是区别计算机的唯一标识。所以，以上 IP 地址的分类只适用于网络分类。

在 Internet 中，一台计算机可以有一个或多个 IP 地址，就像一个人可以有多个通信地址一样，但两台或多台计算机却不能共用一个 IP 地址。如果有两台计算机的 IP 地址相同，则会引起异常现象，无论哪台计算机都将无法正常工作。

2.1.2 Internet 技术

1. Internet 的含义

Internet，又名国际互联网、互联网，通常是指全球最大的、开放的、基于 TCP/IP 协议的、由众多网络相互连接而成的计算机网络。因此，Internet 也可以说是网络之间的网，是全球计算机网络的互联系统。我们可以从网络互连、网络通信、网络资源、网络管

理等不同的角度来认识它。

从网络互连的角度看，Internet 可以说是成千上万个具有特殊功能的专用计算机通过各种通信线路，把分散在各地的网络在物理上连接起来。

从网络通信的角度看，Internet 是一个拥有 TCP/IP 协议，把各个国家、各个部门、各种机构的内部网络连接起来而形成的数据通信网。

从提供信息资源的角度看，Internet 是将各个国家、各个部门、各个领域的不同信息资源连为一个整体的超级信息资源网。

从网络管理的角度看，Internet 是用户互相协作的组织和集合体。从某种程度上讲，Internet 是处于无政府状态之中，每一个接入 Internet 的用户都是自愿承担网络的管理和控制，自觉遵守网络道德标准，并且共同遵守 TCP/IP 协议的一切规定。

从通信服务的提供上看，Internet 是能够提供广泛、多层次的、从文本信息到声音图像信息的综合信息网络。它为现代社会的信息交流提供了全新的空间和途径。

综上所述，Internet 实际上是把全世界各个地方已有的各种不同类型和规模的网络等，通过 TCP/IP 协议相互连接，组成一个全球性的综合信息网络。它包含着如下几个重要特征：

- 连接的计算机众多，且覆盖全球；
- 信息资源丰富，用户从中几乎可以获得任何需要的信息，而且多数是免费的；
- 基于 TCP/IP 协议，使 Internet 具有灵活多样的入网方式，也使用户能很方便地进入此网；
- Internet 把网络技术、多媒体技术和超文本技术融为一体，体现了当代信息技术相互融合的发展趋势；
- 信息安全问题是 Internet 的主要问题。

2. Internet 协议

在 Internet 上使用的协议包括多种，如网间协议（IP）、用户数据报文协议（UDP）、传输控制协议（TCP）、点到点协议（PPP）、互联网控制报文协议（ICMP）、远程登录协议（Telnet）、文本传输协议（FTP）、简单文件传输协议（SMTP）、域名系统（DNS）、超文本传输协议（HTTP）、超文本标记语言（HTML）、邮件存取协议（POP3）等。其中，TCP 和 IP 是两个最重要的协议，它们共同组成了传输控制协议/网间协议（TCP/IP）。

TCP/IP 协议的数据传输过程如下：

(1) 首先由传输控制协议把数据分成若干数据包，并给每个数据包写上序号，以便接收端把数据还原成原来的格式。

(2) 网间协议给每个数据包写上发送主机和接收主机的地址。一旦写上源地址和目的地址，数据包就可以在物理网上传送数据了。网间协议确定每个包从发送者到接受者的路由。

(3) 这些数据包可以通过不同的传输途径（路由）进行传输，由于路径不同，加上其他的原因，可能出现顺序颠倒、数据丢失、数据失真甚至重复的现象。这些问题都由传输控制协议来处理，它具有检查和处理错误的功能，必要时还可以请求发送端重发。简而言之，网间协议负责数据传输的路径选择，而传输控制协议则保证命令或数据能够正确无误地到达其目的端。

3. Internet 接入方式

让一台计算机连入 Internet 一般有两种方式：拨号方式和专线方式。

（1）拨号方式

拨号接入是最简单的 Internet 接入方式。用户向 Internet 服务提供商（ISP）申请账号后，仅需将调制解调器连上电话线即可接入 Internet。大部分情况下，Windows 操作系统已内置相应的工具软件。

目前出现了一些新的拨号方式：①通过综合服务数字网（Integrated Services Digital Network，ISDN）以 128 KBps 的速度连接到 Internet 服务提供商（ISP）；②ADSL 虚拟拨号接入方式。这些方式对于普通用户来说，较为经济和方便，比较适合于个人、家庭及小企业使用。

（2）专线方式

专线方式是指计算机与 Internet 服务商，或连接 Internet 的局域网之间通过专线连通。所谓专线主要是指以下几种物理介质：电话专线（或数字专线 DDN、默许专线），电缆或双绞线，光纤，卫星通信设备等。使用这种方式时，连入 Internet 的局域网或主机与 Internet 之间必须有路由器连接，所用的路由器必须支持 TCP/IP 协议。

专线方式的优势在于网络的传输速度非常快，但是它需要一定的人员进行维护，而且还需要支付专线的费用。所以专线方式主要应用于一些大的机构、科研单位和大型企业。

（3）局域网接入方式

局域网内有多于两台 PC 机，Internet 接入方式为宽带接入，其结构如图 2-1 所示。

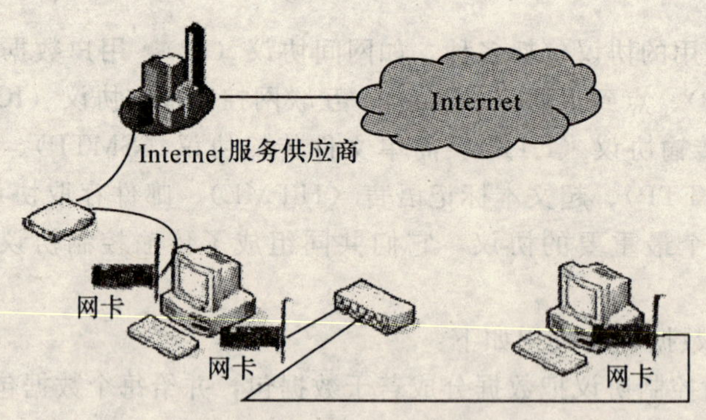

图 2-1 局域网接入网络结构图

2.1.3 Internet 的功能

Internet 不同于传统的网络之处在于它提供了丰富的信息资源和最先进的信息交流手段，也提供了各种各样的服务方式。最常用的服务有电子邮件（E-mail）、文件传输（File

Transfer Protocol，FTP）、远程登录（Telnet）、电子公告版（BBS）和新闻组(Newsgroup)、在线交谈、信息检索（Information Retrieval）和万维网（World Wide Web，WWW）等。

1. 电子邮件（E-mail）

电子邮件（E-mail）采用简单邮件传输协议 SMTP（Simple Mail Transfer Protocol)，是网上最基本，也是应用最早、使用最多的一种服务，具有价格低、速度快、可传送多媒体信息等优点。使用电子邮件，条件是必须有电子邮件地址，它是由提供电子邮件的服务机构分配的，实质上是在该机构与 Internet 联网的计算机（电子邮件服务器）上为用户分配一个专门用于存放往来邮件的磁盘存储区域。通过电子邮件不仅可以发送文本文字，而且可以将图形、图像和声音等多媒体数据信息作为邮件传送。

2. 文件传输（FTP）

文件传输协议 FTP（File Transfer Protocol）是 Internet 上最广泛的应用之一，是专门为简化在网络计算机之间的文件存取而设计的。FTP 非常适合于传输大量文件的情况。

借助于 FTP，可以在远程计算机的目录之间移动，查看目录中的内容，从远程计算机上取回文件，也可以将自己的文件放到远程计算机上。

FTP 服务器是一个很大的免费软件仓库。FTP 的使用有两种方式：第一种是在远程主机上有自己的账号和口令。这种情况下享受的待遇是比较丰厚的。另一种情况是匿名登录，即利用公共账号“guest”登录.

3. 远程登录（Telnet）

Telnet 协议是 TCP/IP 协议的一部分，它定义了远程登录客户机与远程登录服务器之间的交互过程。可以在本地运行 Telnet，访问远程计算机。在远程计算机上登录执行命令，如同在本地登录执行命令一样。

远程登录有两种形式：第一种形式是远程主机有自己的账号，可以用自己的账号和口令访问远程主机。第二种形式是匿名登录，一般 Internet 上的主机都为公众提供一个公共账号，不设口令。大多数计算机仅需输入“guest”即可登录远程计算机。这种形式在使用权限上受到一定限制。

4. 电子公告版（BBS）和新闻组（Newsgroup）

电子公告版和新闻组都是在网络上进行信息交流和讨论的一种方式。BBS 允许用户将自己的作品放入 BBS 站点，供别人使用，也允许用户在 BBS 上发表自己的观点，对预定的讨论话题进行讨论。目前，BBS 一般用作网络论坛、电子会议等。

新闻组是由有共同兴趣爱好的网络用户为了交换意见而组成的一种无形的用户网络，它是按照不同的专题组织的。新闻组允许用户自由参加，用户的计算机只要具备一种称为“新闻组阅读器”的程序，就可以通过新闻服务器阅读和发送信息。

5. 在线交谈

在线交谈是 Internet 为用户提供的一种以计算机网络为媒介的实时对话服务。用户通过终端和键盘在网上可与世界各地的朋友进行交谈、互通信息、讨论问题、交流思想。目前有一对一交谈（Talk）和多用户交谈（Internet Relay Chat，IRC）两种方式。

6. 信息检索

Internet 又被称为“信息的海洋”，人们在其中查找和利用信息往往会感到非常困难。为此，人们开发设计了一系列功能强大的网络信息自动存储和查询工具，这里主要介绍使用最广泛的 4 种。

（1）Archie 信息查询服务

Archie 信息查询服务是帮助用户寻找 Internet 上匿名 FTP 服务器上的文件和目录的一种服务。它周期性地连接世界各地的匿名 FTP 服务器，将这些服务器提供的可下载的文件名和路径收集在一起组成 Archie 数据库，并通过检索程序义务为 Internet 用户提供检索服务。Archie 信息查询服务提供 FTP 地址及其相关文件的查询路径，是一种目录服务。用户只要给出所需查找的文件类型及文件名，文件查询服务器（Archie Server）就会指出哪些 FTP 服务器存放着这样的文件。

（2）Gopher 信息服务

Gopher 是基于菜单驱动的 Internet 信息查询工具。它可以将用户的请求自动转换成 FTP 或远程登录命令，依据服务器的目录结构，在菜单的指引下，用户通过选取所需的信息资源，对 Internet 上的远程联机系统实施访问而不必知道访问机器的地址。这对于不熟悉网络资源、网络地址和网络查询命令的用户是十分方便的。Gopher 可以访问 FTP 服务器，查询校园名址服务器、计算机中的电话号码以及基于远程登录的信息查询服务。

（3）WAIS 广域信息服务

WAIS（Wide Area Information Servers）是供用户查询分布在 Internet 上各类数据库的一个通用软件。与 Gopher 服务器相似，它也用于标引、整理和检索分布在 Internet 上的信息资料。WAIS 服务器收集网上的文档，通过统计分析形成索引数据库并键入查询词，系统就自动进行查询，输出相应的数据库中含有该查询词的所有记录，并根据查询词在每条记录中出现的频度进行评分，用户可进一步选择是否读取感兴趣的记录内容。

7. WWW 信息服务

WWW（World Wide Web）简称 3W，有时也叫 Web，中文译名为万维网、环球信息网等。WWW 目的是为全球范围的科学家利用 Internet 方便地进行通信、信息交流和信息查询。

WWW 为用户带来的是世界范围的超级文本服务。用户只要操纵鼠标，就可以通过 Internet 从全世界任何地方调来所需的文本、图像、声音等信息。WWW 使得非常复杂的 Internet 使用起来异常简单，一个不熟悉网络的用户，可以很快成为应用 Internet 的行家。

2.1.4　Internet、Intranet 和 Extranet

1. Internet、Intranet、Extranet 三者之间的联系与区别

Internet/Extranet 是英文“Intra/Exta-company Network”的缩写，其原意是用于组织内部或外部的 Internet。Intranet 是将 Internet 技术应用于组织内部的信息管理和信息交换平台。Extranet 是将 Internet 技术应用于组织外部的信息管理和组织外部对外信息交换的平台，通常多用于企业对外宣传、介绍、产品广告或供求信息的发布过程，它是企业与其客户和其他企业相连来完成其共同目标和交互合作的网络。

由此可见，它们都是 Internet 的具体应用，都是基于 TCP/IP 通信协议和 WWW 技术规范，通过简单的浏览界面，方便地集成各类系统，是一个开放、分布、动态的双向多媒体信息交换环境，是对现有网络平台、应用技术和信息资源的重组和集成。

Intranet 与 Extranet 的区别并不是网络覆盖范围的大小，因为在一些大的跨国集团内部，其分组织和成员可能遍布世界各地，这样 Intranet 的范围也就是世界性的了。所以，Intranet 和 Extranet 无所谓大小之分。它们的主要区别是在对应用对象的限制上。Intranet 仅限于组织内部成员的开放互联、资源共享，从而能够改善组织内部信息服务，增强各部门之间信息交流与合作，提高企业整体效益。而 Extranet 则是将企业中的一部分对外宣传型信息对整个社会开放互联，Extranet 对组织的主要作用是对外联系、社会化的信息服务、企业形象及产品宣传等，是网络营销的技术基础。因此，从这个意义上说，Intranet 就是企业利用 Internet 技术所建立的组织内部信息系统。Extranet 就是企业在其上建立的一扇信息窗口。而这内外之间的界线是通过人为的对网络上某些信息和功能设置一些屏障（俗称防火墙，Firewall）来实现的。表 2-2 列出了 Intranet 与 Extranet 的系统功能与作用对比。

表 2-2　　互联网分层模型表

	Intranet	Extranet
系统功能	内部信息处理	提供本企业产品信息
		共享外部信息资源
	协同信息处理	商贸业务往来
	信息资源共享	新闻
		休闲娱乐
系统作用	改善内部信息服务质量	建立企业外部形象，宣传企业与产品信息
	提高工作效率	对外信息服务
	增强企业内部信息沟通和快速反应能力	便于对外联系

2. Intranet/Extranet 的技术特点

作为信息系统在组织中的应用分支，Intranet/Extranet 具有如下技术特点：

- 基于 TCP/IP 协议和 WWW 规范，在技术上同源；
- 主要功能是加强组织内外信息通信，共享资源，协同信息处理能力；
- 双向、全面，而且是不分地域、不限定时间的信息沟通；
- 对内可全面支持组织的经营管理决策和日常办公事务处理工作，对外可成为组织对外信息发布和产品宣传及营销策略的工具。

2.2 电子数据交换技术

从 20 世纪 70 年代末开始，企业间的电子贸易就是通过电子数据交换（EDI）来实现的。传统 EDI 的发展，导致今天基于 Internet 电子数据交换（EDI）的广泛应用，EDI 在电子商务的发展历程中起着举足轻重的作用。

2.2.1 EDI 系统概述

1. EDI 的基本概念

根据国际标准化组织的定义，EDI（Electronic Data Interchange）是“将商业或行政事务处理，按照一个公认的标准，形成结构化的事务处理或信息数据结构，从计算机到计算机的数据传输方法”。

EDI 被广泛应用于商业贸易伙伴之间。随着 EDI 应用于 WWW，EDI 将得到更广泛的应用。目前人们正在开发适用于政府、教育、娱乐和司法等领域的 EDI 标准。因此，仅仅把 EDI 理解为“无纸贸易”是片面的。

2. EDI 的特点

EDI 的特点可以概括为以下 4 个方面：

- EDI 所传送的资料是一般业务资料，如发票、订单等，而不是指一般性的通知；
- EDI 的使用对象是具有固定格式的业务信息和具有经常性业务联系的单位；
- 采用共同的标准化格式，这也是与电子邮件的本质区别；
- 数据由双方的计算机系统自动地传输和处理，而不需要人工介入操作。

3. EDI 的作用

采用 EDI 的目的是实现票据传送的电子化，为票据的传送提供一个快速、高效、低成本和减少错误的途径。其作用具体概括为以下几个方面：

（1）缩短事务处理周期

公司采用 EDI 传送发票、采购订单、顾客文件、运输通知和其他商业单证，可以大

大提高单证的传输速度，减少单证的传递环节，减少单证的交换手续，从而使各种单证数据在不同的地区和国家之间瞬间完成全部传递过程，从而加快了商业业务的处理速度。有数据表明，使用 EDI 技术，事务处理的周期平均缩短 40%。

(2) 取代纸面贸易，降低成本

采用 EDI，不需要输入和重复输入大量的数据和文字，减少了与书面有关的任务、文档的发递检验等一些费时、费钱的处理工作，简化了工作流程和环节，减少了由于重新输入数据而可能出现的错误，将错误率减少 50%以上，从而提高了业务的总体质量，降低数据对人的依赖性。同时，EDI 实行无纸化，没有纸张支出和邮费支出，从而降低了运作成本。

(3) 减少库存

EDI 缩短了业务处理的周期，降低了库存，加速了资金周转的周期，加速了订单任务的完成。

(4) 在贸易伙伴间建立更好、更密切的关系

EDI 可以使企业内部运作过程更加合理，增加贸易机会，提高服务质量，因此它将企业之间的对手关系变成合作关系，使每个企业均可在贸易过程中获利，同时极大增强了企业自身的发展能力。

4. EDI 的工作方式

用户在现有的计算机应用系统上进行信息的编辑处理，然后通过 EDI 转换软件将原始单据格式转换成中间文件，再通过翻译软件变成 EDI 标准格式文件，最后在文件外层加上通信交换信封，通过通信软件发送到增值服务网络或直接传送给对方用户，对方用户则进行相反的处理过程，最后成为用户应用系统能够接受的文件格式进行收阅处理。

5. EDI 系统的构成要素

EDI 系统的构成要素包括 EDI 软件、硬件和通信网络。

(1) EDI 软件

EDI 软件能够将用户数据库系统中的信息，翻译成 EDI 的标准格式，以供传输交换。虽然 EDI 标准具有足够的灵活性，可以适应不同行业的众多需求，但每个公司有其规定的信息格式，因此，当需要发送 EDI 报文时，必须用某些方法从公司的专有数据库中获取信息，并把它翻译成 EDI 标准格式进行传输，这就需要 EDI 转换软件、翻译软件和通信软件。

(2) EDI 硬件

EDI 所需的硬件设备大致有：计算机、调制解调器及电话线。

- 计算机：企业现有的 PC 机、工作站、小型机和大型机等。
- 调制解调器：由于使用 EDI 来进行电子数据交换需要通过通信网络，采用电话网络进行通信是很普遍的方法，因此，调制解调器是必备的硬件设备。
- 通信线路：一般最常用的是电话线路。如果对传输时效及传输流量有较高要求，可考虑采用租用专线的方式。

(3) EDI 通信网络

EDI 通信方式有两种：直接连接（点对点 PTP 方式）和增值网络（增值网 VAN 方式）。前一种方式只有在贸易伙伴数量较少的情况下使用。随着贸易伙伴数量的增多，当多家企业直接用电脑通信时，会出现由于计算机厂家不同、通信协议相异以及工作时间不易配合等问题造成的困难。为了解决这些问题，许多应用 EDI 的公司逐渐采用第三方网络与贸易伙伴进行通信，即增值网（VAN）方式。它类似于邮局，为发送者与接收者维护邮箱，并提供存储转送、记忆保管、通信协议转换、格式转换、安全管制等功能。

6. 实现 EDI 的环境和条件

要实现 EDI 的全部功能，需要具备以下 4 个方面的条件：

(1) 数据通信网是实现 EDI 的技术基础

为了传递文件，必须有一个覆盖面广、高效安全的数据通信网作为其技术支撑环境。由于 EDI 传输的是具有标准格式的商业或行政有价文件，因此除了要求通信网具有一般的数据传输和交换功能之外，还必须具有格式校验、确认、跟踪、防篡改、防被窃、电子签名、文件归档等一系列安全保密功能，并且在用户间出现法律纠纷时，能够提供法律证据。

(2) 计算机应用是实现 EDI 的内部条件

EDI 不是简单地通过计算机网络传送标准数据文件，它还要求对接收和发送的文件进行自动识别和处理。因此，EDI 的用户必须具有完善的计算机处理系统。

从 EDI 的角度看，一个用户的计算机系统可以划分为两大部分：一部分是与 EDI 密切相关的 EDI 子系统，包括报文处理、通信接口等功能；另一部分则是企业内部的计算机信息处理系统，一般称为 EDP（Electronic Data Processing）。只有将 EDI 和 EDP 全面有效地结合起来，才能获得最大的经济效益。

(3) 标准化是实现 EDI 的关键

EDI 是为了实现商业文件、单证的互通和自动处理，这不同于人机对话方式的交互式处理，而是计算机之间的自动应答和自动处理。因此文件结构、格式、语法规则等方面的标准化是实现 EDI 的关键。

(4) EDI 立法是保障 EDI 顺利运行的社会环境

EDI 的使用必将引起贸易方式和行政方式的变革，也必将产生一系列的法律问题。例如，电子单证和电子签名的法律效力问题，发生纠纷时的法律证据和仲裁问题，等等。因此，为了全面推行 EDI，必须制定相关的法律法规。只有如此，才能为 EDI 的全面使用创造良好的社会环境和法律保障。

2.2.2 EDI 标准

1. EDI 标准的发展历史

从 EDI 的发展历程来看，“标准”扮演着非常重要的角色，即数据结构格式的规范化和 EDI 报文的标准化。而 EDI 标准的发展，也伴随着 EDI 的应用而发展。EDI 的应用开始于 30 年前，美国运输行业为解决使用大量纸张单据工作的困扰而提出 EDI 的观念。最初 EDI 的应用是通过专用格式作为数据交换的依据，是企业针对个别需求订立的文件格式，只可使用于交易的特定双方所认可的应用系统之间。随着 EDI 跨行业的应用，EDI 标准也逐渐发展成为统一的国际标准。EDI 的标准发展分为以下几个阶段：

（1）产业标准阶段（1970—1980）

此阶段开始于 20 世纪 70 年代，美国几家运输行业的公司联合起来，成立了运输数据协调委员会（TDCC）。该委员会的目的是开发一种传输运输业文件的共同语言或标准。1975 年公布了第一个标准。继 TDCC 之后，其他行业也陆续开发了自己的 EDI 行业标准，如杂货行业的标准（UCS）、仓储行业的标准（WINS）等。

（2）国家标准阶段（1980—1985）

当产业标准应用成熟后，企业界发现，维持日常交易运作的对象，并不局限于单一产业的对象，为此，国家性标准由此诞生。首先在 1979 年，美国国家标准协会（ANSI）授权 ASCX12 委员会依据 TDCC 的标准，开始开发、建立跨行业且具一般性的 EDI 国家标准——ANSI X. 12。与此同时，欧洲方面也由官方机构及贸易组织共同推动 EDI 标准，并获联合国的授权，由联合国欧洲经济理事会第四工作组（UN/ECE/WP. 4）负责发展及制订 EDI 的标准格式，并在 20 世纪 80 年代早期提出 TDI（Trade Data Interchange）及 GTDI（Guildlines for TDI）的标准，但该标准只定义了商业文件的语法规则，还欠缺报文标准。

（3）国际通用标准阶段（1985—　）

在欧、美两大区域的 EDI 标准制订、试行几年后，1985 年两大标准——北美 ANSI X. 12与欧洲 GTDI 开始广泛接触与合作，进行国际间 EDI 通用标准的研究发展。联合国欧洲经济理事会负责国际贸易程序简化的工作小组（UN/ECE/WP. 4）承办了国际性 EDI 标准制订的任务，并于 1986 年正式以 UN/EDIFACT（United Nations/Electronic Data Interchange for Administration，Commerce and Transport）作为国际性 EDI 通用的标准。另一方面，ANSI X. 12 于 1992 年决定在其第 4 版标准制订后，不再继续发展维护，全力与 UN/EDIFACT 结合，全世界将趋于统一的 EDI 标准。

2. EDI 标准分类

EDI 标准在实际应用中分为语言标准和通信标准两大类。

（1）语言标准

EDI 语言，用于将信息结构化地表达出来，以使计算机相互理解。这种语言主要用于描述传统上结构化的信息，例如贸易单证，而非结构化的信息，例如备忘录、信函等不包括在内。

国际上存在两大标准体系：一个是流行于欧洲、亚洲的，由联合国欧洲经济委员会制定的 UN/EDIFACT 标准。另一个是流行于北美的，由美国国家标准化委员会制定的 ANSI X. 12 标准。目前，在 EDIFACT 和 ANSI 的积极努力与配合下，终于达成一致而统一采用 EDIFACT 标准，为国际间更广泛的合作提供了有力的保证。

（2）通信标准

通信标准的作用是负责将数据从一台计算机传输到另一台计算机中。简单地说，它是载运信息手段的标准。

只有有了通信标准，电子单证的传输才有可能。而只有有了 EDI 语言，数据的相互理解才有可能。EDI 语言对其载体所使用的通信标准并无限制，但是，目前一般采用国际标准的 MHS 系统（电子邮件系统）。

3. UN/EDIFACT 标准的基本原则

- 提供一种发送数据及接收数据的各方都可以使用的语言，这种语言所使用的语句是无二义性的。
- 这种标准不受计算机机型的影响，既适用于计算机间的数据交流，又独立于计算机之外。

2.2.3 实施 EDI 的效益

EDI 在商务上广泛应用之后，可以大量节省企业的运营成本，提高企业的运营水平。据研究资料表明，EDI 的应用已产生了实施 EDI 的效益和社会效益。例如，交易文件的传递速度提高了 81%，文件处理成本降低了 38%，因差错造成的贸易损失减少了 40%。具体说，实施 EDI 的效益可以从以下几个方面得以体现：

（1）缩短交易时间，提高工作效率。采用 EDI 后，通过电子方式进行单证等信息的交换，事务处理可以在瞬间完成。

（2）节约成本。采用 EDI 后，计算机自动接收和处理信息，有关的信息只需录入一次，这样就节省了重复录入数据的工作量，使企业在同样业务量的情况下，用更少的员工去处理，从而节省了人力和物力，另一方面还节约了纸张的费用。

（3）可节约库存和投递费用。EDI 的一个应用是及时生产策略。用传统方式进行采购，订单处理周期长，不确定性高，因此企业要求的安全库存量也相对较大。使用 EDI 后，加快了文件处理的时效，制造商可根据计划准时投递原材料、零部件和成品，因而可以降低安全库存水平，从而节约库存费用。

（4）其他非直接效益。它来自 EDI 使企业管理上的变化。EDI 促成了企业的变革，对旧的孤立的企业过程和内部系统造成了广泛的冲击。通过 EDI，企业和企业间不再相互独立，而是通过一种自动的方式连接在一起，减少了供应商之间的多层环节，降低了企业的进销成本，提高了生产能力和经营效率。这时的企业过程发生了极大的简化，企业内部的应用系统直接与其贸易伙伴的应用系统连接在一起。这是一个横跨边界的重组过程，预示着管理结构、系统、过程，以及与客户、供应商关系的深刻转变，这些都会为企业创造效益。

2.3 电子商务技术

尽管电子商务的发展势头非常惊人，但它在全球贸易额中只占极小的一部分。其中一个主要的障碍是如何保证数据传输的安全和交易双方的身份确认。因此，电子商务的安全直接关系到电子商务的生存和发展，关系到用户进行电子交易的信心。如何保证电子化的

贸易方式与传统方式一样安全可靠，如何建立一个安全、快捷的电子商务应用环境，对信息提供足够的保护，已经成为各国政府和国际组织、商家和用户都十分关心的问题。同时也是关系到企业全面应用电子商务的关键问题之一。

2.3.1　电子商务的安全问题与安全需求

1. 电子商务安全的内容

电子商务的一个重要技术特征是利用 IT 技术来传输和处理商业信息。因此，电子商务安全从整体上可分为两大部分：计算机网络安全和商务交易安全。

计算机网络安全的内容包括：计算机网络设备安全，计算机网络系统安全，数据库安全等，主要是指计算机网络本身可能存在的安全问题，包括计算机网络硬件（如各种设备和通信线路）安全、软件（如网络软件和各种其他软件）安全以及计算机网络运行安全。

商务交易安全则紧紧围绕传统商务在互联网络上应用时产生的各种安全问题，在计算机网络安全的基础上，如何保障电子商务过程的顺利进行，即实现电子商务的保密性、完整性、可鉴别性、不可伪造性和不可抵赖性。

计算机网络安全与商务交易安全实际上是密不可分的，两者相辅相成，缺一不可：没有计算机网络安全作为基础，商务交易安全就如同空中楼阁，无从谈起；没有商务交易安全保障，即使计算机网络本身再安全，仍然无法达到电子商务所特有的安全要求。

2. 影响电子商务安全的主要因素

对电子商务安全性构成威胁的因素很多，归纳起来可以分为自然因素和人为因素两类。

(1) 自然因素，主要侵害计算机网络实体。计算机网络中的各种设备和通信线路容易受到不适当的温度和湿度、灰尘、有害气体、水灾、火灾、雷电、地震、静电和电磁辐射等多种自然因素的干扰或破坏。

(2) 人为因素，又可分为过失行为和故意侵害。

- 过失行为主要是指电子商务技术人员或管理人员不严格执行安全管理制度，不遵守操作规程，因而造成实体损坏、软件损坏、运行故障、数据丢失或误删除等责任事故的行为。
- 故意侵害是目前影响电子商务安全的最主要的方面，主要是黑客行为和病毒的侵袭。

3. 电子商务安全面临的威胁

概括起来，电子商务面临的安全威胁主要有：

(1) 信息在网络的传输过程中被截获。攻击者可能通过互联网、公共电话网、搭线或在电磁波辐射范围内安装截收装置等方式，截获传输的机密信息，或通过对信息流量和流向、通信频度和长度等参数的分析，推断出有用信息，如消费的银行账号、密码等。

(2) 传输的文件可能被篡改。攻击者可能从修改、删除、插入等三个方面破坏信息的完整性。

(3) 伪造电子邮件。

(4) 假冒他人身份。

(5) 不承认已经做过的交易，抵赖。

4. 电子商务安全的要求

电子商务发展的核心和关键问题是交易的安全性，为了保障交易各方的合法权益，保证能够在安全的前提下开展电子商务，必须满足以下基本要求。

(1) 信息保密性。交易中的商务信息均有保密的要求。如信用卡的账号和用户名被人知悉，就可能被盗用，订货和付款的信息被竞争对手获悉，就可能丧失商机。因此，在电子商务信息传播中一般均有加密的要求。

(2) 交易者身份的确定性。网上交易的双方很可能素昧平生，相隔千里。要使交易成功，首先要能确认对方的身份，商家要考虑客户端不能是骗子，而客户也会担心网上的商店是不是一个玩弄欺诈的黑店。因此，能方便而可靠地确认对方身份是交易的前提。

(3) 不可否认性。由于商情的千变万化，交易一旦达成是不能被否认的，否则必然会损害一方的利益。例如订购黄金，订货时金价较低，但收到订单后，金价上涨了，若收单方能否认收到订单的实际时间，甚至否认收到订单的事实，则订货方就会蒙受损失。因此，电子交易通信过程中的各个环节都必须是不可否认的。

(4) 信息的完整性。交易的文件是不可被修改的，信息接收方可以验证收到的信息是否完整一致，是否被人篡改。如上例所举的订购黄金，供货单位在收到订单后，发现金价大幅上涨了，若其能改动文件内容，将订购数 1kg 改为 1g，则可大幅受益，那么订货单位可能就会因此而蒙受损失。因此，电子交易文件也必须做到不可修改，以保障交易的严肃和公正。

(5) 系统的可靠性。电子商务系统是计算机系统，其可靠性是指防止计算机失效、程序错误、传输错误、自然灾害等引起的计算机信息失误或失效。

2.3.2 防火墙技术

作为近年来新兴的保护计算机网络安全的技术性措施，防火墙（Firewall）是一种隔离控制技术，在某个机构的网络和不安全的网络（如 Internet）之间设置屏障，阻止对信息资源的非法访问，也可以使用防火墙阻止专利信息从企业的网络上被非法输出。防火墙是一种被动防卫技术，由于它假设了网络的边界和服务，因此对内部的非法访问难以有效地进行控制。因此，防火墙最适合于相对独立、与外部网络互联途径有限、网络服务种类相对集中的单一网络。

1. 防火墙定义

防火墙是在内部网与外部网之间实施安全防范的系统，可被认为是一种访问控制机制，是在内部网和互联网之间构筑的一道屏障，强制所有的连接必须经过此保护层的检查，只有被授权的通信才能通过此保护层，从而保护内部网和外部网的访问。具体地说，

防火墙是一类硬件及软件。它控制内部网与互联网之间的所有数据，控制和防止内部网中有价值的数据流入互联网，也控制和防止来自互联网的无用垃圾和有害数据流入内部网。简单地说，防火墙是一个进入内部网的信息都必须经过的限制点，它只允许授权信息通过，而其本身不能被渗透。如果把局域网比作一个要塞，那防火墙就是保护要塞的城墙。

2. 防火墙的基本准则

(1) 一切未被允许的就是禁止的。基于该准则，防火墙应封锁所有信息流，然后对希望提供的服务逐项开放。这是一种非常实用的方法，可以造成一种十分安全的环境。其弊端是，安全性高于用户使用的方便性，用户所能使用的服务范围受到限制。

(2) 一切未被禁止的就是允许的。基于该准则，防火墙应转发所有信息流，然后逐项屏蔽可能有害的服务。这种方法构成了一种更为灵活的应用环境，可为用户提供更多的服务。其弊端是，在日益增多的网络服务面前，网管人员疲于奔命，特别是受保护的网络范围增大时，很难提供可靠的安全防护。

3. 防火墙的类型

(1) 包过滤型。包过滤通常安装在路由器上。大多数商用路由器提供了包过滤的功能。包过滤规则以 IP 包信息为基础，对 IP 源地址、IP 目标地址、封装协议、端口号等进行筛选。

(2) 代理服务型。代理服务型防火墙通常由两部分构成：服务器端程序和客户端程序。客户端程序与中间节点连接，中间节点再与要访问的外部服务器实际连接。与包过滤型防火墙不同的是，内部网与外部网之间不存在直接的连接，同时提供日志及审计服务。

(3) 复合型防火墙。把包过滤和代理服务两种方法结合起来，可以形成新的防火墙，所用主机称为堡垒主机，负责提供代理服务。

(4) 其他防火墙。路由器和各种主机按其配置和功能可组成各种类型的防火墙。

4. 防火墙的功能

防火墙具有高度安全性、高度透明性及良好的网络性能。它主要有下面几种功能：

(1) 保护已受攻击的服务。防火墙能过滤那些不安全的服务。只有预先被允许的服务才能通过防火墙，防止用户的非法访问和非法用户的访问，这样就降低了受到非法攻击的风险性，大大提高了企业内部网的安全性。

(2) 控制对特殊站点的访问。防火墙能控制对特殊站点的访问，如有些主机能被外部网络访问而有些则要被保护起来，防止不必要的访问。

(3) 集中化的安全管理。对一个企业而言，使用防火墙可能比不使用防火墙更经济一些，因为使用了防火墙，就可以将所有修改过的软件和附加的安全软件都放在防火墙上集中管理。若不使用防火墙，就必须将所有软件分散到各个主机上。

(4) 集成入侵检测功能。防火墙提供了监视互联网安全和预警的方便端点。

(5) 对网络访问进行日志记录和统计。如果所有对互联网的访问都经过防火墙，那么防火墙就能记录下这些访问，并能提供网络使用情况的统计数据。当发生可疑操作时，防火墙能够报警并提供网络是否收到监测和攻击的详细信息。

5. 防火墙的不足之处

尽管防火墙有许多防范功能，但由于互联网的开放性使其具有局限性，主要表现在：

（1）防火墙不能防范不经由防火墙的攻击。

（2）防火墙不能防范人为因素的攻击。

（3）防火墙不能防止受病毒感染的软件或文件的传输。

（4）防火墙不能防止数据驱动式的攻击。

2.3.3 数据加密技术

加密就是用基于数学算法的程序和保密的密钥对信息进行编码，生成难以理解的字符串，即利用信息交换规则把可懂的信息变成不可懂的信息。其中的变换规则称为密码算法，可懂的信息称为明文，不可懂的信息称为密文。密码算法是一些数学公式、法则或程序，算法中的可变参数是密钥。密钥不同，明文与密文的对应关系就不同。密码算法总是设计成相对稳定的，在这个意义上可以把密码算法视为常量，而密钥是变量。

现代密码学的一个基本原则是：一切秘密储于密钥之中。在设计加密系统时，总是假设密码算法是公开的，真正需要保护的是密钥。所以在分发密钥时必须要采用安全方式。衡量一个加密技术的可靠性主要取决于解密过程的数学问题难度，而不是加密算法的保密性。可靠的加密系统应当不怕公开它的加密算法。可靠性还与密钥的长度有关。

根据密码算法所使用的加密密钥和解密密钥是否相同，以及能否由加密密钥推导出解密密钥（或者由解密密钥推导出加密密钥），可将密码算法分为对称密码算法（也称为单钥密码算法、对称密钥密码算法）和非对称密码算法（也称为双钥密码算法、非对称密钥密码算法）。

采用密码技术对信息加密，是最常用的电子商务安全措施，在电子商务中获得广泛的应用。

1. 对称加密

如果一个加密系统的加密密钥和解密密钥相同，或者虽然不相同，但是由其中任何一个可以很容易地推导出另一个，则其所采用的就是对称密码算法。对称密码算法的密钥必须妥善保管，因为任何人拥有了它就可以解开加密信息。

对称密码算法的优点是计算开销小，加密速度快，是目前用于信息加密的主要算法。但是，对称加密技术存在着在通信的贸易方之间确保密钥安全交换的问题。此外，当某一贸易方有 N 个贸易关系，那么他就拥有并维护 N 个专用密钥。对称加密方式存在的另一个问题是无法鉴别贸易发起方或贸易最终方；因为贸易双方共享同一把专用密钥，贸易双方的任何信息都是通过这把密钥加密后传送给对方的，因而也不能保证信息传递的完整性。

数据加密标准（简称为 DES）由美国国家标准局提出，是目前广泛采用的对称加密方式之一，主要应用于银行业中的电子资金转账（EFT）领域。DES 的密钥长度为 56 位。三重 DES 是 DES 的一种变形。这种方法使用两个独立的 56 位密钥对交换的信息

（如 EDI 数据）进行三次加密，从而使其有效密钥长度达到 112 位。

2. 非对称加/解密

上述的对称密钥系统并没有真正解决问题。例如，如果接受者不知道这个密钥怎么办？传过去是否又面临把这个密钥加密的问题？于是就有了非对称加密系统，即加密密钥和解密密钥不相同，并且由加密密钥推导出解密密钥（或者由解密密钥推导出加密密钥）在计算上是不可行的，这就是非对称密码算法。在采用非对称密码算法的加密系统中，每个用户都有两个密钥：一个是可以告诉所有用户的，称为公开密钥（公钥）；一个是由用户自己秘密保存的，称为秘密密钥（私钥）。由于它具有每对密钥为用户专用，并且其中一个可以公开的特点，所以非常适用于密钥分发、数字签名、鉴别等。

电子商务的安全加密系统倾向于组合应用对称密码算法和非对称密码算法，对称密码算法用于信息加密，非对称密码算法用于密钥分发、数字签名、完整性及身份鉴别等。对文件加密传输的实际过程包括四步：

第一步，文件发送方产生一个对称密钥，并将此密钥用文件接收方的公钥加密后，通过网络传输给接收方。

第二步，文件发送方用对称密钥将需要传输的文件加密后，通过网络传输给接收方。

第三步，接收方用自己的私钥将收到的经过加密的对称密钥进行解密，得到发送方的对称密钥。

第四步，接收方用得到的对称密钥将接收到的经过加密的文件进行解密，从而得到文件的原文。

2.3.4　数字认证技术

安全认证技术也是为了满足电子商务系统的安全性要求而采用的一种常用的安全技术。

1. 数字摘要

数字摘要是指采用哈希（Hash）函数对文件中若干重要元素进行某种变换运算以得到固定长度的摘要码（Finger Print，数字指纹），并在传输信息时将其和文件一同发送给接收方。接收方收到文件后，用相同的方法进行变换运算，若得到的结果与发送来的摘要码相同，则可判定文件未被修改。数字摘要有固定的长度，且不同的明文摘要换算成密文，其结果总是不同的，而同样的明文其摘要必定一致。这样数字摘要便可成为验明文件是不是“真身”的“指纹”了。

2. 数字签名

数字签名（Digital Signature）技术是将摘要用发送者的私钥加密，与原文一起传送给接收者。接收者只有用发送者的公钥才能解密被加密的摘要。在电子商务安全保密系统中，数字签名技术有着特别重要的地位。不可否认，在电子商务安全服务中的源鉴别、完整性服务中都要用到数字签名技术。在电子商务中，完整的数字签名应具备签字方不能抵赖、他人不能伪造、在公证人面前能够验证真伪的能力。目前的数字签名是建立在公钥加密体制基础上的，是非对称加密技术的另一类应用。数字签名主要有 3 种应用广泛的方法：RSA 签名，DSS 签名和哈希签名。哈希签名是最主要的数字签名方法，也称为数字摘要法（Digital Digest），它将数字签名与要发送的信息捆在一起，所以比较适合电子商务。

数字签名与书面文件签名有相通之处，它能确认：①信息是由签名者发送的；②信息自签发到收到为止未曾作过任何修改。这样数字签名就可用来防止：电子商务信息伪造，冒用他人名义发送信息，发出（收到）信件又加以否认。数字签名用若干个字符串来代替书写签名或印章，并起到同样的法律效用。

数字签名除了具有手工签名的全部功能外，还具有易更换、难伪造、可进行远程线路传递等优点，它是目前实现电子商务数据传输安全保密的主要手段之一。

3. 数字信封

数字信封用加密技术来保证只有规定的特定收信人才能阅读信的内容。在数字信封中，信息发送方采用对称密钥来加密信息，将此对称密钥用接收方的公开密钥来加密（这部分称为数字信封），并将它和信息一起发送给接收方。接收方先用相应的私有密钥打开数字信封，得到对称密钥，然后使用对称密钥解开信息。这种技术的安全性相当高。

4. 数字证书

(1) 数字证书的概念

数字证书是一个担保个人、计算机系统或者组织的身份和密钥所有权的电子文档。证书由社会上公认的认证中心发行。认证中心负责在发行证书前证实个人身份和密钥所有权，如果由于它签发的证书造成不恰当的信任关系，该机构需要负责任。

数字证书是用来唯一确认电子商务交易双方身份的工具。由于在证书管理中心做了数字签名，因此任何第三方都无法修改证书的内容。在网上电子交易中，如果双方出示了各自的数字证书，并用它来进行交易操作，那么双方都不必为对方身份的真伪担心。

(2) 数字证书的类型

应用程序能识别的证书类型如下：

① 客户证书。这种证书用来证实客户身份和密钥所有权。为了取得个人证书，用户可向某一信任的认证中心（CA）申请。认证中心经过审查后决定是否向用户颁发证书。

② 服务器证书（站点证书）这种证书用于证实服务器的身份和公钥。

③ 安全邮件证书。这种证书用于证实电子邮件用户的身份和公钥。

④ CA 机构证书。这种证书用于证实认证中心的身份和认证中心的签名密钥（签名密钥被用来签署它所发行的证书）。

(3) 数字证书的内容

认证中心所颁发的数字证书均遵循 X.509 V3 标准。数字证书的格式在 ITU 标准和 X.509 V3 里定义。根据这项标准，数字证书包括证书申请者的信息和发放证书的认证中心的信息。X.509 数字证书内容如下：

① 证书的版本号，不同版本的证书格式不同。

② 证书的序列号，同一身份验证机构签发的证书序列号。

③ 证书拥有者的姓名。

④ 证书拥有者的公钥信息。

⑤ 签名算法，包括必要的参数。

⑥ 公钥的有效期。

⑦ 身份认证机构的标志信息。

⑧ 身份认证机构对证书的签名。

(4) 数字证书的有效性

只有下列条件为真时，数字证书才有效：

① 证书没有过期。所有证书都有一个有效期，只有在有效期内证书才有效。

② 密钥没有被修改。如果密钥被修改，就不应该再使用，密钥对应的证书就应当收回。

③ 用户有权使用这个密钥。若雇员离开了公司，该雇员就不能再使用该公司的密钥，密钥对应的证书就需要收回。

④ 证书必须不在无效证书清单中，认证中心负责回收证书，发行无效证书清单。

2.3.5　安全技术协议（SSL 协议、SET 协议）

目前的安全电子交易协议主要有两种，即安全套接层（SSL）协议和安全电子交易（SET）协议。

1. SSL 安全协议

SSL 安全协议最初是由 Netscape Communication 设计开发的，又称为“安全套接层（Secure Sockets Layer）协议”，主要用于提高应用程序之间数据的安全系数。SSL 协议的概念可以被总结为：一个保证任何安装了安全套接层的客户和服务器间事务安全的协议，它涉及所有 TCP/IP 应用程序。

SSL 安全协议主要提供三方面的服务：

(1) 用户和服务器的合法性认证。认证用户和服务器的合法性，使它们能够确信数据将被发送到正确的客户机和服务器上。

(2) 加密数据。安全套接层协议所采用的加密技术既有对称密钥技术，也有公开密钥技术，可以防止非法用户进行破译。

(3) 维护数据完整性。安全套接层协议采用 Hash 函数和机密共享的方法来提供信息的完整性服务，建立客户机与服务器之间的安全通道，使所有经过安全套接层协议处理的业务在传输过程中能完整、准确无误地到达目的地。

SSL 安全协议是国际上最早应用于电子商务的一种网络安全协议。在电子商务交易过程中，由于有银行参与，按照 SSL 协议，客户的购买信息首先发往商家，商家再将信息转发银行，银行验证客户信息的合法性后，通知商家付款成功，商家再通知客户购买成功，并将商品寄送客户。

SSL 协议运行的基点是商家对客户信息保密的承诺。SSL 协议有利于商家而不利于客户。客户的信息首先传到商家，商家阅读后再传至银行。这样，客户资料的安全性便受到威胁。商家认证客户是必要的，但整个过程中，缺少了客户对商家的认证。在电子商务的开始阶段，由于参与电子商务的公司大多是一些大公司，信誉较高，这个问题没有引起人们的重视。随着电子商务参与的厂商迅速增加，对厂商的认证问题越来越突出，SSL 协议的缺点完全暴露出来。SSL 协议将逐渐被新的电子商务协议（例如 SET）所取代。

2. SET 安全协议

在开放的 Internet 上处理电子商务，保证买卖双方传输数据的安全成为电子商务的重要问题。为了克服 SSL 安全协议的缺点，满足电子交易持续不断增加的安全要求，为了达到交易安全及合乎成本效益的市场要求，VISA 国际组织及其他公司如 Master Card、Microsoft、IBM 等共同制定了安全电子交易（Secure Electronic Transactions，SET）公告。这是一个为在线交易而设立的开放的、以电子货币为基础的电子付款系统规范。SET 在保留对客户信用卡认证的前提下，又增加了对商家身份的认证，这对于需要支付货币的交易来讲是至关重要的。由于设计合理，SET 协议得到了许多大公司和消费者的支持，已成为全球网络的工业标准，其交易形态将成为未来"电子商务"的规范。

安全电子交易规范，为在 Internet 上进行安全的电子商务提供了一个开放的标准。SET 主要使用电子认证技术，其认证过程使用 RSA 和 DES 算法，因此，可以为电子商务提供很强的安全保护。可以说，SET 规范是目前电子商务中最重要的协议，它的推出极大促进了电子商务的繁荣和发展。SET 将建立一种能在 Internet 上安全使用银行卡进行购物的标准。安全电子交易规范是一种为基于信用卡而进行的电子交易提供安全措施的规则，是一种能广泛应用于 Internet 的安全电子付款协议，它能够将普遍应用的信用卡使用起始点从目前的商店扩展到消费者家里，扩展到消费者的个人计算机中。

SET 协议要达到的目标主要有五个：

(1) 保证电子商务参与者信息的相互隔离。客户的资料加密或打包后通过商家到达银行，但是商家不能看到客户的账户和密码信息。

(2) 保证信息在 Internet 上安全传输，防止数据被黑客或内部人员窃取。

(3) 解决多方认证问题，不仅要对消费者的信用卡认证，而且要对在线商店的信誉程度认证，同时还有消费者、在线商店与银行间的认证。

(4) 保证网上交易的实时性，使所有的支付过程都是在线的。

(5) 规范协议和消息格式，促使不同厂家开发的软件具有兼容性和互操作功能，并且可以运行在不同的硬件和操作系统平台上。

大量的现场实验和实施效果获得了业界的支持，促进了 SET 良好的发展趋势，但 SET 协议同样也存在一些问题。例如，协议没有说明收单银行给在线商店付款前，是否必须收到消费者的货物接收证书。如果在线商店提供的货物不符合质量标准，消费者提出异议，责任由谁承担等。

2.4　电子商务网站建设

2.4.1　网站规划

1. 商务网站概述

商务网站是指一个企业、机构或公司在 Internet 上建立的站点，其目的是为了宣传企业形象、发布产品信息、宣传经济法规、提供商业服务等，如图 2-2 所示。

商务网站的优势表现在：①用户数量大；②加强与客户联系；③便于提供商业信息；④便于提供客户服务；⑤能提供 24 小时服务；⑥能提供迅速变化的信息。

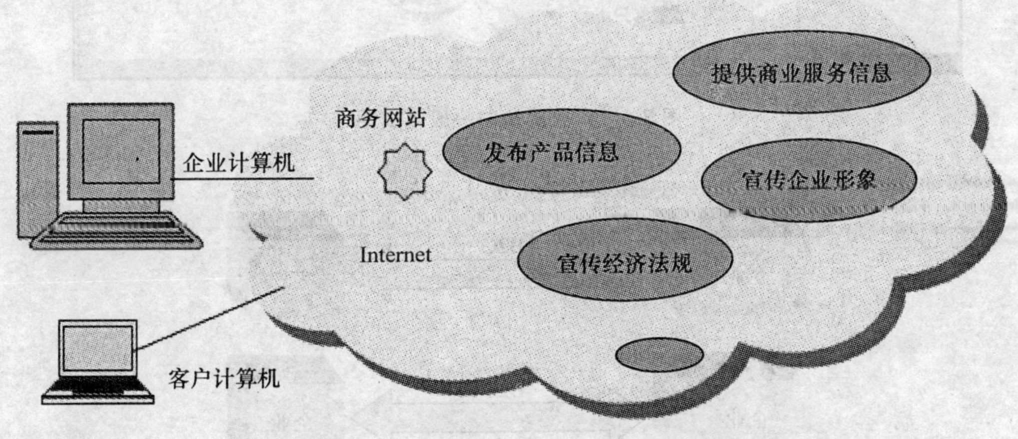

图 2-2　商务网站一般参考图

2. 商务网站的组成

一个基本商业网站都包括以下几部分：①联系信息；②商业机构的地址；③重要人物的介绍；④重要客户的介绍；⑤公司产品和服务介绍；⑥新闻等。见图 2-3。

3. 商务网站的建设步骤

一个商务网站的建设基本包括以下几个步骤：①目标规划；②系统分析；③系统设计；④网站实现；⑤网页发布；⑥网页调试；⑦维护与管理。

与传统商务相比，电子商务所依赖的贸易基本处理过程并没有改变，而是用以完成这些过程的方式和媒介发生了改变。例如，原来以信件、电报形式传递信息，现在以 E-mail 形式传递信息。当前主要的商务模式有两种：企业与用户（B2C）、企业与企业（B2B），如图 2-4 所示。

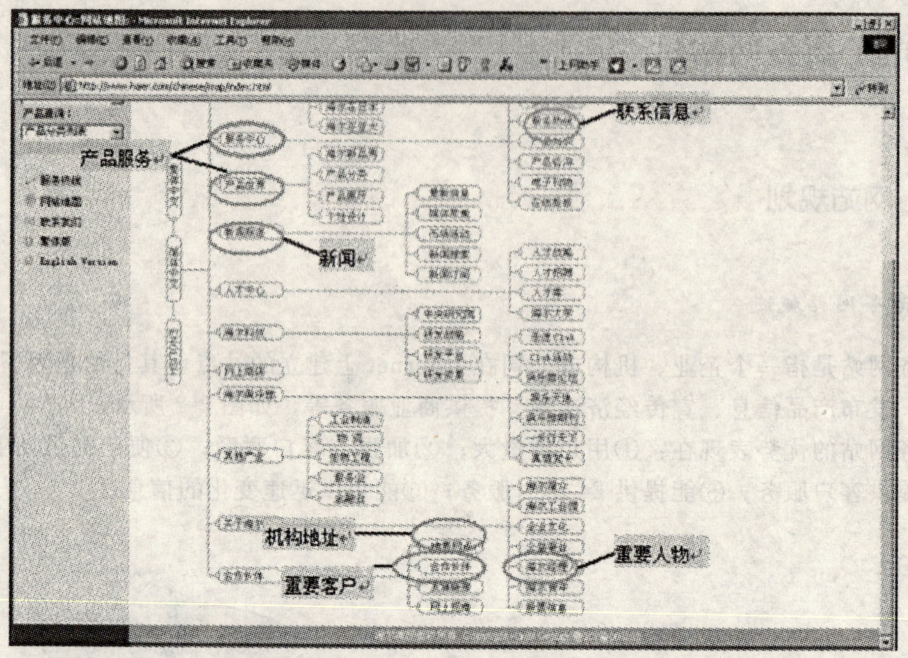

图 2-3　商务网站的一般组成图

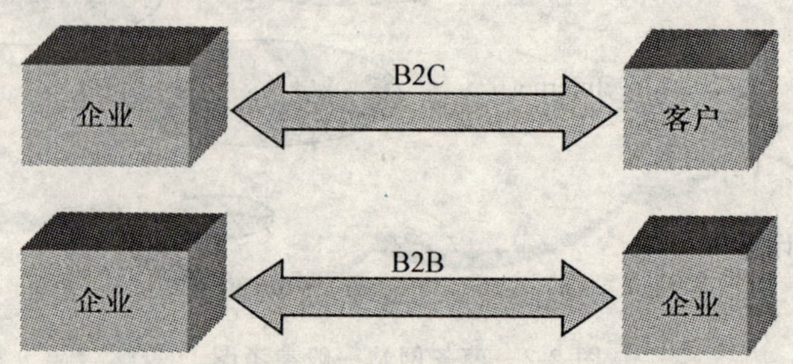

图 2-4　两种基本的商务模式图

4. 域名注册

域名是指由个人、企业或组织申请的网站使用的 Internet 标识，并对提供服务或产品的品质进行承诺和提供信息交换或交易的虚拟地址。域名是企业在 Internet 上发布信息或提供服务的身份标识，是企业在网络上的地址和在线的商标。申请域名可以直接到中国互联网信息中心 CNNIC（http://www.cnnic.net.cn/）办理，也可以委托网络服务单位代为办理，还可以在网上注册。

5. 选择支付方式

（1）送货上门付款。商家将商品交给客户，客户查验货物后以现金的方式支付给商家。这种付款方式的最大优点是，不依赖于任何支付系统，适用于偶尔购物的普通消费者。

(2) 汇款方式。客户在完成订单后，通过邮政系统或银行系统汇款。当商家接到汇款后，再将商品发给客户。汇款方式适用于购买外地不易损坏的商品。

(3) 电子支付。通过银行卡或信用卡完成的支付。

2.4.2　硬件环境

1. 网站硬件的一般架构

网站的硬件一般应考虑客户机、服务器、接入 Internet 的方式等三方面的问题。

2. 虚拟主机

(1) 虚拟主机概述

虚拟主机也称虚拟服务器，相对于真实主机而言，是采用特殊的软硬件技术把一台完整的服务器主机分成若干个主机，实际上是将真实主机的硬盘空间分成若干份，然后租给不同的用户。每一台被分割的主机都具有独立的域名和 IP 地址，但共享真实主机的 CPU、RAM、操作系统、应用软件等。

采用虚拟主机方式建立电子商务网站具有投资小、建立速度快、安全可靠、无需软硬件配置及投资、无需拥有技术支持等特点。

(2) 虚拟主机服务内容

选择虚拟主机服务主要考虑以下几点服务内容：① 存储空间；②电子邮件；③网页制作；④IP 地址；⑤文件传输（FTP)；⑥时间；⑦速度。

3. 服务器托管

(1) 服务器托管的基本概念

服务器托管是指用户将自己的独立服务器寄放在互联网服务商的机房，日常系统维护由互联网服务商进行。服务器托管可为企业节约大量的维护资金。

(2) 服务器托管的特点

- 灵活：当企业的站点需要灵活地进行组织变化时，虚拟主机将不再满足企业的需要，这需要依靠托管独立服务器才能得到较好的解决。
- 稳定：在独立主机的环境下，可以对用户和程序严密把关，精密测试，将服务器的稳定性提升到最高。
- 安全：服务器被用做虚拟主机时是非常容易被黑客和病毒袭击的，因为有多个用户对这台服务器拥有不同的权限。托管服务器极少会出现这样的问题。
- 快捷：虚拟主机因为是共享资源，因此服务器响应速度和连接速度都较独立主机慢得多。

(3) 主机托管服务的选择

主机托管服务的选择主要考虑以下三个方面：①可靠性；②安全性；③功能需求。

2.4.3 软件环境

1. 系统平台

计算机操作系统就是用户和计算机网络之间的接口。网络操作系统就是网络用户和计算机网络之间的接口。计算机网络不只是计算机系统的简单连接，还必须有网络操作系统的支持。网络操作系统的任务就是支持网络的通信及资源共享，网络用户则通过网络操作系统请求网络服务。

计算机单机操作系统承担着一台计算机中的任务调度及资源管理与分配，而网络操作系统则承担着整个网络范围内的任务管理以及资源的管理与分配任务。对单机而言，网络操作系统的内容要复杂得多，它必须帮助用户越过各主机的界面，对网络中的资源进行有效的利用和开发，对网络中的设备进行存取访问，并支持各用户间的通信，所以它提供的是更高一级的服务。除此之外，它还必须兼顾网络协议，为协议的实现创造条件和提供支持。目前系统平台产品主要有 Windows NT、UNIX、Netware、Linux 等。

(1) Windows NT

Windows NT 是 Microsoft 公司开发的网络操作系统，以使用方便、支持 Intranet（企业网）和 Internet 以及强大的网络管理功能，赢得广大用户的青睐。Windows NT Server 主要有以下一些特点：

- 支持多种硬件平台和多种网络协议。
- Windows NT Server 可以与多种服务器操作系统进行互操作，其中包括 Netware、UNIX、LAN Manager 等。
- 具有良好的安全措施与容错能力。
- Windows NT Server 提供了多种工具，用来记录与追踪网络的活动情况。
- Windows NT Server 的任务管理器（Task Manager）能够显示与应用程序有关的详细信息，并且以图形方式表示出 CPU 与内存使用情形，使用户能够更方便控制与管理系统。
- 支持两种文件系统：文件系统（NTFS）和文件分配表系统（FAT）。

Windows NT 的这些特点使其获得了越来越广泛的应用，目前广泛使用的是 Windows 2000 Server，其功能更强大。

Windows NT 操作系统的设计定位在高性能工作站、台式机、服务器，以及政府机关、大型企业网络、异型机互联设备等多种应用环境。

(2) UNIX

UNIX 操作系统是当代最著名的多用户、多任务的网络操作系统。运行 UNIX 的计算机在同一时间能支持多个计算机程序，其中典型的是支持多个登录的网络用户。

(3) Netware

Netware 是世界上第一个真正的微机局域网操作系统，1984 年随着美国 Novell 公司开发的 Netware1.0 版的正式出现，结束了采用单任务操作系统 DOS 为核心的微机网络系统发展历史，标志着微机局域网操作系统产品的新突破，使 Novell 网络成了局域网的主

流产品。

(4) Linux

Linux 操作系统是 UNIX 在微机上的完整实现，它性能稳定、功能强大、技术先进，是目前最流行的微机操作系统之一。

Linux 有一个基本的内核（Kernel），一些组织或厂商将内核与应用程序、文档包装起来，再加上安装、设置和管理工具，就构成了直接供一般用户使用的发行版本。

与传统的网络操作系统相比，Linux 具有以下特点：

- 源代码公开；
- 完全免费；
- 完全的多任务和多用户；
- 适应多种硬件平台；
- 稳定性好；
- 易于移植；
- 用户界面友好；
- 具有强大的网络功能。

2. 数据库系统

电子商务领域数据库管理系统的类型很多，目前在商业领域使用的数据库管理系统主要有 Oracle、Sybase、DB2、SQL Server 等。

(1) Oracle

Oracle 是一种适用于各种类型（大型、中型和微型）计算机的关系数据库管理系统，使用 SQL（Structured Query Language）作为数据库语言。1987 年被 ISO 定为国际标准。目前所有关系数据库管理系统如 Oracle、Sybase、DB2、Informix、SQL Server 等均采用 SQL 作为基础工具语言。

(2) Sybase

Sybase 是美国 Sybase 公司在 20 世纪 80 年代中推出的客户机/服务器结构的关系数据库系统，也是世界上第一个真正的基于 Client/Server 结构的 RDBMS 产品。

(3) DB2

DB2 是 IBM 公司开发的关系数据库管理系统，它有多种不同的版本，如 DB2 工作组版（DB2 Workgroup Edition）、DB2 企业版（DB2 Enterprise Edition）、DB2 个人版（DB2 Personal Edition）和 DB2 企业扩展版（DB2 Enterprise-Extended Edition）等。这些产品基本的数据管理功能是一样的，区别在于支持远程客户能力和分布式处理能力。

(4) SQL Server

SQL Server 是 Microsoft 公司开发的一个关系数据库管理系统，2000 年发布的 SQL Server 2000 是目前较流行的一个新版本。SQL Server 提供了许多向导和管理工具，如为数据库建立、数据库管理、安全管理等提供向导，简化了管理。SQL Server 支持数据仓库的功能，使分布在各处的各种不同类型的数据能方便地获取和分析，便于管理者迅速作出正确的决策，提高企业的竞争能力。

在网站建设中除了考虑系统平台、数据库软件外，还要考虑 Web、FTP、E-mail 软件，读者可参考专门技术网站建设方面的资料。

网站建设所需要的软件环境如图 2-5 所示。

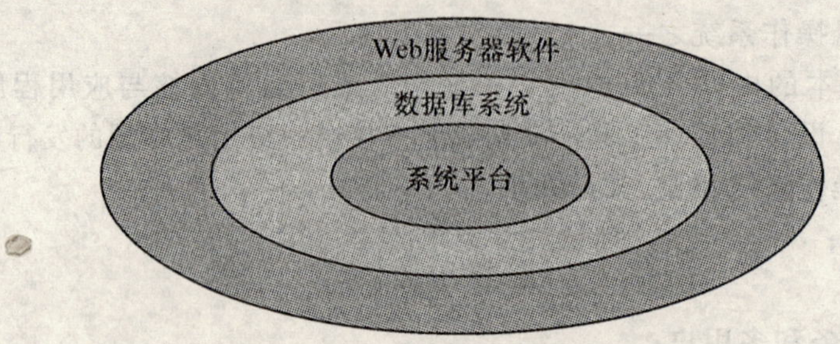

图 2-5　网站建设所需的软件环境图

2.4.4　网页内容设计

1. 网页设计方法

网页设计的常规方法一般有以下三种：

(1) 自顶向下的设计方法

如果在建站之前建站者对要做的网页的内容有比较全面的了解，对整个网页的大体轮廓已有比较清晰的规划，那么采用这种方法是最好的选择。所谓自顶向下，就是从整个网页的根向下一层一层地展开。采用这种设计方法，在开始实现网页时可以先用一些空的网页构筑起整个网页的框架，然后再逐步添加内容。

采用这种设计方法的优点是能在总体上统一整个网页的风格，使网页的组织结构比较合理。采用这种方法，通常在一开始就做出一个所谓“模板”，作为以后开发时页面设计的基础，这样就能保证整个系统用户界面的版面风格和功能设置的一致性。见图 2-6。

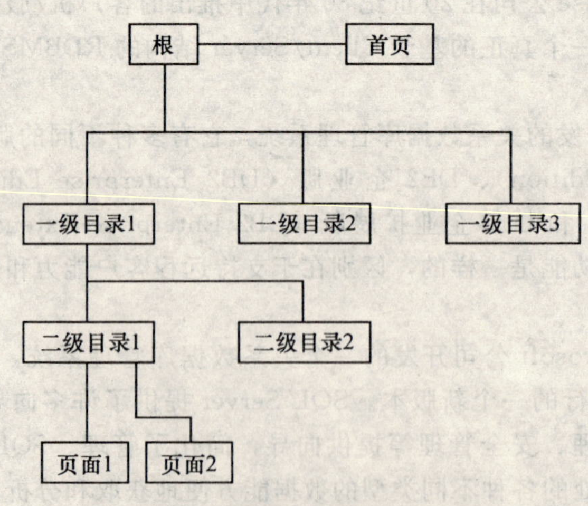

图 2-6　自顶向下的设计方法图

(2) 自底向上的设计方法

如果建站者在开发之初对整个网页的总体结构和布局还没有考虑成熟，而面对具体的 Web 页面的信息内容和服务方式很有把握，则可以采用这种方法。即先设计树状信息结构的各个叶子节点，然后通过归纳，设计它们的枝叶——节点，最后完成对根节点的设计。

当由于某些原因，先有了一些现成的网页时，选择这种方法是很自然的。这种方法的优点是，网页的各个部分可以根据网页内容作因地制宜的设计，而不必拘泥于条条框框，各具风格。当日后系统具备一定的规模后，可以再进行风格的统一，但各个部分的鲜明风格还可保留，使整个网页既有共性，又有个性。见图 2-7。

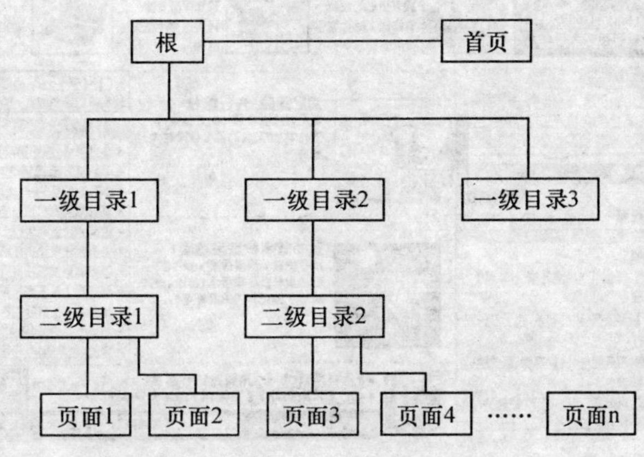

图 2-7 自底向上的设计方法图

(3) 不断增补的设计方法

这是在网页投入运行后常用的方法，是一种需求驱动的设计方法。当出现某种信息服务的需求时，就立即设计相应的 Web 信息服务页面。随着需求的增加，不断增加网页，不断调整和相互链接，就能使网页在短时间内建立起来。

这种方法的优点是不需要设计实现前长时间的规划分析期，效率相对较高。见图 2-8。

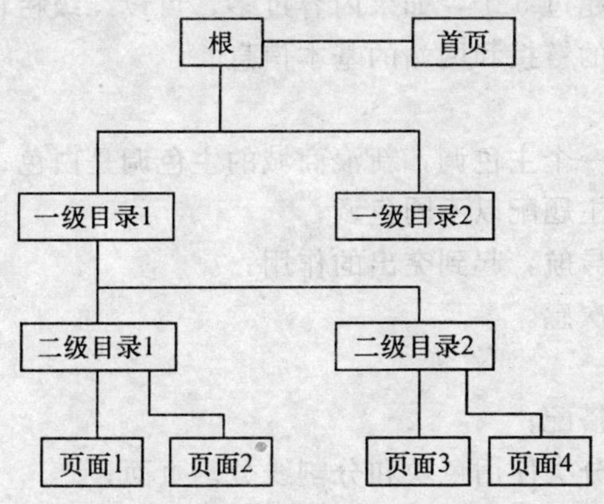

图 2-8 不断增补的设计方法图

2. 网页设计案例——新浪商城主页

新浪商城的主页如图 2-9 所示。

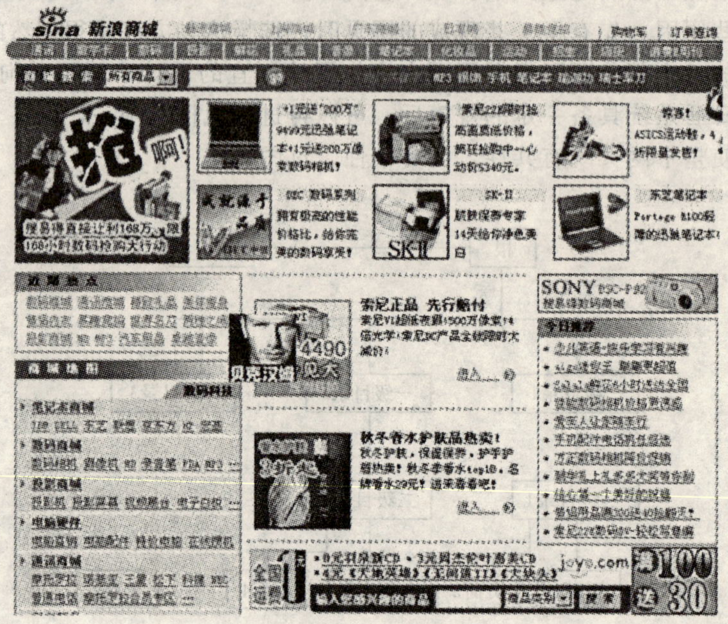

图 2-9　新浪商城主页图

(1) 主页格局

- 层次分明，重点突出；
- Logo 在主页的左上方；
- 重点推销商品放在网页上面；
- 热销商品分类和今日热点商品的新闻放在重点推销商品的下面；
- 一级栏目一般不超过 5 个，如果内容过多，可设二级栏目和三级栏目；
- 最后是购物处理的链接和网站的基本信息。

(2) 色彩的运用

- 一个网站只能有一个主色调，新浪商城的主色调是白色；
- 根据栏目的不同主题配以不同色调；
- 用橙色作为网站导航，起到突出的作用；
- 和谐自然又有层次感。

(3) 图片的使用

- 图片和文字合理搭配；
- 根据不同的主题分类使用色块和分割线分割页面；
- 导航条和 Logo 在新浪商城的所有链接网页中重复运用，可以加快网页下载速度，还可以增强网站的整体感。

本章小结

本章主要围绕电子商务的技术基础展开，介绍了网络技术、电子数据交换技术、电子商务安全技术（防火墙技术、数据加密技术、数字认证技术、安全技术协议 SSL 和 SET）、电子商务网站建设等内容。以解决电子商务的安全问题，满足电子商务发展的安全需求，为电子商务的发展提供技术上的支持和保障。

习　题　2

1. 试述计算机网络的概念。
2. 计算机网络有哪些主要的功能？
3. 按覆盖的地域范围，计算机网络可分为哪些类型？
4. 试述 Internet 的概念。
5. 电子商务安全系统必须考虑哪几种需求？

第 3 章 Internet 电子商务交易模式

3.1 Internet 商务框架结构

3.1.1 Internet 商务的发展趋势

随着 Internet 技术的日益成熟，电子商务的真正发展将是建立在 Internet 技术上的。所以也有人把电子商务简称为 IC（Internet Commerce），即 Internet 商务，指利用 Internet 这个目前较先进的工具进行的商务活动。Internet 商务是一场商业革命。具体体现在：

- 打破时空的局限；
- 汇聚信息，使企业进行相互连锁交易；
- 使用户通过网上搜索交换信息；
- Internet 市场将成为商业活动的重要场所；
- 传统的商务将被 Internet 商务所取代；
- 越来越多的人会用自己的电视、PDA、电话/手机等进行日常商务交易。

3.1.2 Internet 电子商务框架结构

众所周知，经济活动发展离不开四流：信息流、资金流、物流和商流。而电子商务的发展也是围绕这四流展开的，众多对策和措施是为了顺利实现四流的运转而设计的。因此，从四流的角度，可以得出一个大的电子商务框架，如图 3-1 所示。

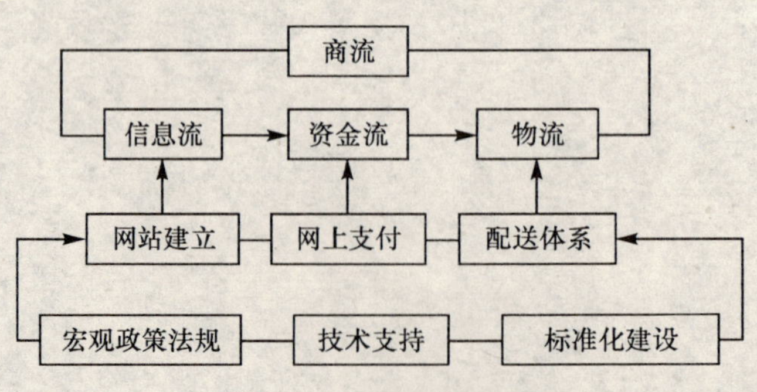

图 3-1 电子商务总框架

如图 3-1 所示，可将电子商务总框架表述为 3F+2S+P。3F 表示 3 个流，即信息流（information flow）、资金流（capital flow）和物流（goods flow）。商流是交易的核心，但只有其他三流顺利实施才能保证商流的达成。2S 分别表示安全（security）和标准化（standardization）建设，一个 P（policy）表示政策法规。2S 和 P 主要为前面几流的顺利实现打基础，是一个支持条件。

1. 电子商务发展框架

电子商务发展框架从宏观角度上指出要实现电子商务体系的各应用层面和众多支持条件。该框架整体上可分为三个层次和两个支柱，如图 3-2 所示。自底向上，从最基础的技术层到电子商务的应用层依次分为：网络层、多媒体消息/信息发布层、一般业务服务层；两个支柱是各种技术标准和国家宏观的政策、法律。三个层次依次代表电子商务顺利实施的各级应用层次，而两边的支柱则是电子商务顺利应用的坚实基础。

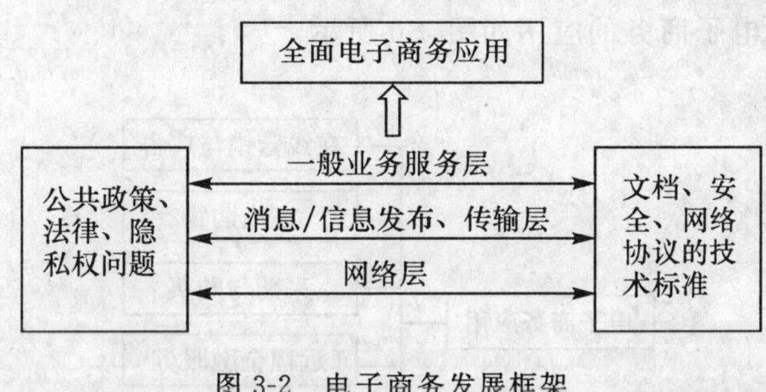

图 3-2 电子商务发展框架

三个层次的详细解释如图 3-3、图 3-4、图 3-5 所示。

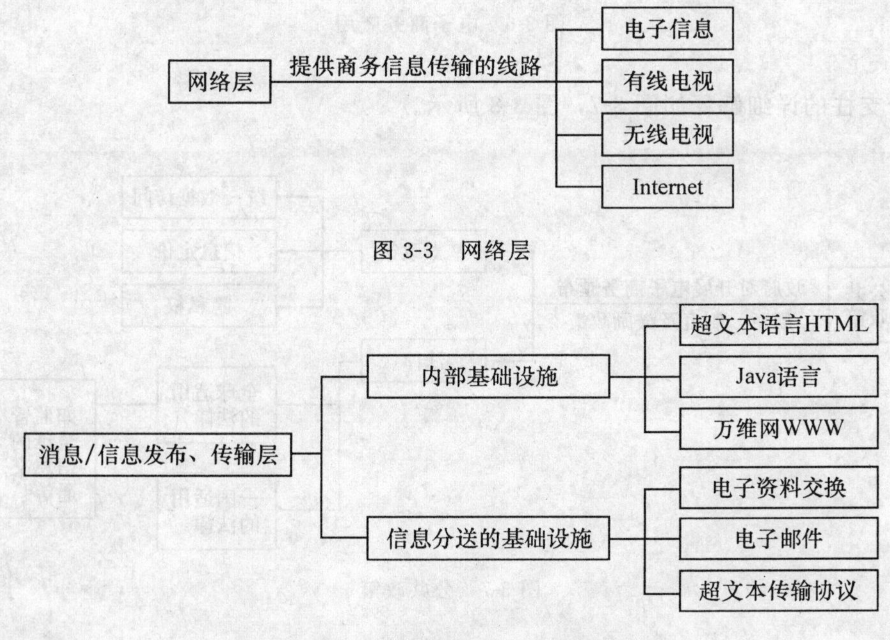

图 3-3 网络层

图 3-4 消息/信息发布、传输层

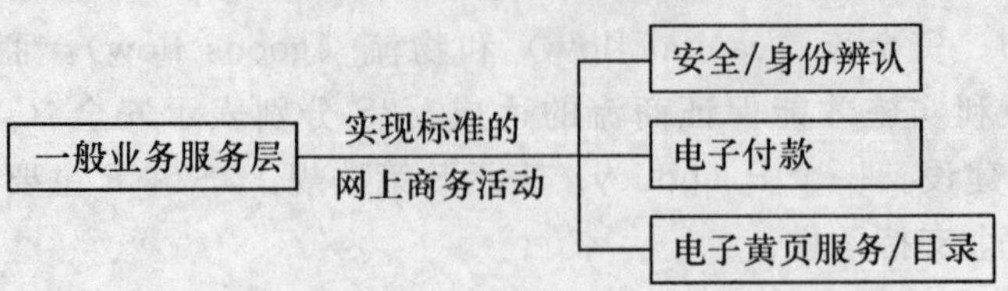

图 3-5　一般业务服务层

网络层可通过有线电视、无线电视等工具提供商务信息传输的线路。消息/信息发布、传输层分别解决了系统内部信息的发布和系统外部信息的传输。一般业务服务层负责对高级电子商务应用提供服务，如身份的确认、信息的加密技术等。到了电子商务的全面应用阶段，参与者就可以摆脱技术的问题，顺应各行业的流程，直接进行很简单的技术操作，便可实现全面电子商务的应用。此时的电子商务全面应用可以实现商务的电子化操作，业务流程也完成重组。电子商务的应用如图 3-6 所示。

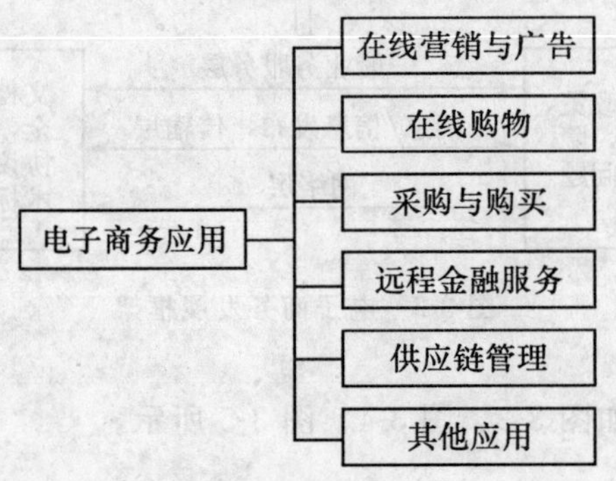

图 3-6　电子商务应用

两个支柱的详细解释如图 3-7，图 3-8 所示。

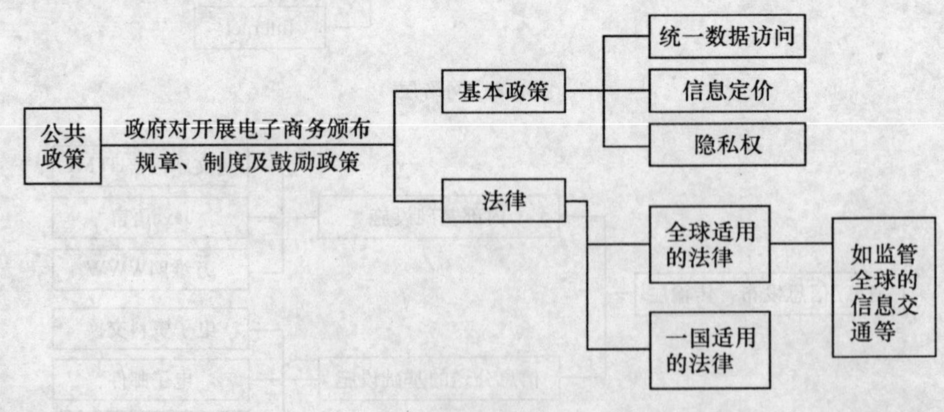

图 3-7　公共政策

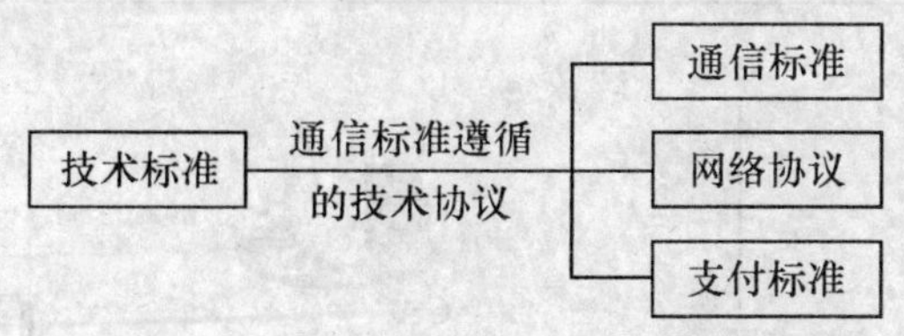

图 3-8　技术标准

2. 电子商务的应用框架

电子商务应用是由电子商务系统中的主要元素，如 CA 安全认证、支付网关、业务应用系统、客户终端等通过互联网来实现的。电子商务应用贵在能够全面渗透到各行各业。以狭义的电子商务概念为例，互联网的到来波及很多传统产业，迫使其转变思想，重组业务流程，实施行业的电子商务。银行进行网上银行服务，证券业也积极从事证券网上交易，传统商家纷纷建立自己的网站，通过网上商场卖东西。与此同时，传统经济没有的新行业也应运而生，如内容服务商（ICP）、网络服务商（ISP）、数据中心（IDC）、CA 等。所以，从应用角度来看电子商务整体架构如图 3-9 所示。

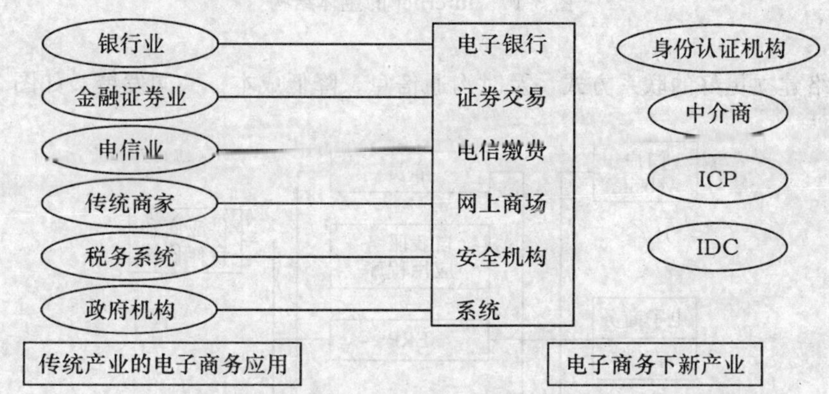

图 3-9　以应用为主的电子商务整体架构

3. 电子商务的主体框架

从总体上看，Internet 电子商务系统是三层结构模型，Internet 商务由 Internet、虚拟市场、物流中心、CA、呼叫中心、银行、企业、政府及用户等组成，如图 3-10 所示。

3. 1. 3　Internet 商务的经营模式

成功运用电子商务，可方便客户通过网络直接同企业接触，了解企业的产品和市场信息，并通过交互式访问来选择自己需要的产品或服务。同时，企业内部实现 ERP 的自动生产管理计划，充分应用内部职工的自助服务程序，使雇员能够随时了解企业的整体情况和自己的任务，最高效率地完成自己的使命，并加强雇员之间、雇员同管理层之间、雇员与客户之间的沟通，提高企业整体运转效率。在企业外部同企业的合作伙伴、供应商、服

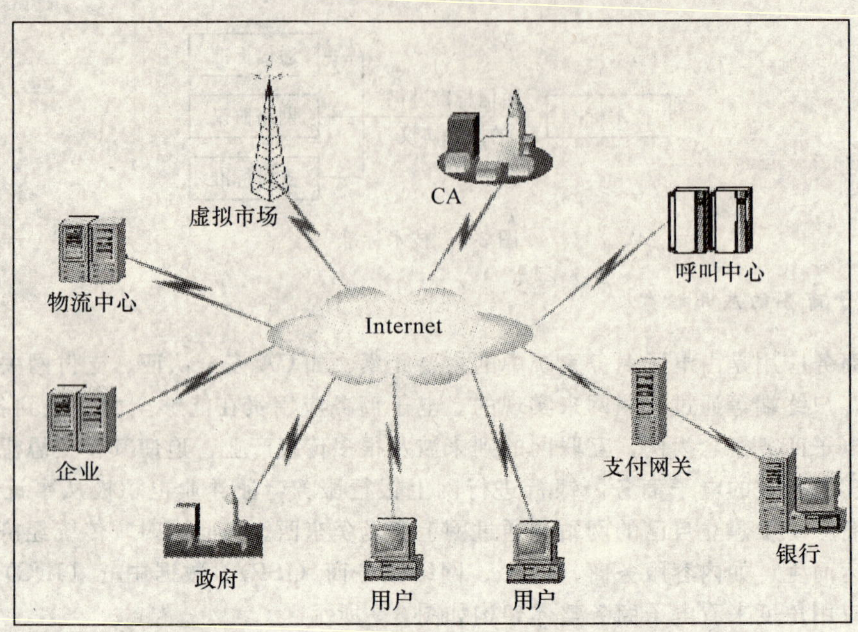

图 3-10　Internet 的主体结构

务商通过网络建立更好的联系方式，及时沟通信息、降低成本、共同发展。如图 3-11 所示。

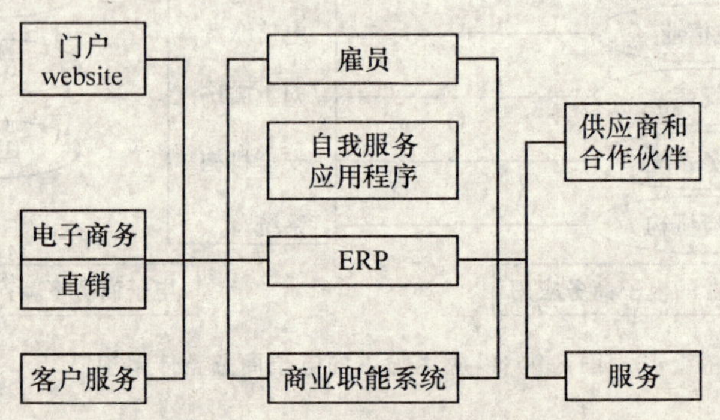

图 3-11　企业电子商务模式

Internet 商务的经营模式主要有三种：

1. 新兴企业虚拟柜台模式

以这种模式经营的站点很多，其中以亚马逊书店为代表（见图 3-12）。国内的代表站点有易趣、当当，等等。它们没有自己的商品，仅仅是商务流程中的虚拟柜台环节，基本上仍然采用传统的商业流程。

1995 年 7 月 16 日，一家名为“亚马逊”的网站（www. amzon. com）在西雅图默默开始运作，从此，“亚马逊网络公司”网站就开始运转起来。它开创了一种全新的销售方式——网上销售。

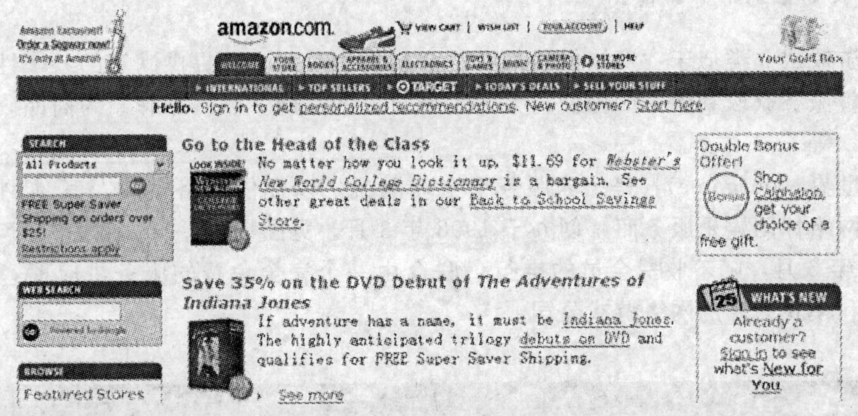

图 3-12　亚马逊书店网页

这种模式是真正意义上的传统商务的延伸，将传统的面对面的方式放在了 Internet 上。

2. 传统企业虚实结合模式

这种模式是以 Cisco 公司为代表。国内的海尔集团、TCL 集团、联想集团、Ego365、85818 都在向此模式发展。这种模式的主要特点是：

- 作为传统的企业，他们深知商务发展的规律。
- 拥有自己的产品，利润的主要来源是原料转化为产品的价值提升。
- 将网络作为降低成本、广招客户、提高服务的手段。
- 从发展趋势来看，这种模式会是一种成功的电子商务模式。

Cisco 通过其单一企业模式每年至少节约 1.28 亿美元。在满足 97％要货需求的基础上，市场供货周期缩短了 25％，库存金额减少了近 50％，订单周转期间从几年前的 6～8 周下降到现在的 1～3 周。其网页如图 3-13 所示。

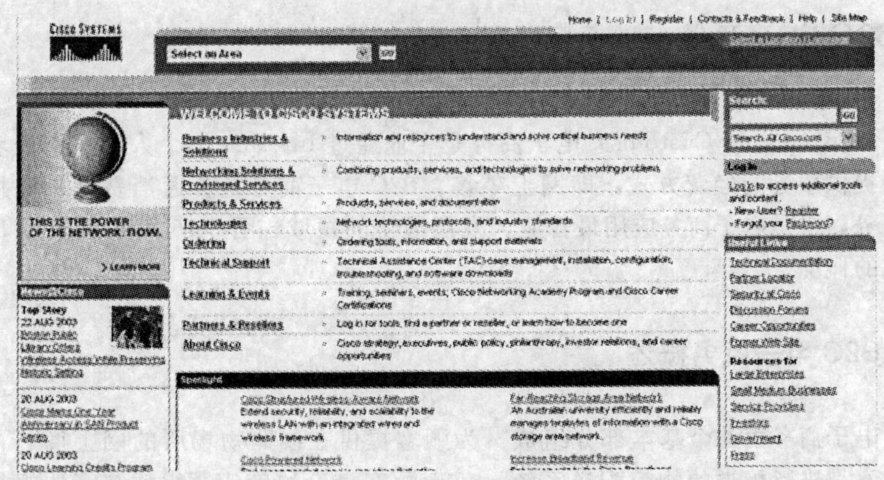

图 3-13　Cisco 网页

3. 新兴企业无形商品模式

联众游戏成立类似于“贵族俱乐部”的会员组织，为会员提供满意的“个性化服务”，向会员出售服务获取利润。广告公司大力发展自己的品牌，以“品牌”为商品，利用广告获取利润，等等。

联众世界（ourgame），是一家服务于全球网民，以提供网络棋牌及其他网络游戏为主的综合网络休闲娱乐服务商，创办于1998年3月。见图3-14。

2000年6月，随着收费会员的推行，联众由一个完全免费的服务供应商，率先转变为多种赢利模式并存的网络游戏公司。

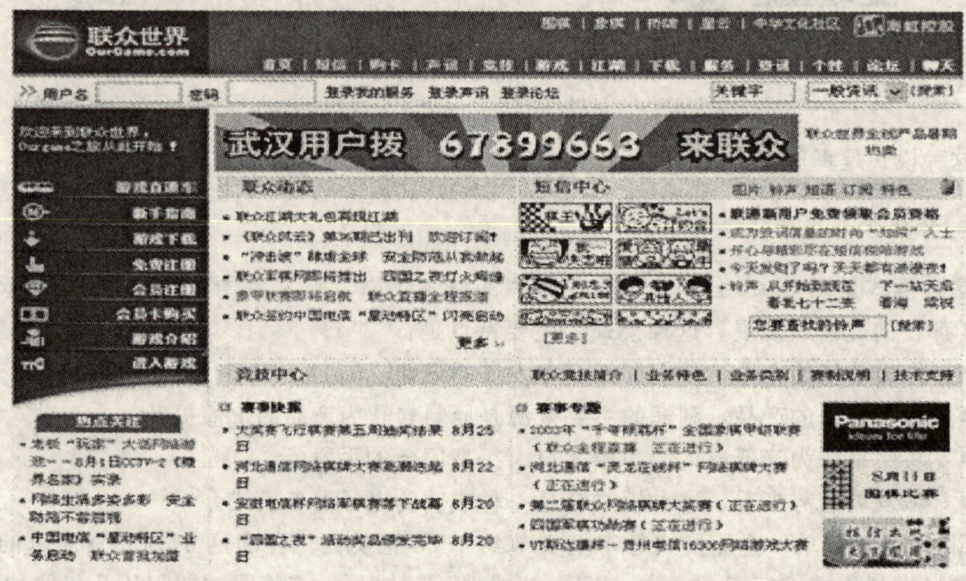

图 3-14　联众世界网页

3.2　B2C 电子商务

B2C（Business to Customs）电子商务是企业通过 Internet 向个人网络消费者直接销售产品和提供服务的经营方式，即网上零售。B2C 电子商务是普通消费者广泛接触的一类电子商务，也是电子商务应用最普遍、发展最快的领域。图 3-15 概括了全球 B2C 电子商务发展的概况。

3.2.1　B2C 电子商务概述

B2C 电子商务由几个基本部分组成：为顾客提供在线购物场所的网上商场，负责为客户所购商品进行配送的物流配送系统，负责顾客身份的确认，货款结算的银行及认证系统。

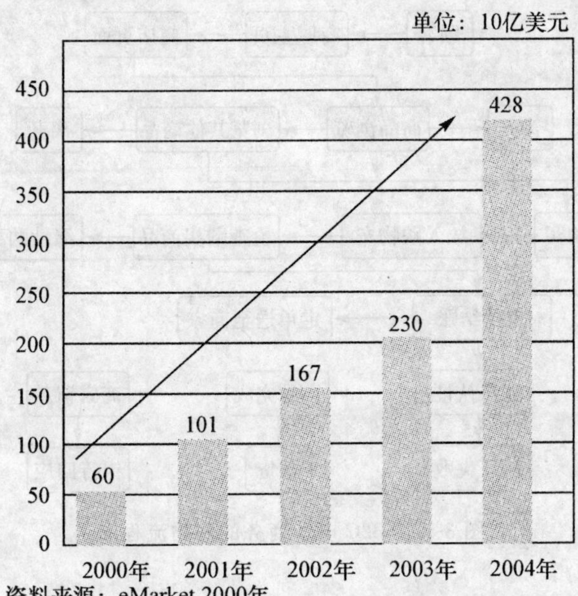

图 3-15　全球 B2C 电子商务发展概况图

下面以单个 B2C 交易为例，说明电子商务具体的实施过程，如图 3-16 所示。

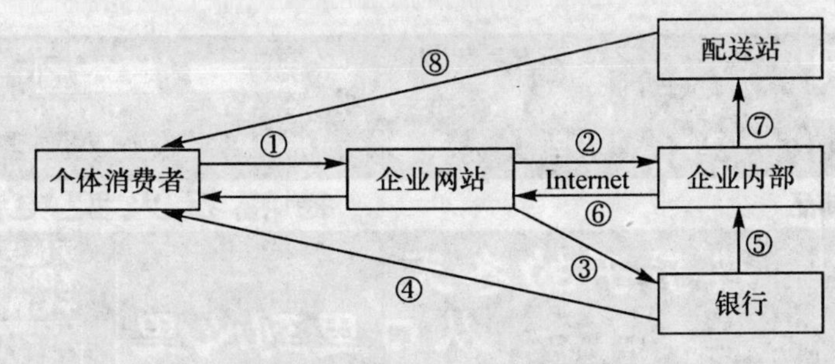

图 3-16　B2C 交易的实施过程

① 消费者在企业网站上浏览信息，确定自己要购买的物品，发出订单，网站自动显示付款窗口，并向银行付款。

② 网站将订货信息传到企业监控室。

③ 付款窗口与银行链接，银行接到付款信息。

④ 银行向消费者确认。

⑤ 银行向企业确认。

⑥ 企业向消费者发出发货通知。

⑦ 企业通知配送站发货。

⑧ 配送站发货到消费者。

B2C 电子商务的购物流程也可用图 3-17 表示。

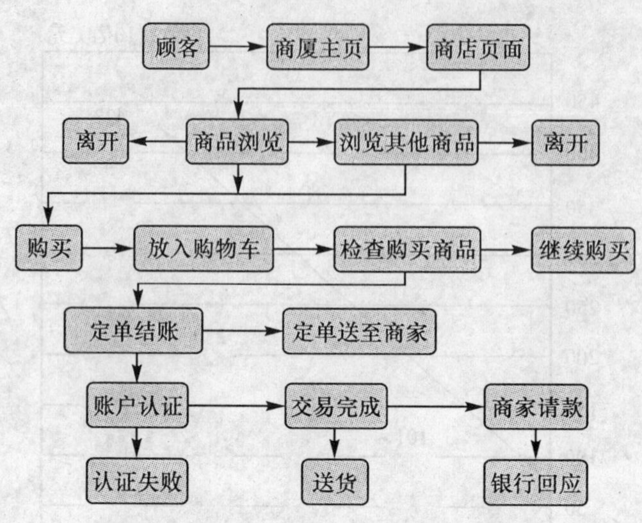

图 3-17 B2C 电子商务的购物流程图

1. 网上商场

网上商场也称虚拟商场，是商家直接面向消费者的场所，网上商场陈列着琳琅满目的虚拟商品，图 3-18 是麦网虚拟商品的网页。

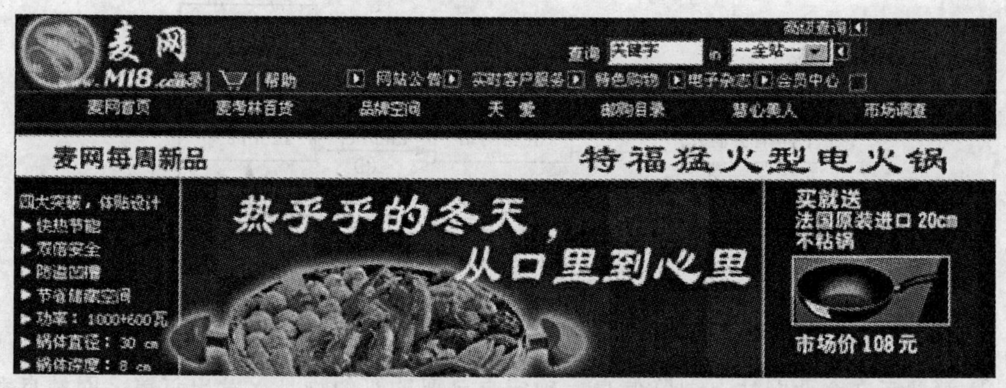

图 3-18 麦网虚拟商品的网页

2. 物流配送

物流配送体系是阻碍虚拟商场发展的一个主要瓶颈。商家根据配送范围的大小可选择不同的配送方式，近距离（本市）可用直接送货方法，远距离可用 EMS 或第三方物流方法。如上海联华超市——联华 OK（见图 3-19）是传统零售向电子商务业进军的典型。联华 OK 依托传统业务，有利于物流配送，例如，价格与联华超市的价格基本相同，与便利店相比价格上有很大的优势；送货时间在 3 小时之内，非常快速及时；购物满 20 元免送货费，对消费者有很大的吸引力。联华 OK 同时还开展电话订购业务，方便了不能上网的中老年群体。

图 3-19　联华 OK 的网页

3. 支付结算

- 货到付款：最简单、最原始的付款方式，适用于不经常购物的上网者。但这对商店不公平，可能会造成货到不付款等纠纷，一般只有大中型城市才能实行，而且不利于大规模地开展业务。
- 邮局汇款：用户在购物完成后还需要去一趟邮局，网上购物的便利荡然无存，汇款还得支付汇款费，不宜推广。
- 银行电汇：与邮局汇款的特点相似。
- 在线支付：用户利用银行卡或者信用卡，通过网上银行支付货款，方便，及时，安全，是现在主流的网上支付方式，应该大力推广。

只有大力推广在线支付，才能更好地推广网上销售业务。然而现在公众对在线支付的安全性仍然有很大的疑虑。

3.2.2　B2C 电子商务的企业类型

1. 综合类、专门类

按商品种类可将 B2C 电子商务分为综合类和专门类两种：

(1) 综合类 B2C 电子商务，在网上销售多种类型的商品。这些网站大多是由经营离线商店企业和网络交易服务公司建立的。如美国的 Wal-Mart，中国的易趣网（见图 3-20）、8848 等。

(2) 专门类 B2C 电子商务，仅销售某一类适合网上销售的商品，例如书刊、鲜花/礼品、软件等。这类网站大多为没有离线商店的虚拟零售企业和商品制造商建立的。如中国

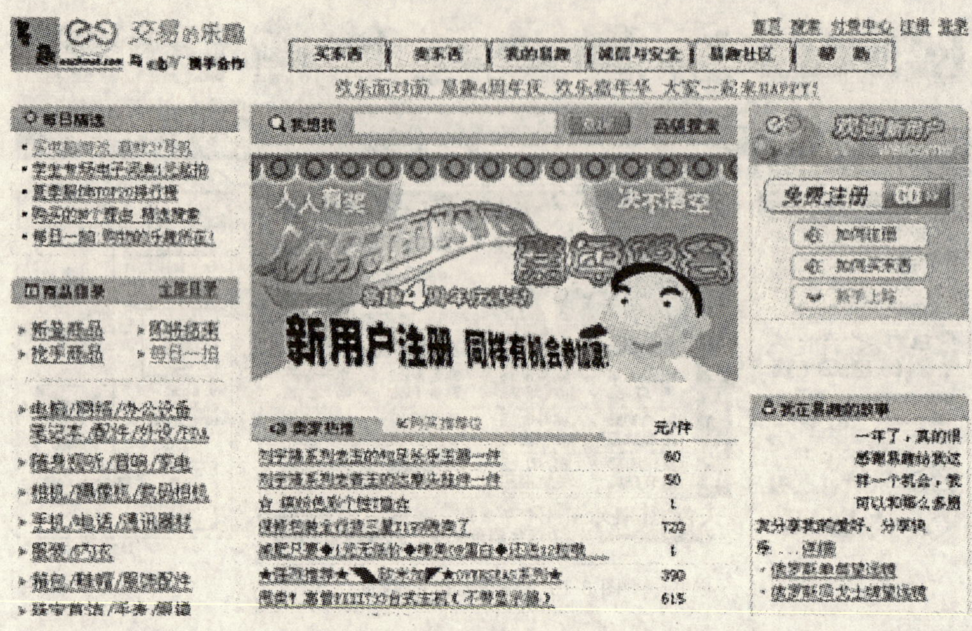

图 3-20　易趣的网页

的上海书城和中国花城网（见图 3-21）等。

图 3-21　中国花城网的网页

2. 零售商、虚拟零售商、商品制造商

按照经营形式不同，目前已建立或准备建立 B2C 模式的电子商务的企业大致可分为以下几类：

(1) 经营着离线商店的零售商。这些企业有着实实在在的商店或商场，网上的零售只是作为企业开拓市场的渠道之一，并不依靠网上的销售生存。如美国的 Wal-Mart，中国的上海书城、上海联华超市。

(2) 没有离线商店的虚拟零售企业。这类企业是 Internet 商务的产物，网上销售是其唯一的销售方式，依靠网上销售生存。

(3) 商品制造商。商品的制造商采取网上直销的方式销售其产品。

3.2.3　网上顾客的类型

网上顾客的类型见表 3-1。

表 3-1　　网上顾客的类型

<table>
<tr><td rowspan="7">网络顾客的类型</td><td>网络参与型</td><td>认为网上社区购物是最好的</td></tr>
<tr><td>隐私规避型</td><td>购买比较隐私的商品</td></tr>
<tr><td>价格折扣型</td><td>网上购物主要是寻找价格低的商品</td></tr>
<tr><td>购物厌恶型</td><td>对过去网上购物经历不满意</td></tr>
<tr><td>商品浏览型</td><td>网上查看商品网下购买</td></tr>
<tr><td>贪图方便型</td><td>网上购物最大的好处就是不出家门</td></tr>
<tr><td>自动监控型</td><td>网上购物可以自动监控购物流程</td></tr>
</table>

3.2.4　B2C 电子商务网站的收益模式

企业与消费者之间的电子商务引发了商品营销方式的重大变革，无论是企业还是消费者都从中获益匪浅。网上商店的出现，消费者可以足不出户，通过自己的计算机在网上寻找、购买所需的商品，获得商家提供的一系列服务；通往全球的 Internet，使消费者购物的选择范围最大化地扩展；网络多媒体技术可将商品由内到外进行全面介绍，便于消费者选择；Internet 上高速度、低费用的信息传递，可以让消费者高效、便捷、低成本地完成网上购物过程；尤其值得称道的是，网上购物为现代社会消费时尚的个性化进一步提供了便利，消费者不再只能被动地购买已生产出的商品，而是可以通过网络向商家提出个人要求，甚至可以虚拟出自己想要的商品，商家获取信息，就可能满足消费者独特的消费愿望。

对商家而言，建立网上商店，完全更新了原有的市场概念，传统意义上的商圈被打破，客户扩展到了全国乃至全世界，形成了真正意义上的国际化市场，赢得了前所未有的商机。另外，网上商店交易成本比传统店堂销售成本大大降低，因为在线销售可以避免有形商场及流通设施的投资，将依靠人工完成的交易活动转化成数字化的信息传送过程，可以节省大量商流费用，这带来了经营成本的降低，使商家更具竞争力。

经营 B2C 电子商务网站的企业其收益模式是不同的，一般有三种收益模式：收取服务费、会员制、扩大销售额。

1. 收取服务费

网上购物的消费者，除了要按商品价格付费外，还要向网上商店支付一定的服务费。

2. 会员制

网络交易服务公司一般采用会员制，按不同的方式、服务的范围收取会员的会费。

3. 扩大销售额

网上销售商提供低价格的商品或服务，为的是扩大销售量，提高企业的形象。

3.2.5 信息沟通

1. 消费者的信息反馈

一般 B2C 电子商务网站都有网络消费者的信息反馈页面，以保持与顾客的交流，听取消费者对产品、服务和网站本身的意见与建议。例如，当当网的客户反馈功能非常完善，用户可以通过 BBS（http://211.100.16.161/）向当当网进行信息反馈，见图 3-22。

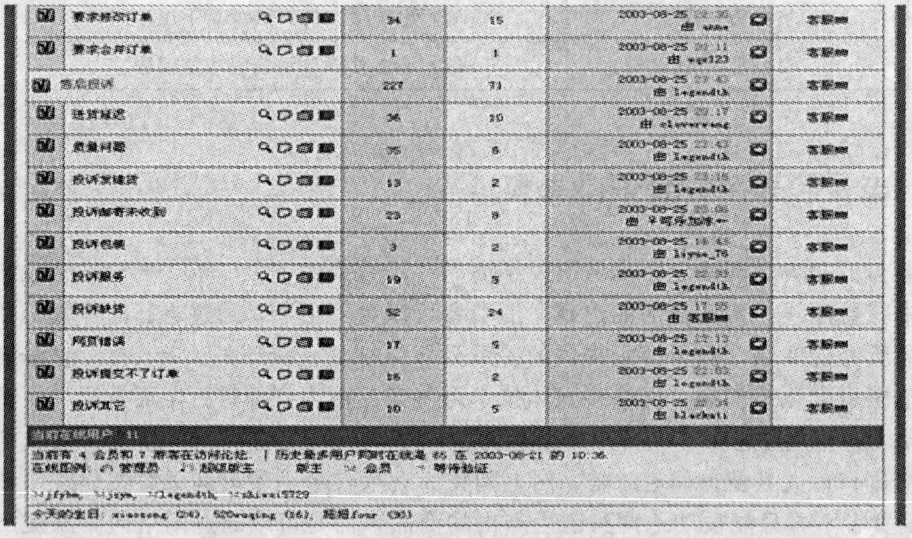

图 3-22 当当网上书店的 BBS 信息反馈

2. 与消费者互动、与顾客互动

与消费者互动、与顾客互动是 B2C 电子商务营销的关键环节，也是与传统媒体营销的最大不同之处。

(1) 信息层面上的互动

信息层面上互动的主要目的是吸引客户的注意力，招徕潜在顾客，汇聚人气，建立网上营销环境。

(2) 交易层面的互动

交易层面的互动不单指顾客在网上选货、提交与结算，还具有网站内为顾客提供咨询服务、通过信息交流帮助顾客作出正确选择的含义。例如，Dell 网站以独特的设计使访问者离开网站时，屏幕上不失时机地跳出一个小窗口来及时地与用户打招呼道别，采集访问者的意见。Dell 网站的"送别词"是这样写的：

我们当如何帮助您？我们看到您已经激动起来。请您告诉我们您为何离开，这样就能帮助我们改进我们的站点。

您为何离开？（请尽可能多选择）

- 产品太多无法选择
- 层级混乱
- 产品信息量
- 过滤/分类法无助于缩小我的查询范围
- 所查结果与我的搜索无关
- 我找不到所要的具体产品
- 产品无货
- 我想和其他站点的货品作一比较
- 价格太高
- 我感觉没劲，我想另作查询
- 我感觉没劲，我想逛逛整个站点
- 其他建议（敬请说明，接反馈意见输入窗）。

(3) 服务层的互动

服务层的互动涉及面广，它给客户带来的已不仅是某些信息、开展某笔交易，而是着力于建立长线关系，围绕对客户的长期服务、树立网络品牌做文章。例如，美国通用电气网站（www. ge. com）在网页上使用了大量的虚拟场景手法，让顾客在网上能身临其境，自由挑选。通用电气网站在 Lighting Solution Center（灯源设计中心）栏目中建立了"Virtual lighting designer"（虚拟照明设计）中心。它允许顾客在一定程度上参与到照明方案的选择中。首先，GE 针对一般住房结构，提出从室外、客厅、书房、卧室、卫生间、厨房到餐厅等的常用照明方案，如顶灯、壁灯、帘幕灯、地脚灯、台灯、落地灯等，分为许多组。当顾客选中满意的照明效果后，就可进一步按光通量、产品寿命、光源品质、能效等参数综合选择灯具的规格型号。该房间的照明方案设计完毕，再依次设计其他房间，最后将全套方案提交网站即可。在交易过程中，顾客在网站指导下参与了整个方案的设计工作，得到了成套家庭照明与光饰效果。同时，GE 网站的收益显然比单卖几个灯泡要大得多。顾客和经销商都对得到的实惠表示满意。

3.3　B2B 电子商务

企业与企业之间的电子商务即为 B2B（Business to Business）电子商务，主要是指两个实体之间在网上交易和结算的商务活动，是两个实体之间在网上进行谈判、订货、签约、接收发票和付款，以及索赔处理、商品发送管理和运输跟踪等所有活动。广义的实体主要是指区别于个人的有法人地位的主体，一般指营利性质的企业实体和非营利的组织机构（如政府部门）。因此，企业间电子商务涉及企业与企业之间的电子商务和企业与政府部门之间电子商务两大主要的形式。

政府与企业网际合作就是通常所说的B-G型。B-G型主要有两种业务：一种是政府作为最大的组织机构进行采购，如美国规定政府的采购必须通过Internet在网上发布标书；另一种是政府为企业提供职能服务，如国际贸易的海关报关、税务部门的税收征缴等。2000年是我国政府部门的上网年，但大多数还只是宣传性质，不能实现网上政府服务。在美国，政府部门不但上网而且实现网上远程服务，任何人通过互联网络可以直接完成咨询和相关手续。

企业与企业间合作就是电子商务中的B-B型。B-B型电子商务是今后电子商务发展的主要形式。企业间的电子商务又可以分为两种：一种是非特定企业间的电子商务，它是在开放的网络中为每笔交易寻找最佳伙伴，并与伙伴进行从订购到结算的全面交易行为。另一种是特定企业间的电子商务，是指过去一直有交易关系而且今后要继续进行交易的企业间围绕交易进行的各种商务活动。特定的企业间买卖双方既可以利用大众公用网络进行，也可以利用企业间专门建立的网络完成。

虽然企业与消费者之间的电子商务发展强劲，但企业间商务活动的贸易金额是消费者直接购买的10倍。无疑，企业间电子商务将成为电子商务的重头。

3.3.1 B2B电子商务概述

1. 实现B2B电子商务的基础

在Internet上实现B2B必须具备一定的基础，主要表现在：信息的标准化、用户身份验证和网络交易集成技术。

（1）信息标准化：买卖双方之间按标准格式相互交换信息。

（2）身份验证：贸易伙伴之间的认证或与金融中介机构的认证。

（3）电子商务集成化：对企业内部而言是指参与交易企业内部基于Web技术进行的运作，涉及进销存各个方面；而对企业外部而言是指参与交易的企业双方彼此的连接和与为其服务的金融机构之间的联系。

2. B2B电子商务交易的发展阶段

根据企业间电子商务系统所支持的企业间业务过程的不同阶段，可以将其划分为交易前、交易中和交易后三个阶段。

（1）支持交易前（Pro-Trade/Transaction）阶段的电子商务系统

主要支持商务信息交流和贸易磋商。这是整个企业间电子商务业务中技术要求最低的一种。目前我国针对企业的各类电子商务应用系统大多是这一类。

（2）支持交易中（Trade/Transaction）阶段的电子商务系统

主要支持企业间商务活动过程中的各种业务文件或单证交换过程。这类系统一般对数据

交换的可靠性有很高的要求。从技术上必须有两点要保证：一是数据交换的准确性；二是单证报文记录的法律效力，这一点通常是通过制定相应的法律和应用系统的安全性来保证的。

（3）支持交易后（Post-Trade/Transaction）阶段的电子商务系统

这类系统主要涉及银行、金融机构和支付问题，所以对数据交换的可靠性和安全保密性都有很高的要求。不但要求绝对可靠，同时要求对账号、数字化签名（CA）、开户银行等严格保密。

要完成整个电子商务交易过程，不仅需要企业应用电子商务系统，还需要有与商务活动相关的企业和服务机构提供电子商务服务，如银行提供网上银行服务、电子商务中心提供认证服务等，这是一个系统性、社会性的工程。

3.3.2　B2B 电子商务的优势

B2B 电子商务通过互联网贸易，贸易双方从贸易磋商、签订合同到网上支付等，均通过互联网络完成，整个交易完全虚拟化。B2B 交易的优势首先是交易成本大大降低，具体表现在：

1. 降低采购成本

企业通过与供应商建立企业间电子商务，实现网上自动采购，可以减少双方为进行交易投入的人力、物力和财力。另外，采购方企业可以通过整合企业内部的采购体系，统一向供应商采购，实现批量采购获取折扣。如美国 Wal-Mart 公司将 3000 多家超市通过网络连接在一起，统一进行采购配送，通过批量采购节省了大量的采购费用。

2. 降低库存成本

企业通过与上游的供应商和下游的顾客建立企业间电子商务系统，实现以销定产，以产定供，实现物流的高效运转和统一，最大限度地控制库存。如 Dell 公司通过允许顾客网上订货，实现企业业务流程的高效运转，大大降低库存成本。

3. 节省周转时间

企业还可以通过与供应商和顾客建立统一的电子商务系统，实现企业的供应商与企业的顾客直接沟通和交易，减少周转环节。如波音公司的零配件是从供应商采购的，而这些零配件很大一部分是满足它的顾客航空公司维修飞机之用。为减少中间的周转环节，波音公司通过建立电子商务网站实现波音公司的供应商与顾客之间的直接沟通，大大减少了零配件的周转时间。

4. 扩大市场机会

企业通过与潜在的客户建立网上商务关系，可以覆盖原来难以通过传统渠道覆盖的市场，增加企业的市场机会。如 Dell 公司通过网上直销，有 20％的新客户来自于中小企业。通过与这些企业建立企业间电子商务，大大降低了双方的交易费用，增加了中小企业客户网上采购的利益动力。

3.3.3 B2B 电子商务模式

企业目前采用的 B2B 可以分为面向中间交易市场的水平 B2B 电子商务和面向实体企业的垂直 B2B 电子商务两种模式。

1. 面向中间交易市场的水平 B2B 电子商务

(1) 水平网站可以将买方和卖方集中到一个市场上来进行信息交流、广告、拍卖竞标、交易、库存管理等。如阿里巴巴和环球资源网等都属水平 B2B 电子商务。之所以用"水平"这一概念,主要是指这种网站的行业范围广,很多行业都可以在同一个网站上进行贸易活动。

(2) 水平 B2B 电子商务的利润流如图 3-23 所示。

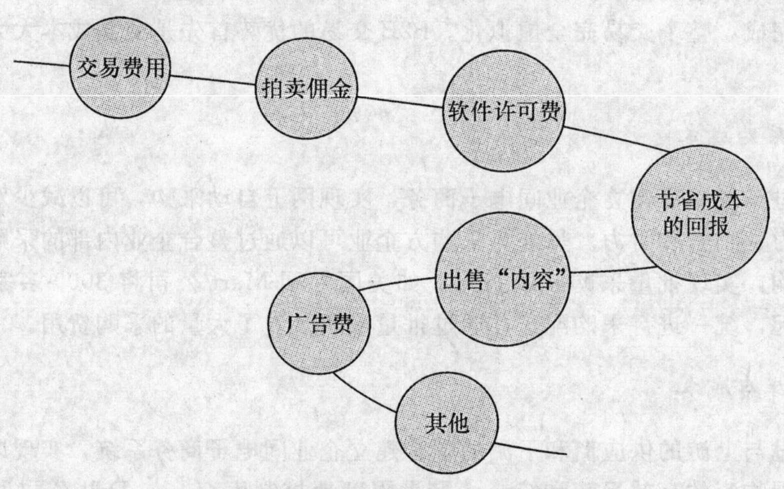

图 3-23 水平 B2B 电子商务的利润流

(3) 网络商品交易中心的交易方式与交易过程如图 3-24 所示。

2. 面向实体企业的垂直 B2B 电子商务

(1) 垂直 B2B 电子商务可以分为两个方向,即上游和下游。生产商或商业零售商可以与上游的供应商之间形成供货关系。例如 Dell 电脑公司与上游的芯片和主板制造商就是通过这种方式进行合作。生产商与下游的经销商可以形成销货关系,例如 Cisco 与其分销商之间进行的交易。

(2) 垂直网站的利润流。由于垂直网站的专业性强,面临的客户很多都是本行业的,潜在购买力比较强,其广告的效用也会比较大。因此,垂直网站的广告费较水平网站要高。除了旗标广告外,垂直网站还可以通过产品列表以及网上商店门面收费。

(3) 垂直网站成功的关键。垂直网站成功的最重要的因素是专业技能。一个垂直网站面对的是一个特定的行业、特定的专业领域,因此,网站本身应该对这个领域相当熟悉。

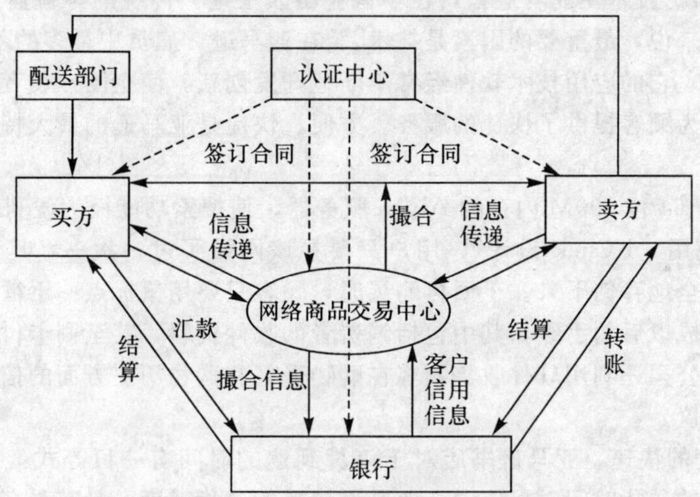

图 3-24 网络商品交易中心的交易方式和交易过程

(4) 垂直网站面临的困难。运作垂直网站需要较深的专门技能。专业化程度越高的网站，越需要投入昂贵的人力资本来处理很狭窄的、专门性的业务，从而发挥该虚拟市场的商业潜能。

3.4 案 例

学习本章应尽量联系实例，注意 Internet 商务与传统商务的区别，提高学习兴趣。可以通过当当网（www. dangdang. com）网上书店等真实的网上购物过程来了解网上商场、网站注册、选购商品、支付结算、安全认证、物流配送等过程。通过分别登录联华超市、Ego365、梅林正广和等多个 B2C 网站，进行对比，了解这些网站的业务特征，对比它们的支付结算方式和配送方式。通过一些著名的 B2B 电子商务网站如阿里巴巴、Ego365、拉拉手资源交易网等的浏览，来学习 B2B 的概念、业务、交易模式、优势等，完成课程的学习目标。

3.4.1 B2C 电子商务案例——亚马逊网上书店

1995 年 7 月 16 日，一家名为“亚马逊”的网站在西雅图开始运作。它 30 万美元创业，开创一种全新的销售方式——网上销售。1999 年销售 80 亿美元，平均每天卖出 6 万本书，全球顾客超过 600 万，网上图书种类 372 万种，公司市值 300 亿美元。创始人杰夫·贝索斯被美国《时代》周刊评为 1999 年度封面人物，身价超过 70 亿美元。亚马逊网上书店也被称为全球最大的网上书店。

1. 早期成功原因

(1) 早期的亚马逊与众不同地把自己定位于高科技企业，而非流通企业。该公司总裁杰夫·贝索斯说："技术使亚马逊公司在零售业出人头地。传统的零售业最重要因素是场所，而对亚马逊来说，最重要的因素是技术。"在亚马逊，雇员中最多的不是门市部店员，而是软件工程师。它的应用技术软件经常不断地开发创新，使企图抄袭者难以得逞。

(2) 亚马逊为顾客提供了快捷的服务。方便、快捷是亚马逊的最大特色，表现在 3 个方面：

① 使用的是 64 位 500M 内存的 Alpha 服务器，使搜索功能极为便利和快速。

② 亚马逊使用"1-Click 设计"，用户只要在该网站买过一次书，其通信地址和信用卡账号就会被安全地存储下来。下回再购买时，顾客只要用鼠标点一下欲购之物，网络系统就会帮顾客完成以后的手续，其中包括消费者的收件资料，甚至刷卡付费也可由网络系统代劳。亚马逊公司还利用软件收集顾客在购物爱好和购物历史方面的信息，随时为顾客购买图书提供建议。

③ 送货速度的快速。亚马逊书店对于订货到达的时间有一恒等式：找到订货商品＋装运时间＝所需的送货时间。可以说，亚马逊快速的送货速度，是其受好评的重要原因。

(3) 亚马逊为顾客提供了实实在在的价格折扣。亚马逊曾经自称是举世最大的折扣者，有高达 30 万种以上的书目可以进行购买折扣优惠。的确，少了中间商抽成，促使亚马逊销售的书籍或其他商品，有着较平实的价格。

(4) 早期，亚马逊的货物实行零库存运转。最初，亚马逊的库存图书很少，维持库存的只有 200 种最受欢迎的畅销书。一般情况下，顾客买书、下订单后，亚马逊才从出版商那里进货。购书者以信用卡向亚马逊支付书款，而亚马逊却在图书售出 46 天后才向出版商付款，这使它的财务周转较传统书店顺畅得多。相比传统的零售书店，亚马逊的退书率可谓微乎其微。传统书店退书率一般为 25%，高的达 40%，而亚马逊的退书率只有 0.25%。

2. 问题的出现

由于亚马逊的出现打破了传统零售业的概念，所以人们在开始的时候，始终谈论的是它怎么领导网络潮流，怎么打败传统书店，但是却没有人去谈论亚马逊开张以来是否在营运上赚过钱？即使提起，也多以"股价盘升，前景看好"来描述。

事实上，这家零售网站从开始到 2001 年，每年都在亏损。2000 年的第四季度，亚马逊的亏损超过了 5 亿美元。此后不久，高昂的运营成本迫使亚马逊关闭了美国 8 个货仓中的两个，并裁减了 15%的员工。在 2000 年的大多数时间里，投资者都在担心亚马逊是否有能力付清供应商的货款，而且公司的负债高达 21 亿美元。当时有分析师猜测，亚马逊可能坚持不了多久，即将倒闭。为什么会出现这样的情况呢？

让我们来回顾一下亚马逊走过的轨迹。亚马逊成立之始可谓雄心勃勃，它志在击垮所有的图书音像传统经销商。在 1998 年以前，图书音像网上销售构成亚马逊几乎全部的业务。这个方向是十分正确的，直到现在为止，图书音像销售仍然是亚马逊主要的赢利来源。1998 年，华尔街的某些分析师鼓吹亚马逊将可以成为前所未有的、赢利能力最强的电子零售商，说亚马逊唯一要做的事情是扩大销售额，至于亏损属于正常投资。在当时的网络经济热潮和华尔街分析师的鼓动下，亚马逊把经营领域扩展到工具与五金、保健与美容产品、玩具与电子游戏、各种电子产品等。这时候的亚马逊已经把自己变成了一个大百货商场，它的目标已经不仅仅是击败所有的图书音像传统经销商，而是所有的传统零售商。而且整个运作全围绕着扩大销售额，他们甚至肯为了一份 10 美元的订单不惜花费 100 美元的成本。结果是销售额略有提高，亏损额却大幅上升，1999 年的数字显示，其销售额比上一年上升了 169%，但其亏损额却从上一年的 1.25 亿上升到 7.2 亿美元。同时，亚马逊的库存、管理和支出控制被这种迅速的扩张弄得十分混乱。亚马逊迅速的扩展不仅花费了亚马逊大量的现金，而且这些新拓展的业务领域都无法赢利。以亚马逊的电子产品业务为例，尽管其电子产品业务增长迅速，其营业额为亚马逊所有业务最多的一块，但由于电子产品利润微薄，亚马逊在这块业务上面的实际状况是东西卖得越多，亏得就越厉害。迅速的扩展带来的另一个问题是低效率的货品管理，致使存货周转速度大大放慢，库存积压率增高，亚马逊存货的周转速度从 1998 年第一季度的 8.5 次滑落到 2001 年第一季度的 2.9 次。另外，亚马逊为了扩张，在全国建立了配送中心，这样维护产品存货就变得非常困难，并且商品缺货越来越严重，经常出现网站上明明标明有存货的商品，用户下单后却通知缺货，并且送货速度开始越来越慢了。

3. 亚马逊的对策

面对危机，亚马逊创始人杰夫·贝索斯说，零售商有两种选择，一是努力工作来提高售价，二是努力工作来降低售价。亚马逊已经决定不屈不挠地走后面一条路。

在业务上，亚马逊已经形成了利润第一的经营理念，因为图书、音像视频业务是亚马逊目前主要赢利的业务，所以，亚马逊继续强化图书、音像等核心业务，对其他业务进行重组或者关闭；并且把除图书音像以外的下一个核心业务定在消费类电子产品上，这类业务销售增长迅速，并且存在较大的赢利潜力；基本上放弃了它经营两年的在线拍卖业务以减少开支，因为这个业务没有任何赢利能力。

为了降低成本，亚马逊还将其位于欧洲的 3 个消费者服务中心合并成两个，关闭设立在海牙的一个消费者服务中心。采用便捷的订单处理系统使错误率下降，整合订单以节约送货成本。亚马逊在 2001 年第四季度的运营支出为 2.59 亿美元，比上一年同期的 5.46 亿美元减少了 50%以上。

先后与 Adobe 合作共建 E-booktown（电子书城），与世界上第二大图书销售商 Borders Group 达成了网络图书销售策略联盟，Borders Group 宣布将结束其一直亏损的在线销售业务，与亚马逊结盟，联合重建 Borders. com 品牌。此举使亚马逊购并 Borders Group 的线上运营业务。亚马逊新开辟帮助传统型企业管理在线商店和处理订货交易的业务，这些业务毛利率达到 60%，存在相当大的赢利潜力。这意味着亚马逊开始走向传统企业。

在亚马逊公布的 2001 年第四季度财政报告中，宣布实现赢利，赢利额为 510 万美元，这是该公司首次宣告赢利。

但这并不意味着亚马逊已经走出亏损的阴影，亚马逊下一步会带领着 B2C 电子商务怎么走？亚马逊究竟会回归到刚创立的时候，只做诸如图书、音像等少量核心业务的专业网上零售店，还是走网上大超市的扩张之路？亚马逊是一个“虚拟商店”，但是现在又新开拓了为第三方企业提供电子商务服务，和 MY8848 一样，属于一个“虚拟商业街”。那么亚马逊以后会选择“虚拟商店”、“虚拟商业街”，还是两者共存呢？我们拭目以待。

思考：

(1) 亚马逊从开始到2001年一直亏损有哪些原因？亚马逊想了哪些办法去解决？

(2) 现在的亚马逊有虚拟商店和虚拟商业街两种业务，这对亚马逊的发展有哪些利弊？

3.4.2 B2B电子商务案例——阿里巴巴

阿里巴巴是全球B2B电子商务的著名品牌，是目前全球最大的商务交流社区和网上交易市场。它曾两次被哈佛大学商学院选为MBA案例，在美国学术界掀起研究热潮，两次被美国权威财经杂志《福布斯》选为全球最佳B2B站点之一，多次被相关机构评为全球最受欢迎的B2B网站、中国商务类优秀网站、中国百家优秀网站、中国最佳贸易网，被国内外媒体、硅谷和国外风险投资家誉为与Yahoo、Amazon、eBay、AOL比肩的五大互联网商务流派代表之一。其创始人、首席执行官马云也被著名的"世界经济论坛"选为"未来领袖"，被美国亚洲商业协会选为"商业领袖"，并多次应邀为全球著名高等学府麻省理工学院、沃顿商学院、哈佛大学讲学，是50年来第一位成为《福布斯》封面人物的中国企业家。

也许是取决于"良好的定位，稳固的结构，优秀的服务"，阿里巴巴如今已成为全球首家拥有210万商人的电子商务网站，成为全球商人网络推广的首选网站，被商人评为"最受欢迎的B2B网站"，杰出的成绩使阿里巴巴受到各界人士的关注。WTO首任总干事萨瑟兰出任阿里巴巴顾问，美国商务部、日本经济产业省、欧洲中小企业联合会等政府和民间机构均向本地企业推荐阿里巴巴。

"倾听客户的声音，满足客户的需求"也许是阿里巴巴生存与发展的根基。根据相关的调查显示：阿里巴巴的网上会员近五成是通过口碑相传得知阿里巴巴并使用阿里巴巴；各行业会员通过阿里巴巴商务平台双方达成合作者占总会员比率近五成。

在产品与服务方面，阿里巴巴为中国优秀的出口型生产企业提供在全球市场的"中国供应商"专业推广服务。中国供应商是依托世界级的网上贸易社区，顺应国际采购商网上商务运作的趋势，推荐中国优秀的出口商品供应商，获取更多更有价值的国际订单。截至2003年5月底，加盟企业近3000家。目前已经有70%的被推荐企业在网上成交，众多类别市场名额已满。2002年3月开始为全球注册会员提供进入诚信商务社区的通行证——"诚信通"服务。阿里巴巴积极倡导诚信电子商务，与邓白氏、ACP、华夏、新华信等国际国内著名企业资信调查机构合作推出电子商务信用服务，帮助企业建立网上诚信档案，通过认证、评价、记录、检索、反馈等信用体系，提高网上交易的效率和成功的机会。每月赢利以双位数增长。阿里巴巴以50万元人民币创业资本起步，吸纳了国际资本2500万美元，经过3年的发展，于2001年底实现当月赢利，2002年实现每月收入双位数的增长，实现全年赢利，从而保证对客户的持久服务能力。

下面分析阿里巴巴的商业模式。

阿里巴巴的营运模式遵循一个循序渐进的过程。首先抓住基础的，然后在实施过程中不断捕捉新出现的收入机会。从最基础的企业架设站点，到随之而来的网站推广，以及对

在线贸易资信的辅助服务、交易本身的订单管理，不断进行延伸。出色赢利模式符合赢利的强有力、可持续、可拓展等特点。

1. 架设企业站点

很少有企业把架设企业站点理解为是一项重要的业务，理由在于这是一个高度离散的行业。一般可以很从容地获得一个或者几个制作企业站点的机会，但不等于能够获得很多。这里存在收入、收集上的困难。有一些公司主营这项业务，它们往往将业务定格在高端客户。阿里巴巴是一个很大的商业社区站点，这就是说它有与许多潜在顾客频繁接触的机会。更重要的是它能顺利地把潜在机会转化为现实收入。阿里巴巴的目标受众每年都要参加许多类似广交会之类的展销会议，这时候阿里巴巴的工作人员就出现了，有一些低成本的推广活动。线上、线下的营业推广相结合，实践证明能有效地收集商业机会。中小企业存在很大的伸缩性，这是说业务流程和业务规模都在迅速地发生变化。有时候它或许会找邻居帮助设计一个主页，这在当时可能已经足够了，但是很快它就有了更高的需求，这就超过了邻居的能力。阿里巴巴则有能力提供从低端到高端所有的站点解决方案。它能在企业的成长过程中获得全部收益。更大的优势在于制作商品交易市场型的站点。阿里巴巴只是替商品交易市场做一个外观主页，然后将其链接在自己的分类目录下。交易市场有了一个站点，实际上这和阿里巴巴的站点是同一个站点，这就提高了被检索的机会。网页设计毕竟是一项倾向于劳动密集型的业务。网站设计其实和开发应用程序没有什么不同，这是说存在国际转包的内在需求，这和印度班加罗尔的故事相同。这也解释了阿里巴巴为什么把它的人手更多集中在劳动力成本相对低廉的杭州。国际转包的实现除了需要品牌，还要有对应的机构设置。无疑，阿里巴巴一直就是在向这一方向走。

2. 站点推广

在阿里巴巴今天的收入中，站点推广的收入占了一半还多。“中国供应商”面对的是出口型的企业，“网上有名”则针对内销或工厂的出口主要以买断形式进行的那一种。其中的价格依据是，如果某家企业愿意以 3 万元人民币的价格租赁两周的广交会展销摊位，那么它似乎也会愿意以同样的价格购置一年的在线展销时段。对于一个新生事物，某种意义上阿里巴巴要证明服务的有效性。阿里巴巴有一个系统服务的思维，除了在网站上的页面设置，还可以通过“商情快递”邮件杂志，在检索上的优先排序。至少它能证明付费的顾客要比免费的客户有更多的机会。

3. 诚信通

网络可能是虚拟的，但贸易本身必须是真实的。信用分析是企业的日常工作。“诚信通”作为一项服务不难理解。可以在“诚信通”上出示第三方对其的评估，企业在阿里巴巴的交易记录也有据可循。问题是这项服务本身是否会非常成功。阿里巴巴显然是希望所有的注册会员都使用这项付费的服务，最起码新注册的用户是如此。这个问题的确非常有趣。如果这一预想符合了现实，大多数的企业都购买了“诚信通”，那么意味着剩下的少数也会购买，即便不购买也不再重要。每个“诚信通”的价格都很便宜，但对网站而言几乎不存在成本。这就是说阿里巴巴的运营业绩将会非常的成功。另一种可能是只有少数企业购买了，这就存在用户流失的问题。类似于阿里巴巴模式的网站今天多如牛毛。阿里巴巴的认识是，首先他们在前期的努力已经吸纳了国际贸易中最活跃的顾客群。另一方面在线交易本身必须实现其严肃性。

4. 贸易通

"贸易通"是阿里巴巴网站新推出的一项服务，它的功能主要有以下几项：和百万商人安全、可靠地进行即时在线沟通、互动；结识、管理自己的商业伙伴，开展一对一的在线营销；强大的商务搜索引擎，搜尽天下商机；"服务热线"为"诚信通"会员即时解答网络贸易疑问，方便享受高质量的在线客户服务。其界面有点类似于常用的聊天工具QQ，非常友好且使用简单。不过，有关"贸易通"的收费一直没有启动，但这却是最初也是最重要的愿望。阿里巴巴的定义是从企业的每一次日常交易中抽取佣金，这在前期被舆论认为是不可能的，原因在于B2B贸易存在重复交易，企业通常不会一次就更换一家供应商。这样企业很容易绕开任何中介。这又是一个没有思维就迅速下判断的例子。"贸易通"可以理解为是一种订单管理软件。很多IT评论人都忽略了阿里巴巴这一项服务，实际上它对阿里巴巴未来的潜在影响最大，绝对不能看成电子邮件的豪华版。这里有一个观念上的不同，产品重要的是需求，而不是技术表述。"贸易通"则解决了这所有的问题，而且操作中存在很强的可行性，可以通过短消息捆绑按次计费。这一服务所面临的价格敏感性很小，而且存在一个很大的数量。"贸易通"延伸了企业软件托管的思路。

思考：

（1）阿里巴巴的成功之处表现在哪些方面？

（2）访问阿里巴巴，熟悉其网站的运作流程及特点。

本章小结

本章主要讨论Internet商务，主要介绍Internet商务框架结构以及两种主要的交易模式B2C电子商务和B2B电子商务的有关内容。

习题 3

1. 名词解释：

   Internet商务　B2C电子商务　B2B电子商务

2. 试述B2C电子商务交易由哪三部分构成，并分别加以描述。
3. 试述B2B电子商务交易具有哪些优势。
4. B2B电子商务交易可分为哪两种模式？并分别加以描述。

第 4 章　行业电子商务

4.1　电子商务与企业经营管理

4.1.1　电子商务在企业竞争中的作用

1. 降低成本，提高竞争力

降低成本是提高企业竞争力的重要策略，电子商务对企业降低成本是行之有效的途径。具体表现为：

(1) 电子商务降低采购成本。企业采购过程中有许多信息需要获取和传递，采用电子商务可以降低这些工作的成本和费用。

(2) 电子商务降低营销成本。电子商务对于降低营销成本有着明显的作用。企业在网上建立起自己的商业网站，通过网站可以发布企业的各种信息，广泛地与大众交流，获取他们对产品、服务、营销策略的意见以及对新产品的建议和产品定价的看法等。

(3) 电子商务降低库存成本。在电子商务条件下，建立高效迅速的配送中心，可以减少库存成本，实现无库存。

(4) 电子商务降低管理费用。电子商务的运用可以减少管理人员的交通和通信费用。在电子商务条件下，由于许多业务实现了自动化处理，这样就降低了人工费用。

2. 创造新的市场机会

互联网可以提供每周 7 天、每天 24 小时运行，几乎没有时间限制，它的触角可以延伸到世界每一个地方。因此，利用互联网从事市场营销活动可以远及过去靠人进行销售，或者依靠传统销售所不能达到的市场。

3. 个性化管理

(1) 提高消费者满意度。通过互联网，克服了在为顾客提供服务时的时间和空间障碍，消费者可以根据自己的需要了解有关信息，这样就满足了消费者的不同要求。

(2) 满足消费者个性化需求。电子商务是一种以消费者为导向，强调个性化的营销方式。消费者将拥有比过去更大的选择自由，可根据自己的个性特点和需求在全球范围内寻找商品，不受地域限制，使购物更显个性。

4.1.2 企业实施电子商务的策略

1. 波特竞争理论

电子商务作为一种竞争手段，具有很多竞争优势。这些竞争优势是如何给企业带来战略优势以及如何选择竞争战略的呢？这就必须分析电子商务对组织的业务提供战略机会和带来的威胁。哈佛大学商务学院波特（Porter）教授提出企业竞争中面对五种力量（见图4-1）：新的进入者威胁，供应商要价能力，现有竞争者之间对抗，消费者还价能力，替代产品或服务威胁。企业可以采取以下几个竞争战略提高竞争力：

- 成本领先战略。提供低成本的产品或服务，降低与购买者、与供应者之间的交易成本。
- 差异战略。提供与竞争者不同的产品和服务，定位于有差异的市场，保持竞争力。
- 创新战略。开发新产品和服务，拓展新市场，建立新的商业联盟、新的分销网络等。
- 目标聚集战略。采用前面的某一种战略优势占领某一细分市场。

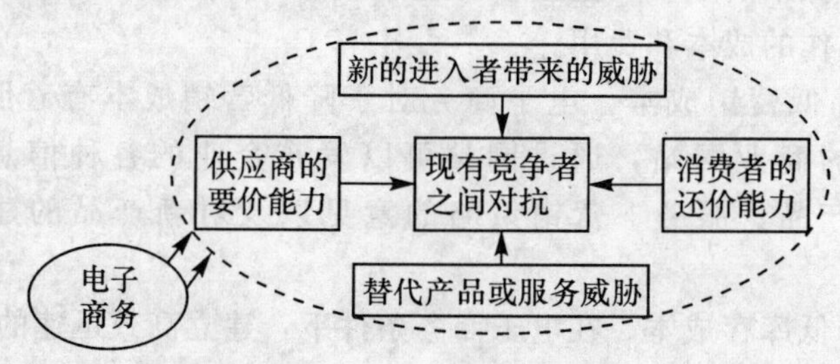

图 4-1 波特 5 种竞争力量模型

其中，差异战略和创新战略属于一个类型，创新战略也属于差异战略。

2. 企业电子商务竞争战略分析

电子商务作为一种竞争战略，可以在上述几个方面加强企业在对抗某一股竞争力量时的竞争优势。

（1）巩固公司现有竞争优势

市场经济要求公司的发展必须是市场导向，公司制定的策略、计划都是为满足市场需求服务的。这就要求公司对市场现在和未来的需求有较多信息和数据作为决策依据和基础，避免公司的营销决策过多依赖决策者的主观意愿，使公司丧失发展机会和处于竞争劣势。利用电子商务，公司可以对现在顾客的要求和潜在需求有较深入的了解，对公司潜在顾客的需求也有一定了解，制定的营销策略和营销计划具有一定的针对性

和科学性，便于实施和控制，以顺利完成营销目标。如美国计算机销售公司 Dell 公司，通过网上直销与顾客进行交互，在为顾客提供产品和服务的同时，还建立自己顾客和竞争对手顾客的数据库。数据库中包含有顾客的购买能力、购买要求和购买习性等信息。根据这些信息 Dell 将顾客分成四大类：摇摆型的大客户、转移型的大客户、交易型的中等客户以及忠诚型的小客户。公司通过对数据库的分析后针对不同类型公司制定销售策略，对第一类型（占公司收入的 50%），加强与顾客直接沟通，利用互联网络提供特定服务，并针对性地定期邮寄有关资料以争取失去的顾客并且赢得回头客；对第二类型（占公司收入的 20%），对可以争取的并正转向竞争者的顾客加强沟通，并加强销售部门的力量，以建立对公司和品牌的忠诚度；对第三类型（占总收入的 20%），接触较少并且易变的，采取传统的邮寄和电话营销方式以增强对公司的关系和联系；最后一类，只占总收入的 10%，因此只需采取偶尔邮寄来加强忠诚度。在数据库的帮助分析下，公司的营销策略具有很强针对性，因此在营销费用减少的同时还提高了销售收入。

（2）加强与顾客的沟通

著名的 80∶20 公式指出，公司 80% 的利润来自于 20% 的老顾客，公司与新顾客的交易费用是与老顾客交易费用的 5 倍，培养顾客的忠诚度是公司营销中的最大挑战。电子商务是以顾客为中心的，其网络数据库中存储了大量现在消费者和潜在消费者的相关数据资料，公司可以根据顾客需求提供特定的产品和服务，具有很强的针对性和时效性，可极大满足顾客需求。同时，借助网络数据库可以对目前销售的产品满意度和购买情况作分析调查，及时发现问题、解决问题，确保顾客的满意，建立顾客的忠诚度。另外，顾客往往要求参与对产品的设计和生产，从而最大限度地满足自己的需求。通过互联网络和大型数据库，可以使公司以低廉成本为顾客提供个性化服务。例如，美国通用汽车公司允许顾客在 Internet 上利用智能化的数据库和先进的 CAD 辅助设计软件，辅助顾客自行设计出自己需要的汽车，而且可以在短短几天内将顾客设计的汽车送到顾客家中。

（3）为入侵者设置障碍

虽然信息技术使用成本日渐下降，但设计和建立一个有效和完善的电子商务是长期的系统工程，需要投入大量人力、物力和财力。因此，一旦某个公司已经实行了有效的电子商务系统，竞争者就很难进入公司的目标市场，从某种意义上说，电子商务系统成为公司的难以模仿的核心竞争能力和可以获取收益的无形资产。这也正是为什么技术力量非常雄厚的 Compaq 公司没能建立起类似 Dell 的网上直销系统的缘故。同时，建立完善的电子商务系统还需要企业从组织、管理和生产上进行配合。

（4）提高新产品开发和服务能力

公司开展电子商务，可以从与顾客的交互过程中了解顾客需求，甚至由顾客直接提出需求，因此很容易确定顾客要求的特征、功能、应用、特点和收益。通过网络数据库营销更容易直接与顾客进行交互式沟通，更容易产生新产品概念，克服传统市场调研中的滞后性、被动性、片面性、成本高且很难有效识别市场需求等缺陷。对于现有产品，通过电子商务，容易获取顾客对产品的评价和意见，利于对产品的改进和换代。目前，有很多大公司开始实行电子商务，数据库产品的开发研制和服务市场规模也越来越大。

例如，上面提到的美国通用公司在Internet上允许用户通过公司提供的辅助CAD软件设计自己所需要的汽车，公司根据客户要求设计生产，一方面满足顾客不同层次的需求，另一方面也获得了许多市场上对新产品需求的新概念。在服务方面，美国联邦捷运公司（FedEx.com）通过Internet让用户查询了解其邮寄物品的运送情况，让用户不出门就可以获取公司提供的服务，公司因此省去了许多接待咨询的费用，可谓是一举两得。

(5) 稳定与供应商关系

供应商是向公司及其竞争者提供产品和服务的公司或个人。公司在选择供应商时，一方面考虑生产的需要，另一方面考虑时间上的需要，即计划供应量要能依据市场需求，将满足要求的供应品在恰当时机送到指定地点进行生产，最大限度节约成本和控制质量。公司如果实行电子商务，就可以对市场销售进行预测，确定合理的计划供应量，确保满足公司的目标市场需求。同时，公司可以了解竞争者的供应量，制订合理的采购计划，在供应紧缺时能预先订购，确保竞争优势。如美国的大型零售商Wall-Mart公司通过其电子商务系统，根据零售店的销售情况，制订其商品补充和采购计划，并通过网络将采购计划立即送给供应商，供应商必须适时送货到指定零售店；供应商既不能送货过早，因为公司实行零库存管理，没有仓库进行库存，也不能过晚，否则影响零售店的正常销售。在零售业竞争日益白热化的环境中，公司凭借其与供应商稳定协调的关系，使其库存成本降到最低；供应商也因公司的稳定增长获益匪浅，因此都愿意与Wall-Mart公司建立稳定的紧密合作关系。

Internet作为一种自由的、开放的、平等的和近似免费的信息传输和双向沟通渠道，突破了信息沟通的时空障碍和技术障碍，使全球任何一个地方的任何一个企业或者个人，无论其规模大小都可以平等自由利用Internet与世界上其他任何一个地方的人或者企业进行沟通。其竞争游戏规则表现为协作型竞争，寻求的是双赢发展模式，强调通过协作和知识共享寻求更大发展机遇，目标是拓展新的市场商机并共同承担风险。

3. 企业实施电子商务战略转变

企业电子商务实施还将推动企业战略的转变，主要表现为由传统的Win-Lost（一方打败另一方，或者两败俱伤）的对抗型企业竞争战略，转变为追求Win-Win（双赢）的协作型企业竞争战略。

4. 电子商务战略的制订与规划

电子商务战略的制订要经历三个阶段：

(1) 确定目标优势，考虑电子商务是否可以促使市场增长，增加市场收入。

(2) 分析和计算电子商务的成本和收益。

(3) 综合评价实施电子商务的效果。

公司在确立采取电子商务战略后，要组织战略的规划和执行。战略规划分为四个阶段，如图4-2所示。

图 4-2　电子商务战略规划阶段

4.1.3　电子商务与企业资源重组

电子商务不仅是一种技术变革，它还带来了一种通过技术的辅助、引导、支持来实现的新的商务经济活动形式。对企业而言，电子商务不仅是一种贸易的新形式，而且是一种业务转型，引起企业多方面的重大变革。

1. 企业组织形式的变化

以 Internet 为基础的电子商务对企业传统的组织形式带来很大的冲击。它突破了传统职能部门通过分工与协作完成整个工作的模式，产生了并行工程的思想。除了市场部和销售部与客户直接打交道外，企业的其他部门也可以通过电子商务网络与客户频繁接触，从而改变了过去间接接触的状况。在电子商务的条件下，企业组织单元间的传统边界被打破，生产组织形式重新整合，开始建立一种直接服务顾客的工作组。这种工作组与市场直接接轨，以市场最终效果衡量自己生产流程的组织状况，以市场最终效果衡量各个组织单元间协作的好坏。这种生产组织中的管理者、技术人员以及其他组织成员比较容易打破原有的相互之间的壁垒，进而广泛进行交流，共享信息资源，减少内部摩擦，提高工作效率。

2. 组织信息传递方式和组织结构的变化

在电子商务条件下，企业组织信息传递的方式由单向的“一对多式”向双向的“多对多式”转换。为适应这种变化，企业组织结构从“金字塔”式的垂直组织结构向“扁平化”的水平组织结构转变，如图 4-3 所示。

“一对多式”单向为主的信息传递方式形成了“金字塔”式的组织结构，类似于金字塔式的垂直结构。这种组织结构实际上是把企业员工像蛋糕一样切块分割、分层，既造成

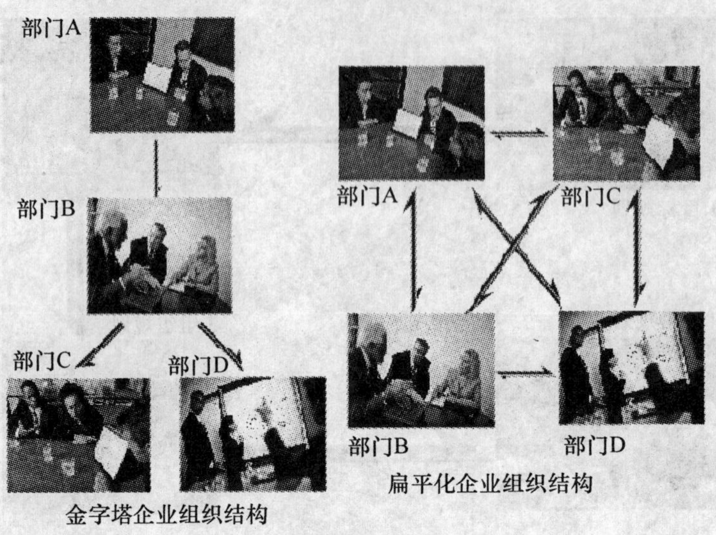

图 4-3 电子商务组织结构的转变

了部门的分割和层叠，又容易造成官僚主义，在信息时代迅速变化的市场面前，充分暴露出周转不灵的弊病。参与电子商务的企业为适应双向的“多对多式”的信息传递方式，其垂直的阶层结构演变为水平的结构形式，这是21世纪企业的组织结构。这种结构突出表现为两个特点：第一，电子商务构造了企业的内部网、数据库，所有部门和其他各方都可以通过网络直接快捷地交流，管理人员间相互沟通的机会大大增加，组织结构逐步倾向于分布化和网络化结构；第二，电子商务使中间管理人员获得更多的直接信息，提高了他们在企业决策中的作用，从而实现扁平化的组织结构。

3. 企业决策活动方式的变化

传统企业的集权制采用高度集中的单一决策中心，这种结构权力比较集中，存在许多缺点，如官僚主义、低效率、组织结构僵化等。电子商务的推行，迫使企业将过去高度集中的决策中心组织逐步改变为适当分散的多中心决策组织。分权制采用适当分散的多中心决策组织，这种结构使决策由多个跨部门、跨越职能的组织单元共同参与，共同承担责任，并由共同利益驱动的决策过程使员工的参与感和决策能力得以提高，从而提高整个企业的决策水平。

4. 企业业务流程的变化

为了更有效地开展电子商务，要对企业的业务流程进行重组。在企业内部，电子商务将使各职能部门的业务有机地联合起来，协作完成任务。在企业外部，电子商务通过电子化的贸易手段把贸易各方连接在一起。

例如，电子商务使波音公司业务流程进行了重组。波音公司有分散在世界各地的几百家甚至上千家零配件供应商，同时又把飞机卖给了多家航空公司。过去航空公司需要零配件，就要先找到飞机制造商，飞机制造商再与成百上千家零配件制造商联系，零配件制造

商把所需零配件寄给飞机制造商，飞机制造商再寄给航空公司。为克服不必要的中转问题，波音公司建立了具有信息中介功能的电子商务站点和配套的信息管理系统，以支持供应商、航空公司与波音公司三者之间的网上直接交易。通过网站可以消除中间经过波音公司这一不必要的联系环节，因为航空公司不需要通过飞机制造商而是通过网站即可了解各地零配件制造商的情况，直接同他们联系，找到自己需要的产品，如图 4-4 所示。

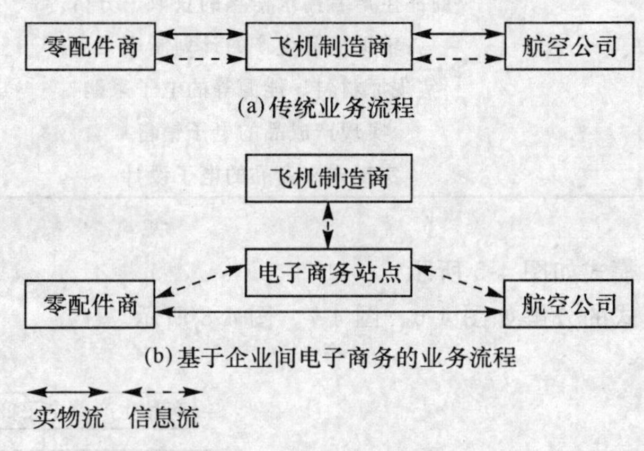

图 4-4　波音公司业务流程重组

4.2　生产企业电子商务的应用

4.2.1　生产企业电子商务电子应用

1. 生产企业对电子商务的需求

激烈的市场竞争已渐渐从厂商导向型转为市场导向型。众多生产制造商为了规避风险，生产出适销对路的产品，提高自己的经济效益和社会效益，迫切需要应用电子商务来实施调查，分析市场，争取作出准确的市场预测，制定产品规格和数量，如表 4-1 所示。

表 4-1　生产制造企业对电子商务的需求

序号	需　求	目　的
1	市场调查	了解生产现状和变化情况，制订生产计划
2	采购原材料、销售商品	降低采购和营销成本
3	研究开发新产品（R&D）	降低新产品开发风险，了解新产品开发方向

2. 建立商品生产网

商品生产网是制造生产领域中的电子商务网络，主要实现对商品市场的咨询、签订生产合同、采购原材料，而后将成品送至商品市场或直接送达商品消费者，其主要功能如表4-2所示。

表 4-2　商品生产网的主要功能

序号	功　能
1	商品生产者需求信息的获取、分析
2	辅助商品生产的计划制度
3	实现原材料、能源等的电子采购
4	实现产成品的电子销售
5	实现未来商品的电子设计

商品生产网的总模式如图 4-5 所示。

商品生产网总模式的分解如图 4-6、图 4-7、图 4-8 所示。

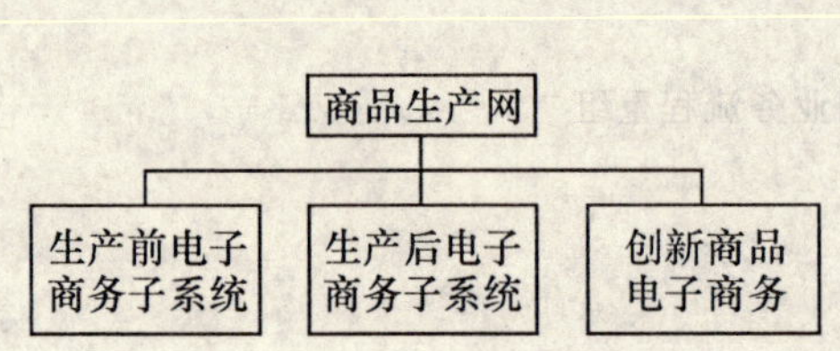

图 4-5　商品生产网总模式

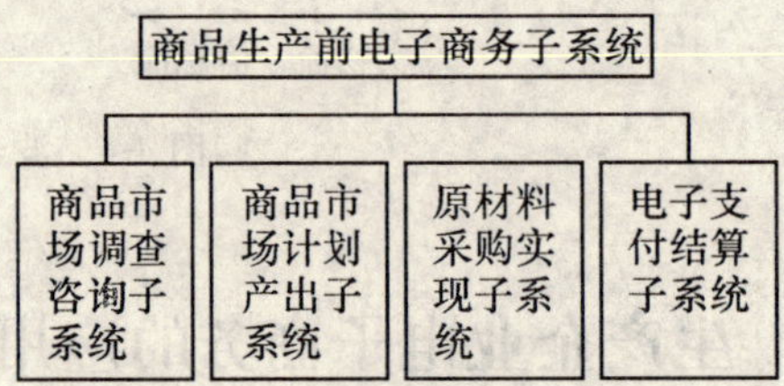

图 4-6　商品生产前电子商务子系统

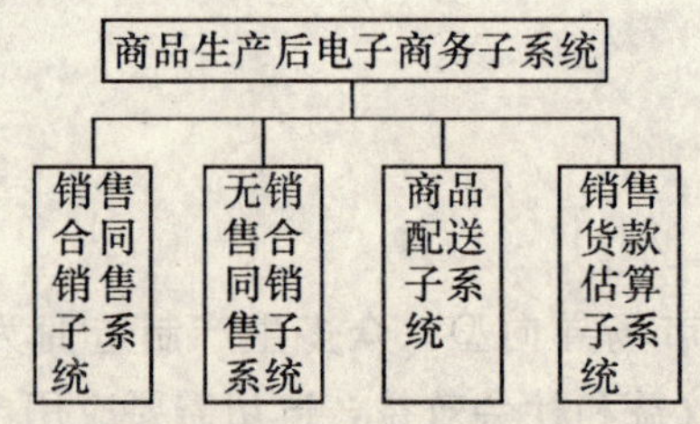

图 4-7　商品生产后电子商务子系统

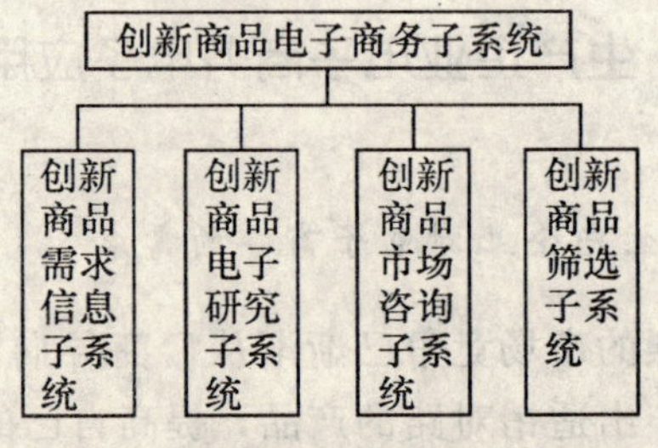

图 4-8　创新商品电子商务子系统

3. 生产制造商的网上通道

生产制造商的网上通道如图 4-9 所示。

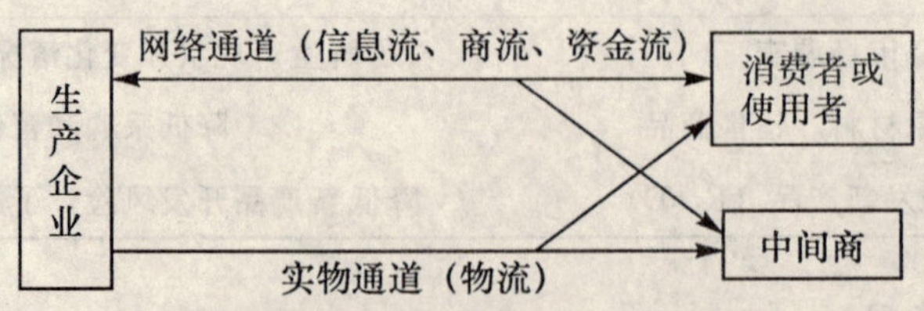

图 4-9　生产制造商的网上通道

4. 生产企业电子商务应用的主要方面

(1) 市场调查。企业通过电子商务方式调查产品需求情况，同时了解生产要素、生产现状及其变化情况，从而科学合理地制定相应的生产计划和营销策略。

(2) 原材料采购与生产要素的招标。企业可通过网络大范围地寻找物美价廉的货源，在进行原材料价格、质量的综合调查、比较、分析和筛选后实现采购。企业还可进行原材料、生产技术、人员和资金等各种生产要素的网上招标活动。

(3) 发布企业信息。企业通过建立网站，可以把产品的规格型号、销售信息、外观、功能、使用方法甚至制造过程等以多媒体形式呈现给客户。同时也表达了企业的形象与经营理念。

(4) 产品的销售及服务。客户可通过企业网站提供的电子交易系统进行网上订购，在相关安全、支付、银行等配套措施的保障下，实现网上交易。

(5) 利用电子商务进行生产经营管理。企业也开始以电子商务方式进行生产经营的管理，包括生产过程管理、质量管理以及人力资源管理等。

(6) 通过网络收集与企业经营相关的各种信息。进行产品的法规、政策咨询是生产企业必要的商务活动，生产企业通过网络查询相关法律、标准、规定和政策来指导和约束自己的产品生产和销售。

(7) 实现上下游企业及客户的沟通。通过友好的网页界面和丰富的数据库与上下游企业进行沟通，进一步密切上下游企业之间的合作关系。同样，通过网站向客户提供多人、多层次的咨询、意见交流、业务技术培训、售后服务等，可以使客户享受多元化的服务。

(8) 新产品开发。企业通过网络收集技术、产品以及市场的未来需求等方面的信息，可以开拓新思路、采用新技术、开发新产品。

4.2.2　生产企业的网上采购与销售

1. 网上采购

企业可通过网络采购系统的图形化界面，输入关键词，获得产品的分类目录（指网络系统中网络资源的清单，它以一定的格式记录了现实世界中大量的信息，供用户进行各种查询和修改），找到合乎需要的产品。基于目录服务（将网络中的各种资源信息集中起来管理，为用户提供一个统一的清单）的网络采购系统主要通过以下几种方式来实现：

(1) 客户定制目录。

(2) 建立与供应商站点的链接。

(3) 协同 OBI。

(4) 内容集成。

(5) 应急计划。

(6) 主动收集。

(7) 多方协作。

2. 网上销售

网上销售模式可分为三种：卖方控制型市场，买方控制型市场，中介控制型市场。

(1) 卖方控制型市场指企业单独设立自己的网站进行产品销售的市场模式。其目的是建立或维持企业在交易中的市场优势，如图 4-10 所示。

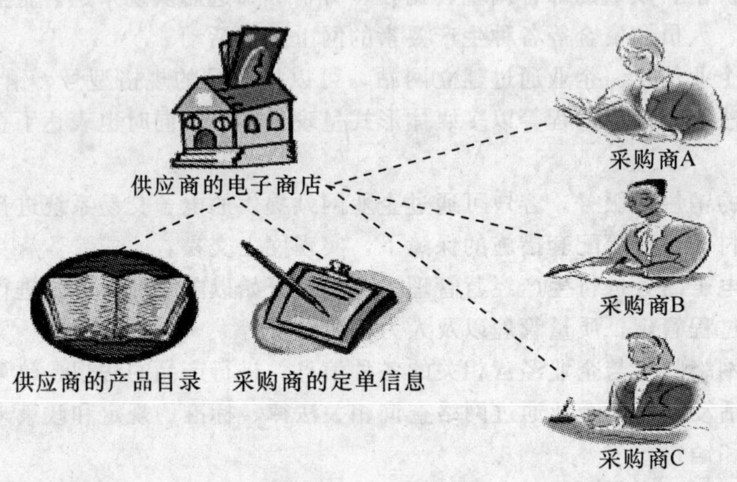

图 4-10 卖方控制型市场

(2) 买方控制型市场是由一个或多个购买者建立，目的是把市场优势和价值转移到买方的市场模式，如图 4-11 所示。

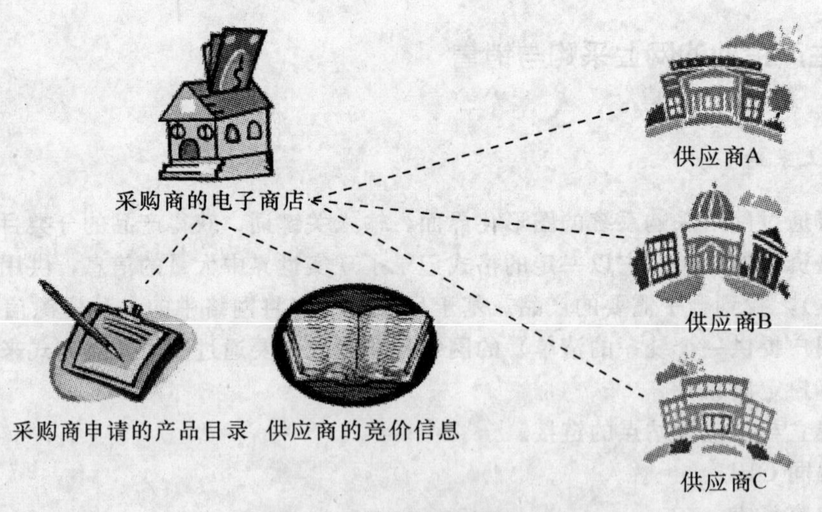

图 4-11 买方控制型市场

美国在线自由市场（Free Markets Online）公司是一个典型的买方控制型电子市场，其功能是帮助传统的生产企业寻找零部件和半成品供应商。它针对每一个买主的要求，寻

找出一批潜在的供应商。一旦这批可行的供应商确定后，公司将为这些供应商进行一次网上竞价，这种供应商之间的网上竞价使买方购买的零部件或半成品的价格下降10%～25%。

（3）中介控制型市场是由买卖双方之外的第三者建立，以便匹配买卖双方的需求与价格的市场模式，如图 4-12 所示。

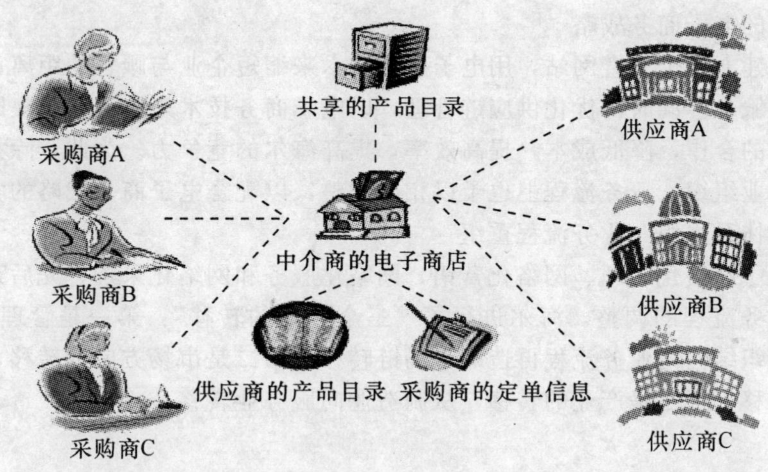

图 4-12 中介控制型市场

4.2.3 生产企业典型案例——青岛海尔集团

1. 海尔电子商务概况

“海尔”是我国企业全面应用电子商务的典型，网络技术不仅应用于客户服务，而且也应用于企业内部管理及海尔与其合作者之间的合作。海尔开展电子商务的基本策略是：

（1）实施 B2B 的电子商务，与供应商高效合作，实现采购业务。

（2）实施 B2C 的电子商务，进行网上销售，为消费者提供服务。

（3）实施企业组织结构的变革和业务流程重组。

2. 海尔开展电子商务的主要方式

海尔集团于 2000 年正式启动电子商务工程，主要包括 B2B 和 B2C 两个部分。

（1）对消费者的电子商务（B2C）

海尔建立了 www.ehaier.com 网站，为顾客提供个性化的产品与服务，利用网络技术缩短海尔与顾客之间的距离，提高顾客对海尔的满意度与忠诚度。在海尔的网站上，除了产品的在线订购销售功能外，最大的特色就是为用户服务的四大模块：个性化定制，产品智能导购，新产品在线预定，用户设计建议。

（2）企业间的电子商务（B2B）

海尔创新地推出了“商家定做”服务，使商家能方便地向海尔订购产品。海尔集团充分开展“在线采购招标”，把需要的原材料的相关资料放在互联网上，提高了采购效率，节约了成本。

3. 成功原因分析

海尔开展电子商务成功的主要原因在于“一名两网”，即有一个消费者信任的品牌，还有一个遍布全国的配送网和支付网。海尔开展电子商务的特色是：

（1）明确的电子商务战略

海尔首先建立一个垂直网站，用电子商务技术来缩短企业与顾客的距离，为顾客提供便利与个性化服务。同时，优化供应链管理，以电子商务技术来协调海尔集团内部及海尔与合作者之间的合作，降低成本，提高效率，提高海尔的竞争力。为此，除技术上的投入外，海尔在企业组织、业务流程上也予以相应调整，以配合电子商务战略的实施。

（2）管理体系重组，业务流程重组

海尔实现了网络化管理、网络化营销、网络化服务和网络化采购，先后进行了管理体系的重组与业务流程的调整。海尔进行了“三个方向的转移”：第一是管理方向的转移，从直线职能组织结构向业务流程再造的市场链转移。第二是市场方向的转移，从国内市场向国外市场转移。第三是产业的转移，从制造业向服务业转移。

4.3 流通行业电子商务

4.3.1 流通企业电子商务电子应用

1. 流通企业电子商务的需求目标

商品流通领域是国民经济的中心环节，是经济增长率最高的部分，对电子商务的需求目标可以从下面几个方面表达：

（1）商品流通企业电子商务需求目标

- 建立大型批发市场、大型商贸企业的电子商品交易系统；
- 建立大型零售企业的商品电子辅助销售系统；
- 建立大型零售企业、连锁商店的电子配送系统；
- 建立以财务管理为中心的企业内部管理信息系统。

（2）商品流通企业电子商务管理需求

- 建立全国统一的电子商务网；
- 建设有特色的全国商务信息网；
- 加强电子商务设计、管理和应用人才的培养。

2. 建立商品流通网

商品流通网的总模式及分解图可如图 4-13、图 4-14、图 4-15、图 4-16、图 4-17 所示。

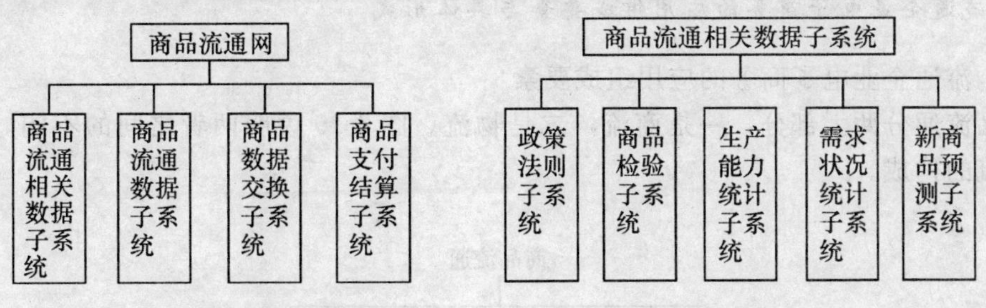

图 4-13　商品流通网总模式　　图 4-14　商品流通相关数据子系统

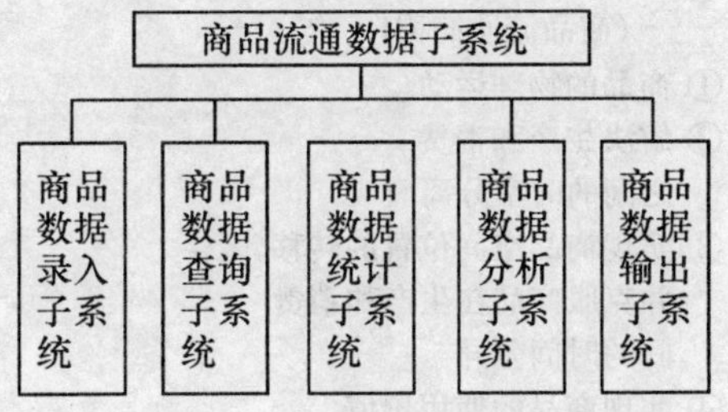

图 4-15　商品流通数据子系统

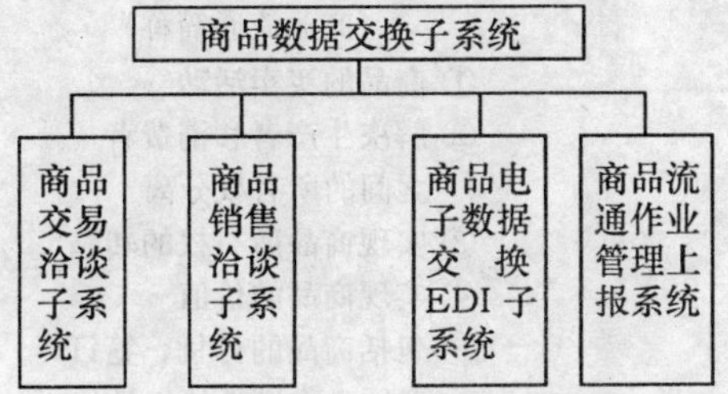

图 4-16　商品数据交换子系统

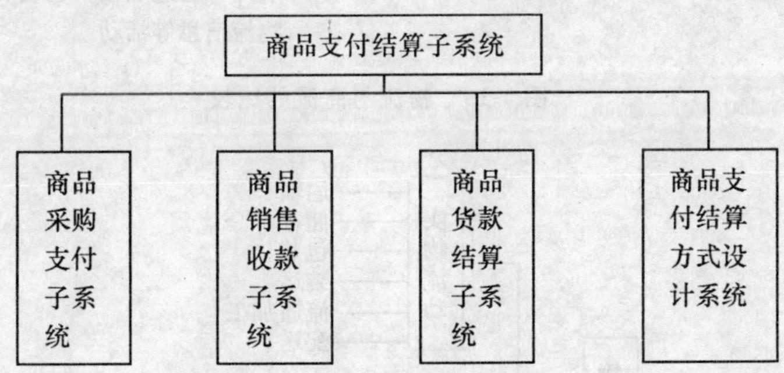

图 4-17　商品支付结算子系统

3. 中间商的网上通道

中间商的网上通道如图 4-18 所示。

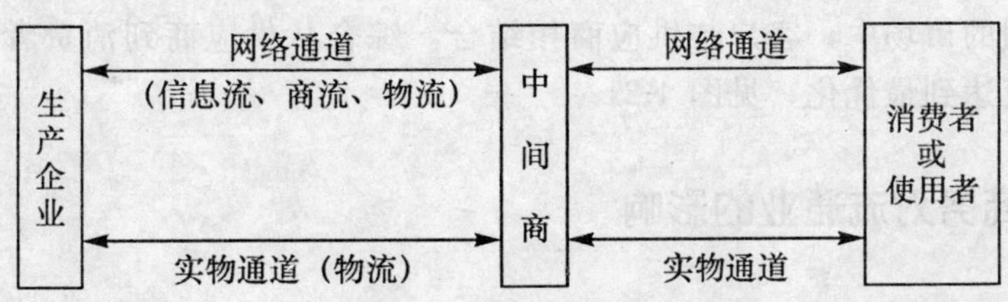

图 4-18　中间商网上通道

4. 流通企业电子商务的应用组成要素与具体形式

(1) 流通企业电子商务的应用组成要素

商品流通分两大部分，一是商流，二是物流。图 4-19 说明两者之间的不同。图 4-20 说明物流的构成。

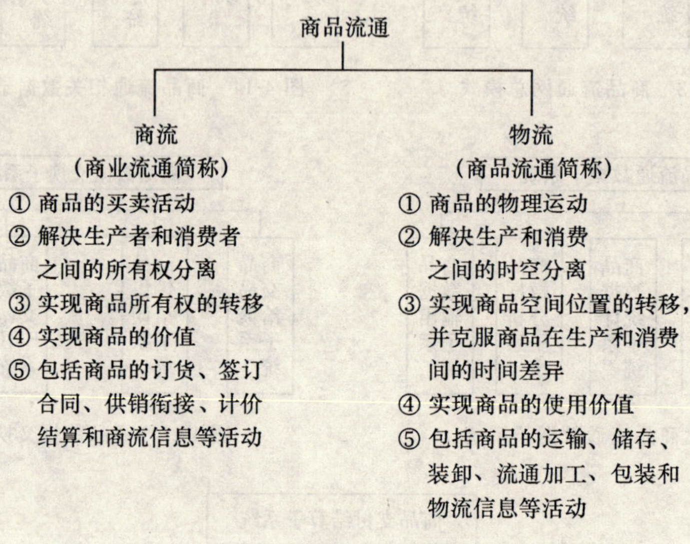

图 4-19 物流与商流的比较

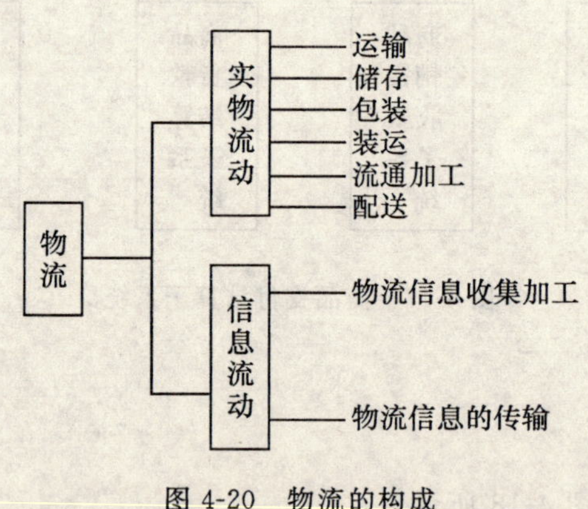

图 4-20 物流的构成

在竞争激烈的市场中，客户与供应商相结合，综合从供应商到消费者供应链的运作，使物流和信息流达到最优化，见图 4-21。

4.3.2 电子商务对流通业的影响

电子商务通过现代信息技术手段的广泛运用，增强了流通的直接性，促进了现代商品流通中以适应顾客需求为中心的产销之间的有机结合，形成了以供应链为基础的产销一体化整合，使流通主导型经济开始形成。

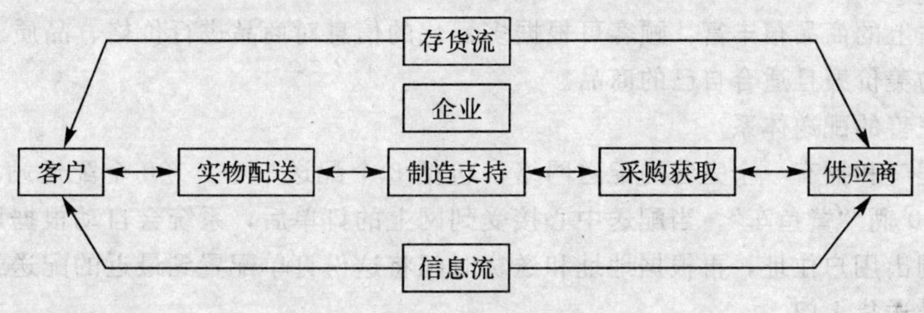

图 4-21　供应链一体化

1. 对流通业的直接性影响

电子商务的出现使越来越多的生产制造商直接参与流通活动，成为流通的主体。互联网为生产者与消费者的直接沟通提供了技术上的条件，制造商可以越过中间商直接从事网上交易。生产制造商、批发商、零售商都可以建立自己的网站并推销商品，出现了“产销合一”、“批零一体”的销售模式。

2. 一体化经营模式

传统的流通是分段式的，就单个生产企业而言，生产位于中心环节，流通活动存在于产前的原料供应和产后的商品销售的两端。电子商务不仅为生产者与消费者的直接交易构建了高效的运行环境和快捷的通道，弱化了传统商业中介的地位，而且还将从组织体制上促进生产企业新型的一体化经营，进一步改变传统的流通格局。一体化增长，是现代企业发展成长的一种重要途径，包括三种基本的形式：

- 前向一体化。
- 后向一体化。
- 水平一体化。

4.3.3　零售业典型案例——梅林正广和

1. 公司简介

“梅林正广和”是一家从事纯净水制造和销售的饮料企业。为了提高企业的竞争力，它提出了“电话商务”的销售模式。

“电话商务”就是电话购物，指将自己的商品信息分发到消费者手中，消费者只需打一个电话，便可送货上门。为了使自己的电话商务更为畅通，梅林正广和进一步扩大规模，增设了很多配送点，使自己的配送系统更完善，覆盖面更广，反应更快。为了使“电话商务”经营内容在深度和广度方面进一步发展，1999 年梅林正广和推出了自己的电子商务网站 85818，以实现顾客“上网浏览，电话订购”的目标。

2. 电子商务的架构与功能

(1) 网络销售

85818网站按照地域不同，在不同城市采取不同的销售方式和销售商品，并强调地方特色。网站上的商品很丰富，顾客可根据多元化的信息对商品进行价格、品质、性能的比较，买到物美价廉且适合自己的商品。

(2) 完善的配送体系

梅林正广和拥有一个完善的配送网络，包括3个配送中心，100个配送站，200辆小货车和1000辆"黄鱼车"。当配送中心接受到网上的订单后，系统会自动根据用户编号从数据库中调出用户住址，再根据地址和送货时间将这份订单配置到最近的配送站，最后由配送站安排送货上门。

4.4 服务类企业电子商务的应用

4.4.1 信息服务型电子商务

网络信息服务是伴随Internet的发展出现的一种全新的电子商务模式。作为第四大传播媒体，目前Internet上的信息已经涉及政治、经济、科技、法律、文化及人类社会生活的各个方面，从事相关信息服务的网站不计其数，可以说在网上没有不提供信息服务的网站。Internet催生了以提供信息为主的Internet内容提供商（ICP），而ICP的成长又加速了Internet的发展。尤其在我国，ICP成长的历程就是中国Internet的发展历史。

1. 信息服务型网站的基本功能

人们普遍认为，在Internet这个网络空间里，注意力是网上最稀缺的资源，谁能够获得更多消费者的关注，谁就能赢得最后的商机。因此网站提供信息服务主要的目的是为了吸引人们的注意力，即以提供特定的信息内容或服务来汇聚众多的有忠诚度的用户或订户，提高自己网站的访问量。

由于各网站的侧重点不一样，因此所提供的信息内容和服务形式也不相同。目前运作较为成功的一些ICP所具备的基本功能主要体现在以下几个方面：

(1) 导航

网络搜索引擎是网络最基本的工具之一，包括网上信息的搜索、将搜索到的数据安排到目录之中或提供实现相应的链接功能之类的导航工具。随着上网人数的激增和大量网站的建立，有识之士看到了网络搜索引擎的无限前景，开始进行开发和研究，如Yahoo、Info seek和Excite等已成为著名的网上信息导航台。中文的搜狐也是靠提供这类服务起家，并取得初步成功的。在网上每天都有海量新信息出现的情况下，要想快速地在网上找到所需的信息，提供信息导航功能的搜索引擎变得越来越重要。不仅是专门的搜索引擎网站，就是一般的商业网站，为方便用户检索也都在自己的网站上建立了各种搜索工具。

(2) 提供内容

提供内容即提供各种信息，例如热点新闻、商业广告、产品信息、股市行情、体育赛事、歌曲音乐、游戏娱乐、生活趣闻、名人逸事、电子报刊、各类咨询以及免费软件下载等。这种功能可大大提高网站的访问率，因此已经开始提供内容的许多站点现在均正在加大提供内容服务的力度。一些企业也纷纷在自己的网站上增加这类服务，如实时发布股票信息已成为一些大公司网站的例行栏目。我国海尔等公司的网站上都设有免费软件、游戏、新闻等信息服务，以求将用户留在自己的站点上。

(3) 通信

这类服务主要是提供电子邮件、Internet 电话等信息交流手段。如 AOL 的 ICQ、Yahoo、网易的免费电子邮件服务等。值得一提的是，Internet 电话可能将是这类服务中下一个引起人们兴趣的应用。Netscape 公司最近宣布它将在产品中包含一个 IDT 公司的 Net2Phone 服务的图标（该图标将出现在 Netscape 浏览器上），这种服务可以使用户以"PC to Phone"的形式通过 Internet 打廉价长途电话。

(4) 社区

社区包括聊天室和兴趣小组这类设施。由于社区有助于将用户保持在门户站点，而不是很快地经过，所以它正变得越来越重要。目前 ICP 越来越意识到其业务成功的关键将是发展"黏性"(stickiness)，即一旦用户访问了 Web 站点，他将在此 Web 站点待上相当长一段时间，然后才离开。eBay 就是一家从虚拟社区空间起家的著名公司。在我国，新浪（Sina）和搜狐（Sohu）也正在发展这种业务模型。

2. 我国的 ICP 运作模式

从国内外 ICP 的运作情况来看，目前 ICP 没有一个标准的发展模式。任何 种模式都是探索的结果，要想成功就必须有自己独特的发展模式。中国 ICP 经过几年的发展，形成了不少模式。

(1) 新浪网

新浪网的前身为四通利方信息技术有限公司于 1996 年 4 月建立的中文网站"利方在线"，是 Internet 上最早的大型中文网站之一。它集中了一系列中文资源与服务，如时事新闻、体育、游戏、生活时尚、中文搜索引擎、天气预报、电视节目预告、数十个中文论坛、聊天室以及网上实用工具等。

通过提供全面、及时的中文信息内容，以及高效、方便的网络工具，建立功能多元化、使用简单快捷的中文网络空间，提供轻松、自由地与世界交流的先进手段，成为世界各地中国人的全功能网上生活社区。1999 年 3 月，新浪网获得了国际著名投资人的新的投资，增强了公司的实力。同年 4 月，新浪网以统一形象、统一服务、整合资源为目标成功改版。改版后的新浪网分新闻中心、搜索引擎、财经纵横、网上交流、生活空间、竞技风暴、游戏世界、科技时代等多个栏目，开辟了"程序员之家"、"谈股论金"等十余个 BBS，并针对社会热点不断开设新的论坛，成为国内最有名的 BBS，是一个信息快捷、服务全面的门户网站。

(2) 电子邮件专家索易

索易是中国最早的互联网络企业之一，从 1997 年开始通过电子邮件免费向网络用户传送信息。索易把自己定位为"电子邮件专家"和网络电子刊物供应商。2002 年 7 月索易突然消失。

(3) 人才驿站亿唐

由两位在美国哈佛商学院获 MBA 的中国留学生创建的亿唐公司，现已在北京、上海、广州等地建立了独资公司或办事处。亿唐网站目前主要提供热点新闻、股市行情、娱乐内情、生活趣闻、名人访谈等内容，并具有免费电子邮件、个人主页、个性化设置、电子日历等服务功能。亿唐的运作模式是与中国地区的多家实力媒体合作，共同拓展网上信息和网上容量。例如，亿唐提供的求职/就业专栏是全国最大的人才交流信息库，内容包括全国各地主要企业的及时招聘信息，大量的求职者数据库，实现供求双方的快捷联络。亿唐计划针对不同网上用户的需要，不断推出新栏目及频道，提供更丰富、详尽的信息服务。

(4) 网易

网易公司成立于 1997 年 5 月，是一个面向商业的 Internet 信息平台，为客户提供全方位的信息服务。网易依托系统集成和专业人才的优势，独立开发了多套 Internet 系统软件，包括中文全文搜索引擎系统、虚拟社区系统、大容量分布式电子邮件系统。网易曾连续在中国 Internet 历史上创造了一系列第一：中国第一家提供中文全文搜索，第一个大容量免费个人主页基地，第一个免费电子贺卡站，第一个网上虚拟社区，等等。

如今，网易站点已明确了自己的方向，形成了以搜索引擎为龙头，兼顾新闻、论坛、免费服务等的大型综合性网站，提供的服务项目包括：网易社区、全文中文搜索引擎、免费电子杂志、免费电子贺卡、免费电子邮箱等。此外，网易还致力于 Internet 软件产品的研发，网易的单一域名大容量分布式电子邮件系统，已被成功地应用于 163. net 等国内十余家大型站点。

(5) 新网

信海科技发展公司于 1999 年推出的新网是一个集 ISP 业务、ICP 业务和电子商务于一体的大型综合服务网络，该网站的主要任务是向政府机构、企事业单位和广大用户提供 Internet/Intranet 基础服务和增值服务。

新网提供的服务项目有企业管理网络化应用服务、企业应用托管服务、企业电子商务应用、企业标准网站服务和企业独立域名免费网站服务，可为每个注册域名的用户免费提供 50M 网站空间，及 10 个免费 5M 的企业级电子信箱。新网提供的所有服务都实现了自助式的在线生成，即在线申请、在线处理、在线完成，为网站用户提供了极大的便利。

(6) 21 世纪视铃通

21 世纪视铃通站点 21CN 向用户提供丰富的信息服务、商务以及免费个人服务。内容包括网络导航、新闻、娱乐、百科全书等实用信息。21CN 现已推出大容量免费电子邮件系统，还将推出电子商厦、虚拟社区等后续服务。

(7) 国务院发展研究中心信息网

国务院发展研究中心信息网（简称“国研网”）是一个面向社会以提供经营决策参考信息为主的大型专业网站。国务院发展研究中心信息网所提供的服务项目有信息服务、咨询服务、信息发布、活动组织、网页制作、建 Web 站点等。

该网站的特点是所提供信息具有可靠性和权威性。作为中央政府的决策研究机构，“国研网”上发布的内容包括国家发展研究中心决策参考、中国电子商务、政府办事指南等，对国内外企业都具有极大的参考价值。其中，“国务院发展研究中心决策参考”针对企业特别是金融证券机构的需要，提供宏观经济、行业经济、金融分析、实时行情、专家报告等多层面内容。“中国电子商务门户”是为促进电子商务在我国的发展而特别设立的，用户从这里可以检索到全球电子商务最新动态，了解电子商务最前沿的解决方案和产品，获取各类商务站点的信息。“政府办事指南”汇集了我国政府各主管办事机构常用办事手续千余条。

(8) 中国旅游资讯网

这是目前全球最大的中文旅游专业网站，提供全方位的旅游信息和服务，如为旅游者提供全球著名风景旅游胜地、旅行线路、酒店、餐饮、购物、交通等内容查询服务，并可实现机票、酒店以及旅游线路预订等服务功能，以满足不同国度、各个层次的旅游客户的需求。目前该网站正在制定和完善一套针对网上旅游特征的全套服务标准。

(9) 中国教育热线

中国教育热线是清华万博在线网络技术有限公司于1999年5月推出的教育门户网站，主要目的在于广泛地与国内教育信息服务单位合作，大力开发Internet网上的教育增值信息，开展教育方面的电子商务服务。中国教育热线面向所有教育和与之相关的单位及个人，是提供各种不同类型、层次的信息服务、信息交流和教育类电子商务的综合性网站。其宗旨在于为教育领域的广大消费者和从业者提供一个自由而充分地利用Internet进行信息交流的环境，使广大网上消费者能够快速了解和获取信息，得到满意的服务。

(10) 金卫医疗网

金卫医疗网于1997年7月正式运行。其宗旨在建立一个高新技术的现代化国家级医疗卫生信息网络，实现全国医疗卫生机构联网；建立医院内部局域网实现医院信息化管理；在全国统一发行金卫卡（医疗保健卡）；建立金卫医疗网络大型中心数据库。金卫医疗网络工程是我国医疗卫生系统的重要基础建设，也是国家信息化建设的重要组成部分。

金卫医疗网络工程有限公司以“政府下的企业行为”为运作模式，负责金卫医疗网络工程的建设实施和运营管理，即建成我国卫生系统唯一以卫星网为骨干网络、可承天启地、实时传输数据、语音和图像的宽带、多媒体医疗卫生信息骨干网络。

金卫医疗网站所提供的主要栏目有卫生事业、政策法规、网上医院、网上药业、医疗设备、网上医学、网上医生、网上教育、网上人才、健康乐园、网上新书、金卫新闻、网上挂号、网上专家、金卫咨询等。

(11) 我国ICP发展中的问题

从目前的情况来看，由于国内的消费者还缺乏为网上信息付费的意识，而网上广告的投放数量也不多，网上商务活动开展又十分有限，这就使ICP难以由此获得利润。国内大多数ICP，包括大部分比较知名的ICP目前都处于不赢利的状态，稍好一点的可以通过协助企业开发网站或者出售网络软件等手段获得一些收入，其余的则完全处于净投入的阶段。由于维持运营所需要的资金越来越大，所以国内大多数ICP的现实处境都十分困难。因此目前在中国发展TCP的瓶颈不是技术，而是资金。

还有一些国内的ICP希望通过吸引国外风险投资的方法来获得资金。但必须看到，由于我国的Internet市场规模不大，而政策方面的限制又使外资的投入具有一定的风险性，所以国际资本市场上的风险投资对于中国网络市场的投入是比较谨慎的。即使有些国外资本加入中国的网络产业比较积极，但仅靠这些国外资本远远不能支撑我国电子商务的发展。另外，风险投资是一种“硅谷模式”，不一定适用于我国的实际。用一个形象的说法，在硅谷，往往是风险投资主动寻找创业人，而在中国，则常常是创业人四处寻找风险投资。双方角色的转变使创业人的意志在投资行为中无法起决定作用，最终导致投资方意志完全改变创业者初衷。有人说，硅谷的企业能够拿着风险投资干自己想干的事情，而国内的企业只能去干投资者让他们干的事情。所有这些都决定了靠风险投资的简单注入是远远不够的，照搬硅谷的一套经营模式更是不现实的。了解国内情况的创业人很难实施自己的意志，左右资金运作的投资者却又往往不懂中国国情，这样的风险投资就不可避免地出现种种弊端。

因此发展中国的ICP，必须主要依靠国内资本，特别是民间资本。但由于网络项目的高风险性，使许多国内资本不愿意大量进入这一领域。此外，目前国内电子商务缺乏比较合适的项目，许多在国外运作成功或比较看好的项目，在国内却缺乏有效的环境和可靠的赢利点。同时，我国的资本市场不发达，限制较多，进入或退出的机制不健全。由于上述原因，网络公司和资本双方的依赖性不够强烈，对国内资本来说，投资一个高风险项目毕竟是一种担心，而且资金本身也不充裕，所以对ICP并不热心。而ICP对国内资本兴趣也不大，一是国内资本太少；二是进入的手续太复杂；三是限制太多。这些问题需要双方的沟通与融合，也需要政府的协调。

(12) 内容建设是ICP立足的根本

ICP在建设自己的内容方面必须坚持两点：一是内容的丰富性，即实现“海量存储”，这一点必须靠网站在运营的过程中日积月累；二是内容的原创性，ICP的主体应当是以原创为主。现在许多站点没有自己的原创，成了“文摘站点”，长此以往不但将无法吸引更多的访问者，甚至会失去原有的用户。

要实现丰富性和原创性，需要做大量艰苦的工作，短期内很难体现出效益。目前我国的许多ICP却缺乏上述两个特征，由于大多数网站都以吸引风险投资为自己的发展目标，因此不愿意进行长期的努力，而更愿意追求一时的点击率。一些网站创建之初都能找出许多“杰出”的创意或网络“新概念”，但深入分析，其中哗众取宠的成分居多，真正落到实处的东西很少。这种追求一时的轰动、吸引一时关注的做法，是难以打动投资人的。

对于资金短缺的ICP来说，吸收风险投资是缩短资本原始积累过程的手段之一，但吸收风险投资的目的应当是实现原始的创业动机，国际市场上存在着许多支庞大的风险基金，真正有前途的企业不愁没有吸引投资的机会。关键在于坚持自己的发展方向，对于ICP来说，就是踏踏实实地做好内容服务，不求一时的轰轰烈烈，而求长期稳定的访问群体。

3. 国内外ICP的发展战略

从长远来说，信息服务这种电子商务形式将主要靠收取一定的信息服务费用，或网络广告费获得收益，但这必须以拥有相当多的访问者和广告客户为前提。为吸引人们的注意力，ICP千方百计地设计内容和进行宣传，以求获得更高的点击率，以证明自己网站的价值。

在国外，ICP的发展主要通过利用风险投资、上市和被购并等方式。Yahoo的创办人美籍华人杨致远在寻找投资者时非常幸运，他首先找到了硅谷成功的企业家、国际购物网

络的创始人亚当斯，由亚当斯把 Yahoo 介绍给硅谷的风险投资公司 Sepuoia Capital，在该公司的资助下，Yahoo 在纽约证券交易所上市的首日便备受瞩目，股价由 13 美元上升至 33 美元，开盘当天就为 Yahoo 筹集了 20 多亿美元的资金，也让世人对这一新的技术股充满憧憬。当然 Yahoo 的成功，关键在于它是第一个进入市场的检索软件公司，并且它为未来的信息世界建立了一套应用方便、功能强大的信息检索系统。目前，拥有遍布全球的 5000 多万用户的 Yahoo 主要是靠网上广告业务、获取赞助、经营网上直销和传销、电子商务等多种经营，扩大地盘来获得收入。Yahoo 不再把大规模内容简单地汇集起来，而是向更注重服务的方向发展，如针对不同国家和地区的市场提供本地语言内容和服务。Yahoo 还在谨慎地寻求收取订户费和提供收费的特别服务的机会。估计 Yahoo 不久将对一些特别服务试行收费，这些服务包括高级股票和金融信息、拍卖价目表（反映 eBay 的拍卖费）以及为高性能计算机用户提供的技术服务。

4.4.2 网络银行

1995 年 10 月，美国第一安全网络银行的开业，标志着全新的网上银行正式诞生。开业后的短短几个月，即有上千万人次浏览该网站，极大地震撼了金融界。此后世界各大银行纷纷在网上建立自己的站点，网上银行逐渐风靡世界。网上银行诞生至今虽不过短短几年的时间，但它的扩展速度却以几何级数增长，大有取代传统银行业务方式之势，新兴的网上银行无疑是对传统银行的挑战。

1. 网上银行的概念

(1) 网上银行的定义

网上银行也称为网络银行、在线银行，指利用 Internet、Intranet 及相关技术处理传统的银行业务及支持电子商务网上支付的新型银行。它实现了银行与客户之间安全、方便、友好、实时的连接，可向客户提供开户、销户、查询、对账、行内转账、跨行转账、信贷、网上证券、投资理财以及其他贸易或非贸易的全方位银行业务服务。可以说，网上银行是在 Internet 上的虚拟银行柜台。

(2) 网上银行在电子商务中的地位

无论是传统的交易，还是新兴的电子商务，资金的支付都是完成交易的重要环节，所不同的是，电子商务强调支付过程和支付手段的电子化。能否有效地实现支付手段的电子化和网络化是网上交易成败的关键，直接关系到电子商务的发展前景。网上银行创造的电子货币以及独具优势的网上支付功能，为电子商务中电子支付的实现提供了强有力的支持。作为电子支付和结算的最终执行者，网上银行起着连接买卖双方的纽带作用，网上银行所提供的电子支付服务是电子商务中最关键的要素和最高层次。

电子商务与网上银行的发展是互动互利、相互影响的，电子商务也给网上银行带来巨大的业务发展空间，因此随着电子商务的发展，网上银行的发展亦是必然趋势。

(3) 网上银行的特点

网上银行是随着 Internet 的普及和电子商务的发展在近几年逐步成熟起来的新一代电子银行，它依托于传统银行业务，并为其带来了根本性的变革，同时也拓展了传统电子银行的业务功能。与传统银行相比，网上银行在运行机制和服务功能方面都具有不同的特点。

- 全球化、无分支机构；
- 开放性与虚拟化；
- 智能化；
- 创新化；
- 运营成本低；
- 亲和性增强。

(4) 网上银行的运作机制

目前网上银行的运行机制有两种模式：

一种是完全依赖于 Internet 发展起来的全新的电子银行，特点是银行的所有业务都是通过 Internet 进行的，如美国的 SFNB。

另一种是传统银行在 Internet 上建立的网站，如美国花旗银行，我国的招商银行、中国银行等，利用 Internet 提供传统的银行业务服务，通过其发展家庭银行、企业银行等服务。

2. 网上银行的功能

无论是国外已经发展成熟的还是国内刚刚起步的网上银行，其功能一般包括银行业务项目、信息发布和商务服务等几个部分。

(1) 银行业务项目

银行业务项目主要包括家庭银行（储蓄业务）、企业银行（对公业务）、信用卡业务、国际业务、各种支付、信贷及特色服务等传统的银行业务功能。

- **家庭银行**：为用户提供方便的个人理财渠道。包括网上开户、清户、账户余额、利息的查询、交易历史查询、个人账户挂失、电子转账、票据汇兑等。
- **企业银行**：为企业或团体提供综合账户业务，如查阅本企业或下属企业账户余额和历史业务情况；划转企业内部各单位之间的资金；核对调节账户，进行账户管理等服务；电子支付职工工资；了解支票利益情况，支票挂失；将账户信息输出到空白表格软件或打印诸如每日资产负债表报告、详细业务记录表、银行明细表之类的各种金融报告或报表；通过互联网实现支付和转账等。目前中国银行推出的“企业在线理财”就属于这类业务。
- **信用卡业务**：包括网上信用卡的申办、信用卡账户查询、收付清算等功能。与传统的信用卡系统相比，网上信用卡更便捷。如用户可通过 Internet 在线办理信用卡申请手续；持卡人可通过网络查询用卡明细；银行可定期通过电子邮件向用户发送账单，进行信用卡业务授权、清算、传送黑名单、紧急止付名单等。
- **各种支付**：提供数字现金、电子支票、智能卡、代付或代收费等网上支付方式，以及各种企业间转账或个人转账，如同一个客户不同账号间，包括活期转定期、活期转信用卡、信用卡转定期、银行账户与证券资金账户之间的资金互转等。
- **国际业务**：包括国际收支的网上申报服务、资金汇入/汇出等。
- **信贷**：包括信贷利率的查询、企业贷款或个人小额抵押贷款的申请等，银行可根

据用户的信用记录决定是否借贷。

- **特色服务**：主要是指通过 Internet 向客户提供各种金融服务，如网上证券、期货、外汇交易、电子现金、电子钱包以及各种金融管理软件的下载等。目前国外银行从存贷差中获取的利润已不足 50%，其余的都来自于各种在线服务回报。从整个银行业的发展趋势来看，提供在线服务将成为未来银行利润的主要来源。

(2) 商务服务

商务服务主要提供资本市场、投资理财和网上购物等子功能。对资本市场来说，除人员直接参与的现金交易外的任何交易均可通过网上银行进行。投资理财服务可通过客户主动进入银行的网站进行金融、账户等的信息查询以及处理自己的财务账目；也可由网上银行系统对用户实施全程跟踪服务。在网上购物方面，网上银行可以网上商店的形式向供求双方提供交易平台，商户在此可建立自己的订购系统，向网上客户展示商品并接受订单，商户在收到来自银行的客户已付费的通知后即可向客户发货；客户可进入银行的网上商店，选购自己所需的商品，并通过银行直接进行网上支付，这种供求双方均通过网上银行这一中介机构建立联系和实现收支，降低了交易的风险度。

(3) 信息发布

目前网上银行发布的信息主要有国际市场外汇行情、对公利率、储蓄利率、汇率、证券行情等金融信息，以及行史、业务范围、服务项目、经营理念等银行信息，使客户能随时通过 Web 网站了解这些信息。

3. 网上银行的安全保障

安全是建立网上银行首先需要考虑和解决的核心问题。网上银行的安全主要体现在三个方面：一是银行网站本身的安全；二是交易信息在商户与银行之间传递的安全；三是交易信息在消费者与银行之间传递的安全。

目前网上银行采取的安全防范手段有：

(1) 支付网关

支付网关是银行系统的金融专用网与公用的 Internet 之间的接口，是网上银行的安全屏障。在网上支付协议 SET 中规定，支付网关必须由商户收单行或收单行联合组织（如银行卡组织）来建立。它关系着网上支付结算安排、金融系统的风险防范。

(2) 安全措施

交易信息在由商户送到支付网关之前，是在 Internet 上传送的，这一点与持卡 POS 消费有着本质的不同，后者从商户 POS 到银行之间使用的是专线。因此，必须考虑公用网上支付信息的安全性。目前主要采用各种加密技术、认证技术以及使用 SSL 安全协议保护客户的隐私等。

为防止黑客的入侵，目前银行网站主要采用防火墙、虚拟保险箱等在 Internet 与银行之间提供安全保护，某些银行网站已使用如虚拟专网技术、随机变更密码和实时监控措施等最先进的安全防护技术，使黑客极难实施破坏。

必须指出：纵观目前各国网上银行的建设，尚存在许多安全漏洞。如何提高网上银行的安全及增强客户对网上金融服务设施的信任，是今后发展网上银行的重要课题之一。

4. 网上银行的发展

(1) 网上银行的发展模式

网上银行目前有两种不同层次的模式：

第一种模式是传统银行业务的网络化。现在除了已经网络化的存款、汇款、付款等业务外，外币买卖、信用卡业务、企业融资、房屋/汽车贷款、购买保险和理财咨询服务也都逐步地在进入网络银行的服务范围。世界上许多著名的商业银行如花旗银行、以及我国的各大银行如工商银行等，都已经进行了银行业务的网络化改造工作；而几乎所有规模较大的商业银行都在国际互联网上建立了自己的站点。

网络银行发展的第二种模式是建立全新的全部网络化的银行，也可称之为虚拟网络银行。它没有银行大厅和营业网点。美国第一安全网络银行是全球第一家完全通过国际互联网经营的独立银行。顾客通过国际互联网进入该行的站点，屏幕即刻显示出一幅银行大厅的画面。画面上设有："账户设置"（Account Setup）、"客户服务"（Customer Service）以及"个人财务"（Personal Finance）三个主要服务柜台。此外还有供客户查询的"咨询台"（Information）和"行长"（President）等柜台。第一安全网络银行为客户提供多种银行服务，例如开户、存款、支付账单及各项转账服务，还有外币买卖、长期存款和信用卡服务，客户还可以在网络上申请房屋/汽车贷款、购买保险、通过经纪人员买卖各项金融产品等。

(2) 网上银行发展趋势

随着电子商务的发展，网上银行同样面临着激烈的市场竞争，网上银行应当以市场为导向，从客户、产品等方面制定发展战略。在今后一段时间里，网上银行将在以下一些方面得到进一步发展：

- 增加企业银行业务和中间业务，丰富网上银行的服务范围和对象；
- 配置 CA 中心实现网上购物和网上支付功能；
- 与电子钱包、POS 和智能 IC 卡等配合提供多样化的电子支付手段；
- 与移动通信 GSM 技术相结合实现移动电子商务；
- 与客户服务中心 Call Center 相结合，实现无缝客户联系环境；
- 与客户关系管理 CRM 系统相结合，实现个性化的金融服务。

成熟的现代支付体系是实施电子商务的基础，即使在信用卡制度已经成熟和完善的西方国家，购买者普遍采用的还是传统的信用卡和支票支付形式，要实现最终意义上的电子商务，还有赖于网上银行的普遍建立以及电子现金、电子支票等电子支付的真正实现。在中国，网上银行的发展还有一些障碍。但是，随着科学技术的发展和我国金融体制改革的进一步深化与成熟，这些问题终将得到圆满的解决。代表现代银行金融业发展方向的网上银行，必将得到快速发展。

4.4.3 网上证券——证券业电子商务

1. 证券电子商务的含义

证券电子商务是证券行业以 Internet 为媒体为客户提供投资理财服务的一种全新商业

服务。目前普遍认同的证券电子商务主要是指网上证券服务，即运用 Internet，进行股票信息查询、分析、交易等一系列证券业务活动。通过 Internet 提供的证券电子商务还应包括有偿资讯服务、网上投资顾问、股票网上发行等多种服务。

证券电子商务所需的条件是 Internet 的普及、货币电子化和网络的安全等。与其他行业电子商务相比，证券电子商务不涉及烦琐的网下物流配送，而且建立数据库的成本低，赢利的可能性很大，因此有望成为国际上通行的一种证券服务形式。

2. 证券电子商务的特点

(1) 不受时间和空间限制，改善了股民的交易环境

网上交易的发展主要对散户投资者有利，使散户交易的手段和条件“大户化”。由于中国证券市场的主体是散户，因而这种方式的推广对国内证券业的意义重大。

(2) 券商可以利用信息的发布和获取来增强品牌价值，提高企业形象

上市公司将通过 Internet 实现股票的全球挂牌。全美证券交易协会 NASDAQ 的迅猛发展为我国的网上交易指明了方向。

(3) 股民可自动处理交易流程，减少券商运作成本的周期

虚拟交易所的诞生将使交易所的地理位置不再重要，交易的低成本将加剧券商之间的竞争，改变了其竞争的内容和方式。

(4) 通过电子渠道开展新型业务，扩张服务内容，产生新的市场

网上交易的发展将对证券业的方向产生重大影响，网上证券经纪人将成为蓬勃发展的崭新行业。

(5) 强化信息管理，提供智能化的个人定制服务

证券服务网站的发展经历了从静态发布信息及实时行情到双向交互式信息交流的智能化服务过程。和讯、Stock2000 等网站都提供了免费的个人证券顾问服务，并进行了一系列个性化、智能化的功能设计。用户可根据自己的需要来设定自己所需的财经信息、股市行情、技术图表、买卖提示、自选股、个人警示服务等各类信息。不同的用户进入网站后，都可以看到为自己量身定做的内容。如 Stock2000 网站的用户首次进入网站后即可设定自己所需的上述各类信息服务，以后每次进入该网站便可看到自己所需的这类内容。在选股方面，用户可以通过网站预定的智能选股公式进行；也可以采用几乎所有常用的技术指标对股票进行精确筛选。用户在设置了个人警示服务功能后，还可以通过 BP 机、手机或电子邮件接收到发自网站的股票警示信息。

网上证券服务的这些特点，对于目前无论是股市还是股民都尚显稚嫩的我国证券市场来说，无疑会具有越来越大的吸引力。

3. 证券电子商务的现状

网络技术的发展，也给证券投资带来了一场划时代的变革。1996 年，美国的 E-Trade 公司最先通过 Internet 向证券商提供网上交易技术，引发了全球证券电子商务的热潮，许多证券经纪公司纷纷加入这一角逐。据美国国际证券业信息中心调查，目前工业化国家至少已有 500 家证券机构推出证券电子商务服务，上网交易的股民达 2000 万户，账面资金达 5000 亿美元。到 1999 年底，全世界网上经纪人达 530 万，帮助撮合成的交易占全球证

券交易量的25%。美国全部证券交易量的40%是在网上完成的。许多券商开始提供以网上交易服务为主的场外市场交易（OTC），除E-Trade外，比较著名的还有AMERITRADE、FIRSTRADE、DLJDIRECT、DATEK等。其中AMERITRADE、FIRSTRADE等还对外国股民开放，世界各地的投资者只要在这些网站上申请账号，并将资金汇入券商为其建立的资金账户上，即可进入美国的纽约股票交易所（NYSE）、美国股票交易所（AMEX）或纳斯达克市场（Nasdaq Market）进行股票、基金和债券的交易。

在我国，目前已有200多家证券经营机构开展网上委托业务。到2010年所有的证券交易投资人都将使用Internet进行交易。网上证券交易已成为当前发展最快的一种电子商务形式，其发展速度和规模远远超出人们的预期和设想。

目前国内许多证券公司纷纷在Internet上设置站点，开展证券电子商务，这些网站大致可分为三类：

（1）实时股票行情发布网站

这类站点以发布上海、深圳两个股票交易市场的信息为主，一般只提供股市行情，帮助进行股市分析，不能下单交易，没有发挥Internet双向性的特点。如中国金融在线。

（2）委托交易、网络下单

这类站点不仅提供股市行情，而且提供在线交易服务，可通过Internet直接下单，委托交易。提供这种证券服务的网站如赢时通。

（3）虚拟股市、模拟交易

国内的许多网站都利用电脑的计算功能，开设了虚拟股市，即在网站上推出一个全仿真环境的模拟炒股功能，当用户输入每次证券买卖和资金调拨对账单记录时，就可以随时总结自己在某段时间、对某种证券的投资盈亏。网站的这种实时逼真炒股环境和各种指标分析成为用户的热门工具。

4. 证券电子商务的平台

随着IT技术的发展，已经有越来越多的通讯平台可以提供电子商务功能，相应的证券电子商务也逐步地扩展到这些平台上。这些平台主要有以下几种：

（1）有线网

包括Internet、有线电话和有线电视网络。Internet已经实现了相应的功能，随着有线电视网之类的有线网络的进一步发展，通过各种有线网络进行证券电子商务活动也很快会实现。

（2）移动通信网

随着移动通信工具功能的增强，以WAP通信协议为基础的电子商务功能被开发出来，中国移动通信在2000年5月全面开通手机增值服务，其中就包括手机炒股功能。通过手机、手持PDA等信息终端实现远程证券交易或服务已经成为现实。

（3）无线网和卫星网

这是除移动通信网外的另外两类主要的移动通信网络，目前已经可提供资讯服务，很快也将推出证券电子商务功能。

5. 证券电子商务的形式

(1) 实时股市行情接收

股票行情按照其显示方式可分为图形和文字两种，文字行情是采用文字刷新来显示股票价格变动的，图形行情则将价格变动图示出来。两种方式都是由客户端先发出请求，由网站的服务器提取最新数据后返回客户端显示。由于图形方式要求网络有较高的数据传输速率，限于目前国内的网络尚不能很好地满足这一要求，因此提供及时行情查阅的网站多为文字行情；有的网站通过 Java 图形编程展示股票走势；个别网站基于网络传输的 WinSock 编程，定做一个客户端软件，用以实现更强的功能。只是这类客户端软件和专用的证券分析系统（如胜龙、钱龙、汇金等）的功能相差甚远，因此一些网上证券服务商开始转向 Windows 平台开发专业证券分析软件，或者为 WinSock 支持下的 Internet 数据接收定制驱动程序。

随着我国 Internet 的发展，网络传输速率这类问题终将得以解决。在不久的将来，网上证券行情的速度将与证券交易所同步，交易速度将超过电话、可视电话、磁卡及柜台委托的速度。

(2) 网上证券交易

通过 Internet 不需要复杂的手续即可实现买卖交易，比交易柜台填单、刷卡要加快捷方便，也比电话委托安全得多。个人的资金账号、股票账户以及交易密码的录入，确保股票买卖的准确性；股票成交情况、投资者的资金及股票变动可通过在线方式查询或以电子邮件方式进行通知。

对于人们非常重视的网上交易的安全性、保密性等问题，目前各服务商都采取了切实可行的解决方案。如通过让用户经过多级认证的方式，对所有数据进行加密传输，以提高交易资金划拨和交易信息的安全性。

(3) 盘后行情数据接收

股民更多地是通过报纸、广播、电视等传媒来了解股票情况，但是这些方式仅能了解价格情况，无法从技术分析的角度对股票投资进行理性化操作。目前，国内 Internet 和 BBS 站点上流行一种每日静态分析数据文件，可弥补上述的不足。这种文件不同于那些罗列记录股票价格等资料的文本文件，而是为股票分析软件（如钱龙等）作盘后静态技术分析而提供的二进制数据文件。此类数据文件通常需要专用追加转换程序进行数据处理后方能使用，由于各种股票分析软件使用数据的格式不同，因此追加程序也不尽相同。目前在一些网站上都免费提供这类软件让用户下载使用。

(4) 网上资讯、咨询、投资顾问

随着证券电子商务的兴起，针对网上证券资讯服务的电子商务形式逐步推出。典型的有以下几种：

- 电子证券信息和报刊。目前专业证券信息咨询机构每日发布的咨询传真大多数已经改用电子邮件方式传递，这样不仅能节省大量的一对一的传真（尤其是长途传真）费用，而且利用邮件组只需一次即可发送到众多用户的电子邮箱中，减少了传递环节中的“时间差”，使用户能尽快了解变幻莫测的股市行情。
- 咨询、投资顾问信息。对于刚入市的投资者来说，缺乏必要的风险防范意识和证券基础知识，在未能通过投资基金规避股市风险的“初级阶段”，更需要各种专业指导，从证券法律法规、专业术语的解释，到如何短线搏杀、怎样长线投资，等等，都可以通过 Internet 查阅。

- 上市公司更可以通过 Internet 建立象征企业形象的主页，宣传自己的产品，公布最新财务报表和经营状况，发布公告信息，接受群众广泛的意见和建议，等等。当然这也能节省大量的人力、物力和财力。

目前，国内许多网站上提供的一般财经或证券信息都是免费浏览的，对于一些重要的资讯或数据，如对交易数据进行分析或决策系统发出的买入或卖出信号等，完全可以考虑实行付费服务方式。未来的证券投资社区，可以实行会员收费制，向会员提供多方位有偿服务。

(5) 股市自由讨论

网络上各种先进的交流方式，如电子邮件、BBS、新闻组、网络电话等，同样也可以应用到股市沙龙中，让更多的投资者进行各种形式的交流。

(6) 投资经纪

提供代理投资服务，即接受客户的委托，代理客户进行实际的操盘活动。这种方式需双方事先签订具有法律约束力的合同，具体的收益保证和利润分成有多种形式。今后承接这类服务的可能是专门的网上证券公司。

(7) 其他

目前比较成熟的还有证券行业产品的销售、上市公司的网上推介、网上发行、外汇、期货等方面的辅助投资服务等。

6. 证券电子商务的实例

赢时通网上证券交易系统交易流程如图 4-22 所示。

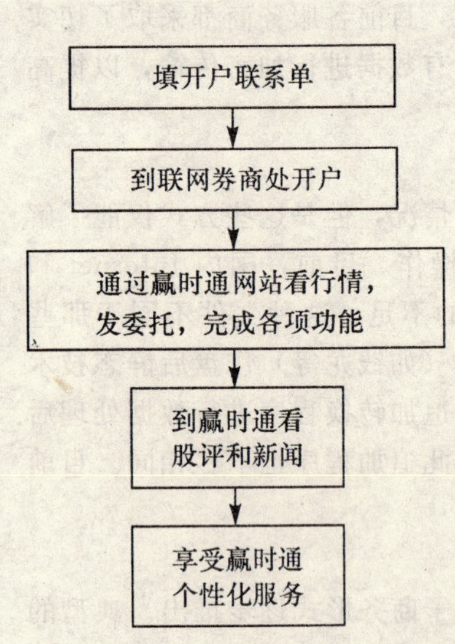

图 4-22 赢时通网上证券交易系统交易流程

7. 证券电子商务存在的问题与发展前景

作为新生事物的网上证券服务正在逐步体现出其独特的优越性，但其仍需依托 Internet 网络技术的高速发展，方能得到更为深入的普及与应用。由于目前 Internet 在我国发展中的瓶颈问题，如网络安全不能保证、运行成本较高、网络传输速度跟不上、计算机与 Internet 普及程度不够、网上有用信息少、缺乏相应的法律环境保障等，使一些政府主管部门和许多大证券公司，对网上证券交易持谨慎态度。

从实现情况看，实现网上交易的证券营业部很少，网上用户少，交易量小，而且网上交易只分布在北京、上海、广东等少数几个地区。受上述种种因素的制约，中国的网上股票交易市场近期内还难以形成规模。

就目前网上证券交易的现状来看，网上交易的风险的确比营业部大，由于经历了更多的中间环节，比较容易产生问题，如电信局的设备和线路问题、ISP 的设备和线路问题以

及营业部的设备和线路问题。风险反映到客户身上表现为行情显示慢、下单拿不到想要的价格，等等。美国的网上交易就曾经发生过股民索赔和券商赔款的案例。然而应当看到，随着科技的发展，这些问题终将得到圆满解决。以最为棘手的安全问题为例，从技术上讲，国外现有的一些方案已经能较好地解决信息传输保护、身份认证、网上清算和结账等关键技术问题，以更好的防火墙、SSL技术、128位密码算法等满足网上交易的安全应用需求。事实上，现在网上证券营业部的安全是有保证的：首先，上网的营业部只允许客户通过在线交易软件登录营业部的服务器，没有其他路径可走；其次，每笔交易都是严格加密的，且网上交易以散户为主，数额太大的不多，即使交易信息被截获，破译的成本相当高。何况一般来说，黑客只能攻击到与ISP相连的机器，要侵入柜台系统的可能性相当低。

事实证明，任何一项产品或服务得以成长的原动力都在于它本身所包含的价值。证券服务的价值在于能否快速、准确地传递股票信息，完成交割，并帮助股民和企业提供全面的分析工具。

我国加入WTO之后，国内的证券业将对外国开放，外国证券公司进入中国证券市场只是一个时间问题，同时中国的证券公司也将直接参与国际竞争。因此在加速发展我国Internet及电子商务的同时，尽快建立和发展我国的网上证券市场是大势所趋，它将成为21世纪证券业在国际证券市场中能否具有竞争力的关键因素之一。

4.4.4 网上保险

1. 网上保险的定义

从狭义上讲，网上保险是指保险企业通过互联网开展的电子商务活动，主要包括通过互联网买卖保险产品和提供服务，实现保险与客户间安全、方便、快捷、友好连接的虚拟保险。

网上保险最主要的目的就是改变人们的保险习惯，变原来的被动接受保险为主动寻求保险。保险公司通过在Internet上设立主页、介绍保险知识等进行推销保险商品、签发保单、理赔等一系列保险经营活动。经验表明，保险公司的竞争最终归结到客户服务、销售渠道拓展以及管理和成本的控制上，而网络恰恰在这些方面给中国保险业发展带来巨大的机会。

2. 网上保险的特点

我国传统的保险经营方式，越来越暴露出其弱点，上门投保，常因资料不全，跑两三次才能办好一份保险；保险营销员素质不高，“告知不祥”使保险客户缺乏对保险公司的信任感；“理赔难”也是常听的反映；“货比三家”很难实现；等等。

与传统的保险企业经营方式相比，网上保险作为一种全新的经营观念和商业模式，具有很多特点和优势：

(1) 快捷方便，不受时空限制

网上保险实现了全天24小时作业，缩短了保险公司与客户的距离，真正实现保险无时不在、无处不在的保障功能；促进了保险市场进一步向国际化、全球化方向发展。

(2) 降低经营成本

网络经济的一大特点就是消除了中介费用，降低了企业成本。通过 Internet 保险公司免去了代理人、经纪人等中介而直接与保户进行业务往来，大大缩短了投保、承保、保费支付和保险金支付等进程。

美国 Booz-Allen & Hamito 公司（国际著名管理和技术咨询公司）的一份研究报告表明："网络将导致整个保险价值链降低成本 60%以上，特别是在销售和客户领域成本更是会剧减。成本的降低加上便利和客户化的服务，将促使顾客以电子方式购买保险单。"该公司还计算出：经营财产和意外保险、健康和人寿保险的保险公司通过 Internet 向客户出售保单或提供服务，将比通过电话或代理人出售保单节省 58%～71%的费用。在美国，人工咨询成本每人次 5 美元，而 Internet 的成本仅为 4 美分。

(3) 保护投保人的隐私

旧的传统的投保方式，不可避免地在中介环节上知悉或有意无意侵犯投保人的隐私。网上投保，能使人感到方便、自由，最大限度满足客户的需求，保护投保人的隐私。

(4) 信息丰富，选择广泛

投保人可以从网上获得大容量、高密度、多样化的专业信息，减少投保的盲目性、局限性和随意性，实现投保的理性化。同时，投保人告别信息残缺、选择单一及被动无奈的传统保险服务，无需消极接受保险中介的生硬推销，而转向在多家公司及多种保险产品中实现多元化的比较和选择。

3. 网上保险的系统结构

从信息技术的层面来看，保险公司的一个完整的网上保险系统是保险公司网站和其内联网（Intranet）的集成，如图 4-23 所示，它们发挥着保险公司业务流程传导载体的作用。

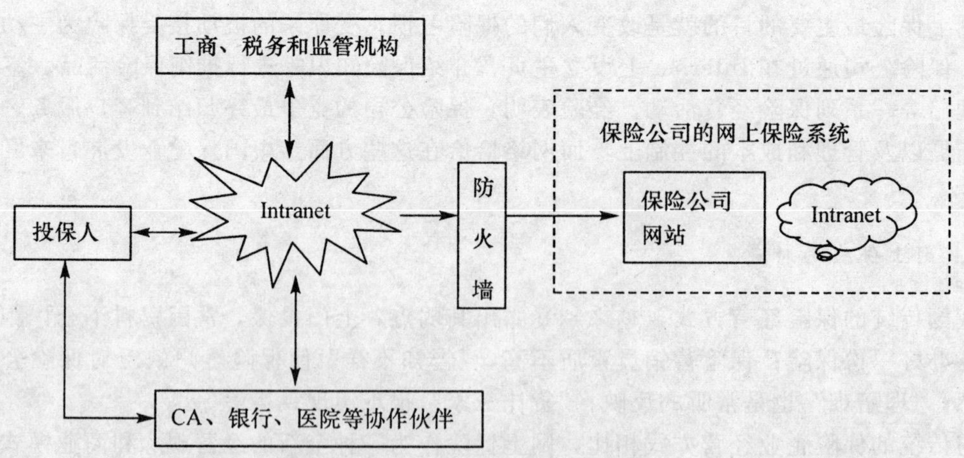

图 4-23 完整的网上保险系统结构图

4. 网上保险的基本功能

(1) 保险公司的基本业务功能

保险公司的业务一般是这样来进行的：不断地宣传自己的产品和服务；不断收取由众多投保人（往往也是被保险人）缴纳来的保险费，形成保险基金；当约定的保险事故不幸发生后，对被保险人进行保险金的赔偿和给付；由于保险事故发生和损失程度的不确定性，保险基金的形成、保险金、赔偿、给付之间必然存在着一定的时间差和数量差，使保险资金的运用成为可能。另外，在承保之前，为防止逆向选择行为，保险公司必须对保险标的实施核保。在承保之后，为防止道德风险，尽可能减少保险赔偿和给付的可能性，保险公司一般还要对保险标的采取积极的防灾防损工作。保险公司的基本业务流程如图 4-24 所示。

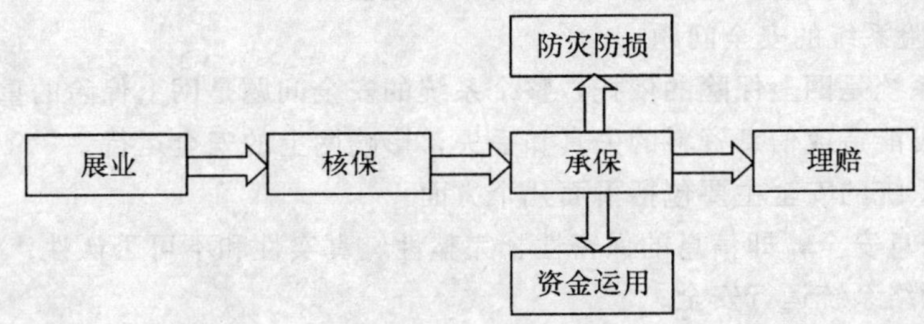

图 4-24　保险公司的基本业务功能

(2) 网上保险的功能

虽然网上保险的功能在不同的保险网站上表现出较大的差异，但是可以从网上保险的不同发展阶段归纳其基本功能：

① 初级阶段：网上推介

这一步侧重在网上宣传公司形象和产品。如保险公司在 Internet 上设置站点，通过公司的主页突出体现本公司形象特点的总体视觉效果。在主页上设置包含公司简介、机构名录、保险知识、保险新闻、险种介绍、服务之窗等内容的栏目。除宣传公司形象外，还要详尽地介绍网上各险种的具体情况，使访问者随意浏览、多角度地查询保险产品，获得险种名称、特点、保险责任、费率乃至条款全文等不同程度的资料信息。还可以通过电子邮件向客户提供保险咨询服务。通过网络加深与社会公众的沟通。这一步是探索网络保险营销的起点，也是我国保险企业走向国际化的一条捷径。

② 发展阶段：网上卖单

这一步重点是在网上推出直销保险单。通过网络向客户提供“半自动化”的网上保险服务。保险公司应当组织专门机构和人员负责处理客户的网上咨询和投诉，使客户可以在网上得到“量体裁衣”式的投保方案。对客户在网上的投保申请迅速派人上门签单和收取保费。对通过网络促成的保单，保险公司应当根据实际费用支出的减少，实行费率优惠政策，以激励更多的人上网投保。

③ 高级阶段：网上服务

这一步的目标是实现电子商务型的网上保险，即“全自动化”的网上保险服务。对客户在网上提出的投保意向，保险公司核保后通过网络发出已填好的保险单，客户可以通过网上银行将保险费划拨到保险公司的账户，承保过程完全通过网络完成。续期保险费的缴纳、各种保险金的领取、市场调查等都可以通过网络实现，足不出户就可以得到全方位的保险服务和有关保险及市场需求的信息等。

5. 发展网上保险应注意的问题

① 保险市场的培育问题

我国保险业的成熟度低，国民的保险意识差，相关知识少，从需求上说自然也比较弱。我国的保险市场现状是有人卖却没人买。过去，传统的保险企业主要通过报纸、电视、咨询等方式进行，手机反馈信息也主要通过问卷、书面投诉等形式，工作量大、耗时长、费用高、准确性差。现在通过网络可以把险种和个性化服务全部介绍给保户，瞬时覆盖全国，有利于培养国民的保险意识，全面系统地宣传保险知识。

② 网上保险系统的安全问题

网上保险系统是网上保险的依托，整个系统的安全问题是网上保险的重要前提，任何不安全因素都可能造成信息资料的失真和丢失，影响网上的安全运行。

网上保险系统的安全主要包括下面几个方面：

- 业务信息安全，即信息的保密性、完整性、真实性和不可否认性；
- 保险网络系统运行安全；
- 网络介入人员安全；
- 设备实体安全；
- 保险网路环境安全；
- 信息传输安全。

欺骗、窃听、病毒和“黑客攻击”等威胁着网络保险的安全，因此要求网络能提供安全的解决方案，包括加密技术、数字签名、电子安全交易认证等技术。与实际情况相比，这些技术还有待改进。近年来，金融界与信息业共同推出了多种有效的安全交易标准，这为网上保险的有序发展进一步创造了条件。目前有安全超文本传输协议（S-HTTP）、安全套接层协议（SSL）、安全邮件协议（S/MIME）和安全电子交易协议（SET）等。

由于保户的隐私、客户资料的保密性以及保险公司在网上交易中要承担更高的交易风险，这些问题的彻底解决有赖于建立网络系统安全规范和标准，以及统一的、全行业乃至跨行业的CA认证中心。

③ 法律规范问题

相关在线的法律法规不规范、不安全，保险网站运转无法可依，保户与保险公司利益不能充分得到保障，这是保险网站业务拓展的重大障碍，使不少纠纷与争议没有解决的依据。

网上保险由于保险当事人之间的人为因素以及深刻复杂的背景和利益关系，仅仅依靠网上运作还难以支撑。如何禁止和惩处利用电子商务进行保险欺诈的行为，如何实现网上核保与网上理赔及支付等，在我国仍有很长的一段路要走，它既需要技术、资金、管理、人才等方面的支持，也需要社会公德意识与法制意识的不断强化。

为了跟上电子商务的发展趋势，我国必须根据本国国情尽快制定配套的法律法规，使网上保险的业务运作和风险防范有法可依。目前我国的管理法规有《中华人民共和国计算机信息系统安全保护条例》、《中华人民共和国计算机信息网络国际联网管理暂行规定》和《计算机信息网络国际联网安全保护管理办法》，然而与网络发展相比而言，法律规定还是相当滞后的。针对网上保险的特点，保监会和保险行业协会等相应机构应制定有关网上保险的管理办法，如反不正当竞争办法，电子保险合同管理办法等。

④ 保险信息风险评估问题

保险信息风险如何评估是网上保险发展的瓶颈。保险要求客户遵守“如实告知”的原则，必须保证客户诚实披露个人信息及身份。但在网上保险经营中，违反此原则所造成的风险更大，网上保险没有实体办公室，保险公司与保户之间不是面对面地接触，目前又缺少丰富的保户资料，因此对保户的评估格外困难。另外，保险还涉及一些相关行业，如医院、银行等，各行业或部门既要克服一定障碍，又要彼此协调，可见实现网上保险还将是一个不算短的过程。

4.5 案　　例

4.5.1 网络银行案例——招商银行

招商银行是国内最早推出网上银行业务的商业银行之一，也是目前国内网上银行业务开展得最为成功的商业银行之一。

1997年2月28日，深圳招商银行在Internet上推出了自己的主页及网上银行业务，在国内引起极大反响，受到客户的广泛称赞。其主页如图4-25所示。在此基础上，招商银行又隆重推出了“一卡通”网上银行业务，包括“企业银行”、“个人银行”和“网上支付”三个部分，通过Internet或其他公用信息网，将用户的电脑终端连接至银行，实现将银行的服务直接送到用户办公室或家中，使客户“足不出户”就能即时查询其在银行的账务变动情况，动态了解当天银行对公、对私储蓄利率，了解外汇汇率、股市行情等变动情况，并可以享受各种金融信息服务。用户也可以使用计算机，通过互联网，查询个人账号，进行直接转账、网上支付等多种业务。“一卡通”项目的推出，极大促进了招商银行的网站建设，树立招商银行的网上形象，使招商银行的“一卡通”成为客户了解招商银行的窗口，也使招商银行可为客户提供安全、方便、快捷的网络银行服务。

1998年，招商银行在“一卡通”的基础上，在深圳首次推出“一网通”，向网上支付发展迈出了第一步。

招商银行“一网通——网上银行”通过Internet或其他公用信息网，将客户的电脑终端连接至银行，实现将银行服务直接送到客户办公室或家中的服务系统。它拉近了客户与银行的距离，使客户不再受限于银行的地理环境、上班时间，突破空间距离和物体媒介的限制，客户只要通过连接互联网的电脑进入招商银行“一网通”网站，足不出户就可以享受到招商银行的服务。“一网通”包括“企业银行”、“个人银行”、“网上支付”、“网上证

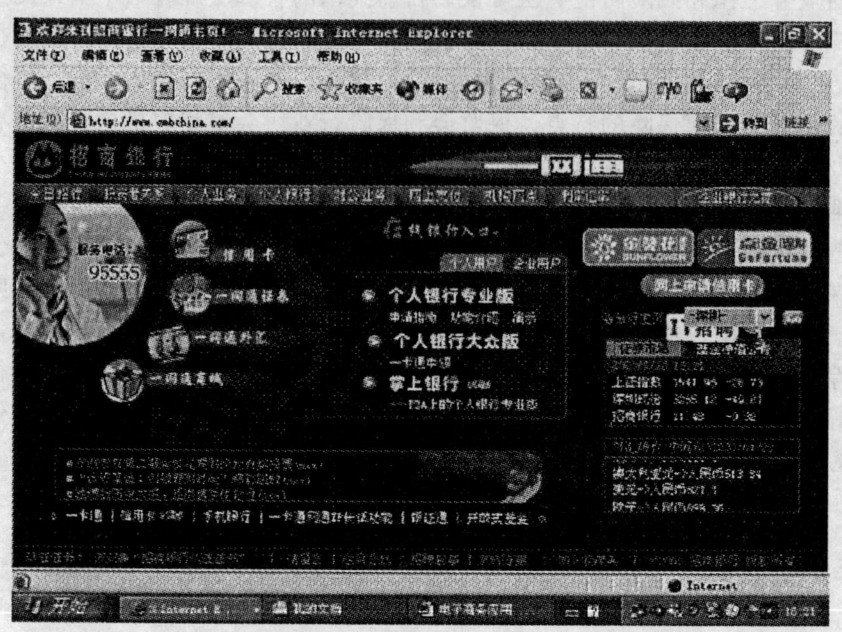

图 4-25 招商银行一网通主页（www.cmbchina.com）

券”和“网上商城”。

招商银行之所以积极开发网上业务，首先因为它看好网上业务的前景。公司的领导层认为，电子商务已经成为必然的发展趋势，早动手肯定会有助于扩大其业务领域，而当前阶段开展此业务，也能够在用户中更好地树立品牌形象。

1999 年 9 月，招商银行在全国全面启动网络银行服务，构建起由企业银行、个人银行、网上证券、网上商城、网上支付组成的功能较为完善的网络银行服务系统。同年 11 月，招商银行还成为第一家经监管当局正式批准开展在线服务的商业银行。2000 年 2 月，招商银行又推出“移动银行”服务，成为国内首家真正实现通过手机短信平台向全球通手机用户提供综合性个人银行理财服务的银行。

招商银行主页提供“今日招行”、“投资者关系”、“个人业务”、“个人银行”、“对公业务”、“网上支付”、“机构网点”、“利率汇率”等栏目。其中“个人银行”、“对公业务”、“网上支付”三个系统是目前招商银行提供的网上银行的核心服务。

1. 个人银行

个人银行分为个人银行（大众版）和个人银行（专业版），以方便、快捷、安全的方式处理客户个人账务，适用于个人和家庭。

- 个人银行（大众版）：只要在招商银行开立了普通存折或一卡通账户，即可通过 Internet 网查询自己的账户余额、当天交易和历史交易、转账、缴费和修改密码、计算按揭贷款月供等个人业务的处理。无需另行申请，上网即可享用。
- 个人银行（专业版）：建立在严格的客户身份认证基础上。招商银行对参与交易的客户发放数字证书，交易时需要验证数字证书。除查询、转账外，更有大额支

付和汇款功能。

2. 对公业务

- 存款业务：活期、定期存款，通知存款，协定存款，委托存款；
- 贷款业务：授信，楼宇按揭贷款，固定资产贷款，流动资金贷款，国际商业银行贷款；
- 银团贷款，世界银行转贷款，国内及国际卖方及买方信贷，票据贴现；
- 担保业务：出具预付款保函、工程投标保函、履约保函；
- 代理业务：代理收付款项，代理中国进出口银行卖方信贷，代理中国开发银行各类贷款业务；
- 发行金融债券：代理发行，代理兑付，承销政府债券，买卖政府债券；
- 提供保险箱业务；
- 经中国人民银行批准的其他业务。

除以上业务外，招商银行还为集团性公司、大型企业提供从总行到分支行各层次的整体联动金融服务，包括运用先进的电子技术、卓越的服务经验，为客户策划、设计、组建内部结算中心，协助客户建立控制有力、调度方便的企业资金管理体系。

(1) 网上企业银行：招商银行为客户提供先进的金融电子化服务手段。客户只需进入招商银行网站 http://www.cmbchina.com，即可查询账务信息，包括母/总公司对旗下子公司或分公司的账务、企业资金内部转账、业外付款、支付工资等网上银行服务，并可申请办理国内信用证业务。整个系统有高度安全性，快捷可靠。

(2) 电子报税：纳税人只需利用电话、电脑终端、互联网络等渠道，便可完成税务申报、税款缴纳等全面的纳税过程。

(3) 电话银行：通过拨打 0755-6678333（深圳），以语音和图文传真方式，向用户提供账务、存款利率、银行机构及银行业务介绍等信息。

(4) 变码印鉴：以一组经过加密的数字代替传统图章印鉴，作为票据出票人在票据上的有效支付指令，配合通存通兑等现代化的结算工具。

(5) 电子汇兑系统：减少在途资金、加速资金周转，令客户资金汇划实时到达。

3. 网上支付

网上支付向客户提供的网上消费支付结算，真正实现足不出户，网上购物。招商银行互联网站已通过国际权威（CA）认证且采用了先进的加密技术，客户在使用“网上支付”时，所有数据均经过加密后才在网上传输，因此安全可靠。凡招商银行“一卡通”客户均可享受该项服务。

作为国内网上银行的开拓者，招商银行通过自己的实践摸索出了一条行之有效的传统银行网络化经营的道路。

思考：

(1) 请从招商银行的例子，归纳出开展网络银行业务的优势。

(2) 你认为在我国开展网络银行业务还存在哪些障碍？

4.5.2 网上证券案例——海融证券电子商务

北京海融资讯系统有限公司创建于 1993 年，总部设在北京，拥有上海、深圳、杭州三家分公司和遍布全国的数十家分中心，是一家集金融信息研究、证券软件产品开发、互联网应用及经营服务于一体的高新技术企业。作为一家拥有政府批准证券投资从业资格的机构，海融已成为中国最早进入金融证券信息资讯服务领域的专业资讯公司之一。2000 年 11 月"海融网上证券交易"通过国家信息中心技术安全认证，标志海融正式向网上证券交易市场进军。

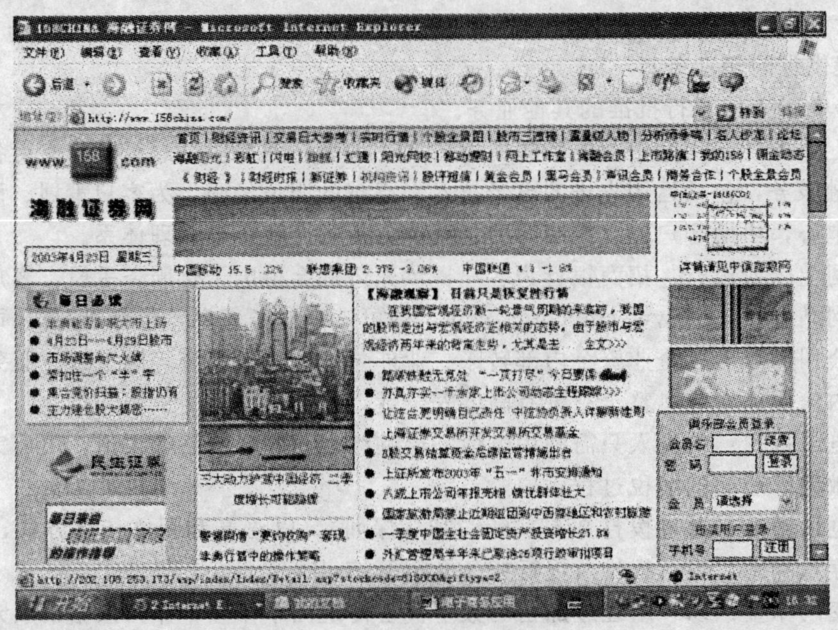

图 4-26 海融证券首页（www.158china.com）

与其他证券网站相比，网络证券交易发展之初，海融对网上证券交易似乎并不是那么投入，也没有什么大的动作，这是因为海融对"网上证券交易"有自己的理解，公司 CEO 夏耘先生如是说。海融认为"网上证券交易"是一个虚拟的概念，它不应该依托于证券营业部，而是可以让任何人在任何地方通过统一的入口接入到任何一个交易所。然而由于某些客观因素的制约，网络还只是一种远程委托系统的载体，远远没有形成一套完整的"网上证券交易"模式。如果网络证券交易发展之初就把大量的资金用来为券商的各营业部办理接入，那么在不远的将来，当人们不用在固定的营业部开户，并且可以自由往来于各家券商之间时，这些资金就变成空头支票，不能带来任何效益。所以海融并没有投身"网上远程委托"，而是用这些资金加强对客户的服务。等到时机成熟之时，海融已经用完善的服务吸引了大量的用户，这样做起"网上证券交易"便得心应手。

现在网上交易一般有三种状态：第一种是券商，他们借助传统行业的优势，有固定的客户，已成为网上交易的主流；第二种是技术提供者，他们为券商的营业部接入互联网提供技术支持，与客户没有直接接触，相对券商生存会比较困难；第三种是像海融这样的财经资讯公司，他们为客户提供专业资讯和软件，并且有固定的会员。

那么海融怎样用服务抓住用户呢？海融的具体做法有以下几方面：第一是证券专业软件，无论是动态行情软件还是综合分析软件，海融软件的市场反映都很好，特别是“海融动态闪电版”已成为市场主流，“海融快讯”也很受证券专业人士的欢迎；第二是财经咨询服务，海融是国家允许向用户提供咨询服务的少数财经网站之一，向用户提供的操作建议、股票推荐等服务都具有专业水准；第三是向媒体提供财经信息，比如报纸、杂志、寻呼台、各网站等；第四是手机短信息；第五是定期为客户提供培训。

1. 海融公司的组织结构

海融公司下设三个事业部：

(1) 软件事业部

海融公司目前拥有国内市场份额最大和服务最早的股市综合分析软件——海融“冲浪者”，它以每日数十万字的市场评论及上市公司最新动态等特色著称于市，动态软件新秀海融“闪电版”实时选股追踪系统，其独具特色的黑马雷达及海融线已成为投资者的锐利武器，海融公司现已拥有近 5 万忠实用户。

(2) 网络事业部

158 海融证券网（www.158china. com）24 小时在线传送财经资讯信息，是国内为证券投资者提供服务内容最多的证券财经类专业网站。其丰富的财经新闻，独特的股评结构设计，全面投资技巧培训和活跃的在线沙龙论坛形式，在众多证券财经网站中独具特色，获得众多网民及投资者的好评。

(3) 证券研究事业部

海融证券研究中心由证券研究部和投资管理部两大部分构成。

- 证券研究部提供专业的证券市场研究、准确全面的股市动态信息。
- 投资管理部为新型的投资俱乐部会员制，适合不同层次投资者的系列业务，提供一个求知、解惑，为用户资产增值的理想场所。

2. 海融提供的服务和产品

海融认为“服务”是“网上证券交易”的制胜之本。海融提供的服务和产品有：

- 财经资讯：包括证券新闻评论、行情公司数据资料；
- 投资咨询服务：包括市场分析、个股推荐、政策研究；
- 分析工具：包括海融快讯“冲浪者”股市决策系统软件、海融“闪电版”实时选股追踪系统；
- 投资培训：包括基础知识、实战技巧、分析方法、投资理念；
- 互动社区：包括名人沙龙、热点论坛、股市大家谈、荐股比赛、专家工作室、个性化服务；
- 个人投资会员俱乐部；
- 机构投资者服务中心；
- 注册分析师协会；

- 网上证券交易。

3. 海融的合作伙伴

海融认为公司的成功经营离不开其合作伙伴的支持，只有与相关的合作伙伴密切合作，才能真正为客户提供他们所真正需要的服务和产品。基于此，海融公司先后与国内外各行业知名媒体、网站、出版机构、金融业、通信业、咨询业等各行业建立了良好的合作关系，集众家之长，服务于广大用户。目前海融证券的合作伙伴包括：中央电视台CCTV-2《证券时间》、北京电视台BTV-1《证券无限周刊》、西南证券、深圳特区证券、新浪网、TOM. COM、雅虎财经、中华网、天极网、中国资迅行、长城宽带网、3721网站、全球华人发财网、平安保险公司。

思考：

(1) 海融网上经营有何特色？

(2) 浏览海融网站，对其提供的服务提出你的改进意见。

4.5.3 网上保险案例——易保公司

1. 易保公司背景

易保公司成立于2000年1月，致力于为保险业提供全方位的电子商务解决方案。易保的服务包括易保网上保险广场（www. ebao. com，见图4-27），旨在建立和维护一个中立的网上保险商城和提供保险电子商务咨询及技术服务，根据保险公司、保险中介的各自

图4-27 易保首页（www. ebao. com）

电子商务需求，提供从战略规划、方案设计，到实施和维护的全套解决方案服务。易保公司本身不是一个网上的保险公司，也不是任何形式的保险中介，它是一个帮助保险公司、保险中介及保险相关机构和相关行业充分利用互联网技术，更好地开展销售和服务的网上技术平台提供者。

易保网上保险广场（www.ebao.com）是由易保公司开发和运营的中立的网上保险商城。它的价值在于为保险业各方提供一个中立的、功能强大的网上交流、交易平台。这个平台为保险业各方服务。目前，易保网上保险广场已经是目前国内最知名的专业保险网站之一。

公司一直把技术作为易保的"立站之本"，所以与许多国际著名的网络技术公司保持着深入的合作关系，以保证易保技术的领先性。

2. 易保的赢利点

易保的赢利点主要有两个：第一，通过易保网上保险广场，保险公司、中介、代理等租用上面的易保标准互联网软件。第二，易保根据保险公司、中介、代理等的特殊需要，为其开发互联网软件，提供整体解决方案。

3. 易保的"保险方案网上竞标系统"

易保在网站建站开始就推出了这套系统。应用这套系统的保险消费者可以将自己的保险方案招标申请和个人基本情况在易保上匿名发布，成为易保会员的资深保险代理人根据招标书，为其量身订制保险方案，并通过系统转交到消费者一方。通常一份招标申请会得到10份左右的标书。这样保险消费者就可以在没有销售压力的情况下对标书进行筛选、比较。满意时可以根据标书上留下的信息登录这个代理人在易保上的网上门店，对代理人作进一步了解，或与其联系，得到保险代理人提供的服务。而保险代理人利用这套系统，毫不费力就能找到有很强保险需求的潜在客户，这样代理人可以把原来花在寻找准客户上的大量精力用到更好地为保险消费者服务上。

目前中国网络保险的发展和国外相比还比较落后。提高保险业服务质量，建立高效的内部管理系统，对中国保险业的发展至关重要，这都需要借助互联网的力量。易保公司已经在帮助保险业实现网络化的道路上先行了一步。

4. 易保网提供的服务介绍

易保网上保险广场可以帮助客户轻松了解、比较、购买保险；帮助保险公司和保险代理人通过网络新渠道开发客户资源，提高工作效率，提升服务质量；帮助保险相关服务机构和行业降低服务成本，提高服务质量。针对不同的客户群，易保网上保险广场提供的具体服务包括：

（1）个人客户

个人客户可以使用易保的专业保险需求评估工具系列来客观了解、测算自己的保险需求，可以通过寿险产品导购来详细了解比较各保险公司相近产品的特点，可以通过网上招标形式来公开征集适合自己的保险建议书，可以使用业务员搜索来找到最合适自己的资深保险业务员。

(2) 企业客户

企业客户可以使用易保网上保险广场提供的企业风险评估工具来客观了解自身保险需求，可以通过保险常识、产品导购、保险公司网上门店来了解保险基本知识、各保险公司产品特点、保险理赔程序，并可直接向保险公司征集企业保险方案。

(3) 保险公司

保险公司从业人员可以通过易保网轻松了解保险动态、政策法规等专业信息；可以通过设立网上门店而迅速实现电子商务功能，直接同客户交流，服务客户，销售保险产品。此外，易保公司还针对保险业的近期发展状况和需求，不断开发出实用、功能强大的互联网软件，以租用服务或技术转让等形式向保险公司提供服务。

(4) 相关机构/相关行业

保险相关机构包括保险管理机构和协会、专业媒体、研究机构等，保险相关行业，如汽车修理公司、医院等机构，既可通过易保网上平台直接向目标客户宣传自己，提升形象，服务客户，又可同保险公司进行行业系统的网上无缝连接。

思考：

(1) 易保的网上服务定位是什么？其经营有何特色？

(2) 中国网上保险现状和发展前景如何，请说出你的个人观点。

本章小结

本章主要介绍行业电子商务的有关内容，把电子商务在生产行业、流通行业以及其他服务行业等的应用情况作了详细的描述，重点掌握生产企业、流通企业和服务企业利用电子商务之后所具有的新特点和新优势。

习 题 4

1. 电子商务将引起企业在哪些方面的重大变革？
2. 生产企业电子商务电子应用有哪些表现？
3. 信息服务型网站一般具有哪些基本功能？
4. 什么是网上银行？它具有哪些特点？
5. 什么是网上证券？它具有哪些特点？具有哪些功能？
6. 什么是网上保险？相对于传统保险它具有哪些新的特点和优势？

第 5 章 电子货币与支付系统

随着 Internet 的迅速普及，电子商务已逐渐成为网络经济社会商业活动的核心形式，即借助 Internet 来开展商务活动。电子货币系统是电子商务活动的基础，只有正确认识电子货币的优势，建立和完善电子货币系统，才能真正开展电子商务活动。网上支付是电子商务的核心流程，进行网络支付结算而处理电子商务中资金流的过程其实就是电子货币在计算机网络上的流动过程，实现网络支付结算是电子商务的基础与体现，用来解决电子商务中资金流的问题。因此电子货币应用的深度和广度将直接影响网络支付结算的效果，进而影响电子商务的发展。

5.1 电子货币

5.1.1 电子货币的发行

1. 电子货币的基本概念

电子货币是以金融电子化网络为基础，以商用电子化机具和各类交易卡为媒介，以电子计算机技术和通信技术为手段，以电子数据（二进制数据）形式存储在银行的计算机系统中，并通过计算机网络系统以电子信息传递形式实现流通和支付功能的货币。

电子货币具有以下特点：

- 以电子计算机技术为依托，进行储存支付和流通；
- 应用广泛，可广泛应用于生产、交换、分配和消费领域；
- 融储蓄、信贷和非现金结算多种功能为一体；
- 现阶段电子货币的使用通常以银行卡为媒体；
- 电子货币具有使用简便、安全、迅速、可靠的特征。

电子货币通常在专用网络上传输，通过 POS、ATM 机器进行处理。近年来，随着 Internet 商业化的发展，网上金融服务已经在世界范围内开展。网络金融服务包括了人们的各种需要，如网上消费、家庭银行、个人理财、网上投资交易、网上保险等。这些金融服务的特点是通过电子货币进行及时电子支付与结算。

电子货币系统包括：电子支票系统，信用卡系统，电子现金系统。

2. 电子货币的特征

电子货币作为现代金融业务与现代科学技术相结合的产物，具有如下特征：

(1) 电子货币形式的多样化，传统货币以实物的形式存在，而且形式比较单一。而电子货币则不同，它是一种电子符号，其存在形式随处理的媒体而不断变化，如在磁盘上存储时是磁介质，在网络中传播时是电磁波或光波，在CPU处理器中是电脉冲等。

(2) 电子货币的依附性，是指电子货币对科技进步和经济发展的依附关系。电子货币的流通以相关的设备正常运行为前提，新的技术和设备也引发了电子货币新业务形式的出现。

(3) 电子货币的安全性，指电子货币在流通过程中对风险的排斥性。电子货币的安全性不是依靠普通的防伪技术，而是通过用户密码、软硬件加/解密系统以及路由器等网络设备的安全保护功能来实现的。

(4) 电子货币的通用性，指电子货币在使用和结算中的特有简便性。电子货币的使用和结算不受金额限制、不受对象限制、不受区域限制，且使用极为简便，具有国际上广泛流通的特征。

(5) 电子货币具有融合多种功能、进行金融产品创新的特征。电子货币便于商业银行将储蓄、投资、信贷和结算等功能融为一体。

3. 电子货币的职能

(1) 价值尺度职能。电子货币与商品货币、信用货币一样，价值尺度依然存在于电子货币之中。商品货币本身兼具商品的属性，具有价值，以其自身的价值作为货币的价值尺度。纸币是政府印制并标明价值数学符号的纸质证书，发挥价值尺度。电子货币建立在纸币或存款账户基础上，作为更抽象的数字化货币发挥价值尺度职能。

(2) 流通手段职能。为了解决物物交易的困难，出现了金属货币。随着交易次数日益频繁，交易额日益增大，造成了金属货币的称量、鉴定的不便。由于货币发挥流通手段职能，只起一种交换媒介作用，是转瞬即逝的事情，因此可以用本身完全没有价值的货币符号来替代，此时由国家发行而强制流通的价值符号纸币应运而生。随着高科技对金融领域的影响，作为一种数字化的价值符号电子货币代替纸币已成为一种必然，完成了货币的第二次飞跃。

(3) 支付手段职能。货币和商品在买卖过程中不同时出现，即采用预付款或延期支付的方式进行交易，则货币发挥着支付手段的职能。电子货币比商品货币、纸币更具有支付中介优势，电子货币发挥支付手段职能的一个特点是将消费者信用、商业信用和银行信用三者有效地结合起来。当消费者购买商品时，因存款不足，由银行履行付款责任，同时消费者和银行形成贷款关系。电子货币发挥支付职能实质就是通过信用进行交易，形成可以相互抵消的债权债务关系，在最终结算时大部分债权债务关系冲销，大大加快了交易的速度，提高了运作效率，同时也减少了货币的需求量。

(4) 储存手段职能。货币的储存手段职能是与货币自然形态关系最为密切的职能。金属货币同时具有实物要素和货币要素，它作为储存职能具有被历史和文化接受的特点，但大量金属如黄金的储存需要支付费用，且收益很低。纸币代表一个债务符号，是发行国家

与纸币本身的法律契约，是发钞国家对持有者的负债，国家信誉是有限信誉，尽管国家会努力承担其法律责任，但持有者无法控制发行国增加纸币发行的行为。电子货币的储存是以数字化形式存在的，所有者依赖密码掌握其支配权。金属货币和纸币的储存可以独立完成，但电子货币的储存是所有者无法独立完成的，必须依赖中介结构。

4. 电子货币的发行

(1) 电子货币的直接发行：发行、流通和回收，如图5-1所示。

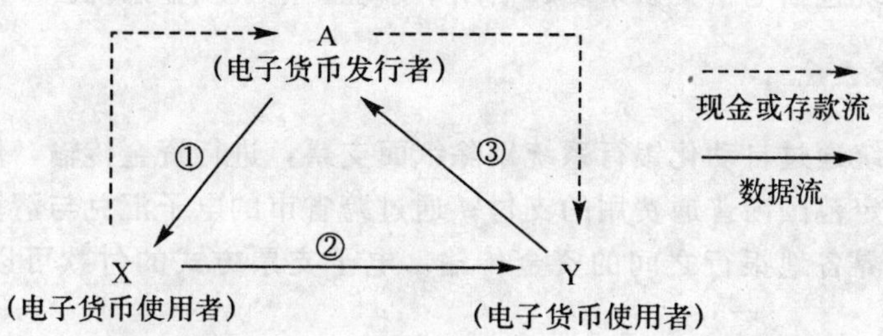

图5-1　电子货币的直接发行

电子货币的使用者X向电子货币的发行者A（银行、信用卡公司等）提供一定金额的现金或存款并请求发行电子货币，A接受了来自X的有关信息之后，将相当于一定金额电子货币的数据对X授信这是电子货币发行和运行流程中的**发行**。电子货币的使用者X接受了来自电子货币的发行者A的电子货币，为了清偿对电子货币的另一使用者Y的债务，将电子货币的数据对Y授信这是电子货币发行和运行流程中的**流通**。Y接受了A的电子货币后就可以交由电子货币发行者来兑现，这就是货币的**回收**。

(2) 中介机构介入的发行

中介机构一般指银行，有银行介入的电子货币的发行、流通共分5个步骤，如图5-2所示。

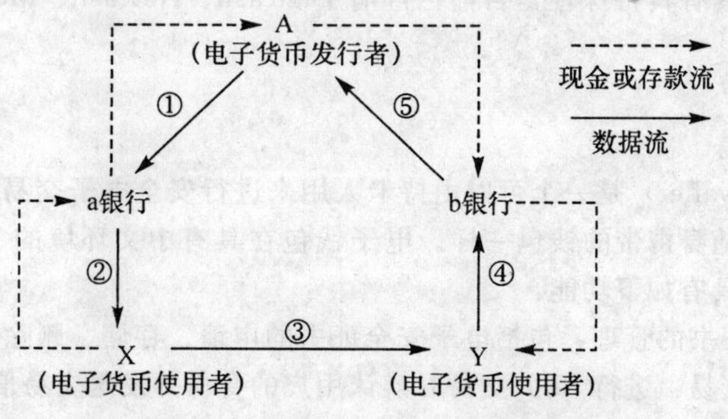

图5-2　电子货币中介机构介入发行

电子货币的发行者A（银行、信用卡公司等）提供一定金额的现金或存款给a银行，电子货币的使用者X向银行a提供一定金额的现金或存款并购买兑换电子货币，电子货币的使用者 X 接受了来自银行 a 的电子货币，并使用电子货币支付所购商品的费用给电子货币使用者 Y，使用者 Y 经 b 银行把电子货币兑换成相应的现金。

5.1.2 电子货币的分类

电子商务在银行业应用很广，目前主要是发展电子支付和网上银行。电子支付的方法很多，现行的有信用卡、电子现金、电子支票等电子支付手段。

电子货币系统包括电子支票系统、信用卡系统、电子现金系统。

1. 电子支票系统

电子支票系统通过自动化银行系统剔除纸面支票，进行资金传输，例如通过银行专用网络系统进行一定范围内普通费用的支付；通过跨省市的电子汇兑与清算，实现全国范围的资金传输；世界各地银行之间的资金传输。电子支票方式的付款可以脱离现金和纸张进行。

2. 信用卡系统

信用卡是目前应用最为广泛的电子货币，它要求在线连接使用。信用卡、银行卡支付是金融服务的常见方式，可在商场、饭店及其他场所中使用。银行发行最多的是信用卡，它可采用联网设备在线刷卡记账、POS 结账，ATM 提取现金等方式进行支付。电子商务中更先进的方式是在 Internet 环境下通过 SET 协议进行网络直接支付，具体方式是用户网上发送信用卡号和密码，加密发送到银行进行支付。当然支付过程中要通过用户。商家及付款要求的合法性验证。

3. 电子现金

电子现金是一种数字化形式的现金货币，其发行方式包括存储性的预付卡和纯电子系统性形式的用户号码数据文件等形式。电子现金的主要好处就是它可以提高效率，方便用户。电子现金支付具有其特殊性，目前已经有 Digicash、Netcash、Modex 等三种系统开始时使用。

4. 电子钱包

电子钱包（E-wallet）是一个可以由持卡人用来进行安全电子交易和储存交易记录的软件，就像生活中随身携带的钱包一样。电子钱包在具有中文环境的 Windows 操作系统上运行。电子钱包具有如下功能：

- 电子安全证书的管理，包括电子安全证书的申请、存储、删除等；
- 安全电子交易：进行 SET 交易时辨认用户的身份并发送交易信息；
- 交易记录的保存：保存每一笔交易记录以备日后查询。

目前世界上有 Visa Cash 和 Mondex 两大电子钱包服务系统，其他电子钱包服务系统还有 MasterCard Cash、EuroPay 的 Clip 和比利时的 Proton 等。

5.1.3　电子现金的特点

电子现金比现有的实际现金（纸币和硬币）有更多的优点，实际现金要承担较大的存储风险，高昂的传输费用，需要较高的安全保卫和防伪的投资。电子现金的发行方式包括存储性质的预付卡（即电子钱包）和纯电子化系统形式的用户号码数据文件等形式。因此，电子现金同时拥有现金和电子化两者的优点。主要表现在以下 7 个方面：

1. 匿名

这同样是纸币现金的优点。买方用电子现金向卖方付款，除了卖方以外，没有人知道买方的身份或交易细节。如果买方使用了一个很复杂的假名系统，甚至连卖方都不知道买方的身份。

2. 不可跟踪性

不可跟踪性也是现金的一个重要特征。不可跟踪性可以保证交易的保密性，也就维护了交易双方的隐私权。除了双方的个人记录之外，没有任何关于交易已经发生的记录。因为没有正式的业务记录，连银行也无法分析和识别资金流向。也正是因为这一点，如果电子现金丢失了，就会同纸币现金一样无法追回。

3. 节省交易费用

电子现金使交易成本更加低廉，因为通过网络传输电子现金的费用比通过普通银行系统支付要便宜得多。为了流通货币，普通银行需要维持许多分支机构、职员、自动付款机及各种交易系统，这一切都增加了银行进行资金处理的费用。而电子现金是利用已有的网络和用户的计算机，所以消耗比较小，尤其是小额交易更加合算。

4. 节省传输费用

普通现金的传输费用比较高，这是因为普通现金是实物，实物的多少与现金金额是成正比的，金额越大，实物货币越多。大额现金的保存和移动是比较困难和昂贵的。然而，电子现金流通没有国界，在同一个国家内流通电子现金的费用跟国际间流通的费用是一样的。这样就可以使国际间货币流通的费用比国内流通费用高出许多的状况大大改观。

5. 持有风险小

普通现金有被盗抢的危险，必须存放在指定的安全地点，如地下金库，而且在存放和运输过程中都要由保安人员看守。保管普通现金越多，所承担的风险越大，在安全保卫方面的投资也就越大。电子现金持有的这类风险小很多。

6. 支付灵活方便

电子现金的使用范围比信用卡更广。信用卡支付仅限于被授权的商店，而电子现金支付却没有这层限制。

7. 防伪造

高性能彩色复印技术和伪造技术的发展使伪造普通现金变得更容易，但却不会影响到电子现金。

总之，电子现金的优点是更方便、成本更低、没有距离问题、人人都可使用。

5.1.4 电子现金的安全防范措施

1. 电子现金存在的主要问题

电子现金的发行和使用给人们带来了巨大的好处，同时也带来了一些新问题。主要表现为以下五个方面：

(1) 税收和洗钱

由于电子现金可以实现跨国交易，税收和洗钱成为潜在的问题。通过 Internet 进行的跨国交易存在是否要征税，又如何征收，使用哪个国家的税率，由哪个国家征收，对谁征收等问题。为了解决这些问题，国际税收规则必须进行调整。更麻烦的是，电子现金同实际现金一样很难进行跟踪，税务部门很难追查，所以电子现金的这种不可跟踪性将很可能被不法分子用以逃税。利用电子现金可以将钱送到世界上任何地方而不留下一点痕迹的特性，洗钱也变得容易。如果调查机关想要获得证据，则要检查网上所有的数据包并且破译所有的密码，而这几乎是不可能的。

(2) 外汇汇率的不稳定性

电子现金会增加外汇汇率的不稳定性。电子现金也是总货币供应量的一个组成部分，可以随时兑换成普通现金，电子现金也有外汇兑换问题在网络空间里，任何人都可以参与外汇市场，这是因为手续费低，而且人们不受国界的限制。这种大规模参与外汇市场的现象将会导致外汇汇率的不稳定。用电子现金购物不再受到国界的限制，因为 Internet 是没有国界的，因此人们很容易就可以进行货币兑换，如果一种货币的电子现金贬值了，人们就会把它兑换成另一种货币的电子现金。由于电子现金的外汇汇率是与真实世界的汇率紧密联系的，因此这种不稳定反过来就会影响真实世界。

(3) 货币供应的干扰

如果银行发放电子现金贷款，电子现金量就可能增多，产生新货币。这样当电子现金兑换成普通货币时，就会影响到现实世界的货币供应。电子货币与普通货币一样有通货膨胀等经济问题，而且因其特殊性，这些问题可能还会更加严重。电子现金无国界所以即使政府想控制电子现金的数量也难以做到，在没有一个中央银行对电子货币量进行有效控制的情况下，发生金融危机的可能性会更大。

(4) 恶意破坏与盗用

电子现金存储在计算机里，其最大的特点之一就是易复制。因此，在流通过程中，一定要注意防止非法复制，同时也注意防止恶意程序的破坏。另外，电子现金如果不妥善加以保护，也有被盗的危险。

(5) 成本、安全与风险

电子现金对硬件和软件的技术要求都较高，需要一个庞大的中心数据库，用来记录使用过的电子现金序列号，以解决其发行、管理、重复消费及安全验证等重要问题。当电子现金大量使用和普及时，中心数据库的规模将变得十分庞大。因此，尚需开发出软硬件成本低廉的电子现金。此外，消费者硬盘一旦损坏，电子现金丢失，钱就无法恢复，这个风险许多消费者都不愿承担。电子伪钞一旦获得成功，那么，发行人及一些客户所要付出的代价则可能是毁灭性的。

2. 电子现金的安全防范措施

为了防止伪造，对使用中的电子现金，必须能够证明是由取得发行权的银行发行的原件。电子现金可以通过加盖电子印鉴防伪。银行加盖印鉴时，银行一方不可能看到每个电子现金的序列号，这是采用“盲签名”密码技术的关键所在。

为什么每个电子现金都需要有一个序列号呢？如果仅仅是为了匿名性，一开始就不用序列号也是可以的。实际上，序列号是为了防止通过复制电子现金，从而非正当地、恶意地、重复二次、三次地使用。

5.2 网上支付

5.2.1 电子商务网上购物流程

目前在 Internet 的 WWW 网上有很多电子商务应用比较成功的例子，如全球最大的虚拟书店 Amazon. com。为了获得消费者的认同，网上销售商在“网络商店”的布置上往往煞费苦心。网上商品不是摆在货架上，而是做成电子目录，里面有商品的图片、详细说明书、尺寸和价格信息等。消费者对选中的商品只要用鼠标轻轻一点，再把它拖到网络的“购物手推车”里就可以了。在付款时消费者需要输入自己的姓名、家庭地址以及信用卡号码，点击回车，一次网上购物就算完成。消费者进行网上购物的基本过程如下：

为了保证电子交易过程中无欺骗发生，需要通过网络确认各自的身份以及动态地得到对方的公钥，以便把送到对方的信息加密。当双方都获得数字证书后就可以开始实质性的商品交易和支付过程。下面以持卡人 A 到网上商店 B 购买货物 X 为例来说明，如图 5-3 所示。

(1) 持卡人订货：A 进入网站 B 商店里选择了货物 X，填写了在线商店名称、购买物品名称及订购数量、送货地址和日期时间等订单信息。

(2) 在线商店作出应答，告诉消费者所填写的订购单的货物单价、应付款数、交货方式等信息是否准确，是否有变化。

(3) 持卡人选择付款方式，确定订单，签发付款指令，并将信用卡信息以及订单信息分别加密传送给商店 B。

(4) 商店 B 通过收单银行检查信用卡的有效性。

（5）收单银行确认。收单银行确定信用卡数据无误后，发出信息通知商店，商店就可以安全接下这笔订单。

（6）在线商店发送订单确认信息给持卡人，持卡人端的软件可以记录交易日志，以备将来查询。

（7）结账。A 会接到银行的信用卡账单，而商店发送货物或提供服务给持卡人，并通知银行将钱从持卡人的账号转移到商店账号。

（8）送货公司持发货通知单送货，A 按照订单信息进行签收。

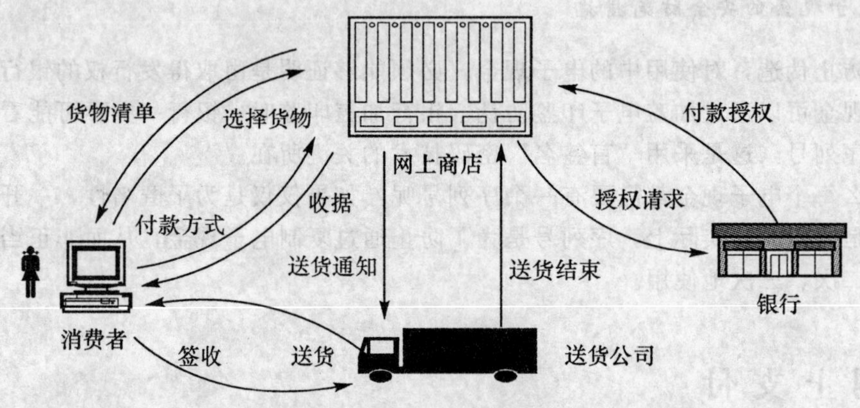

图 5-3　电子商务网上购物流程

这种购物过程彻底改变了传统的面对面交易和一手交钱一手交货及面谈等购物方式，是一种崭新而很有效的、保密性好、安全可靠的电子购物过程，利用各种电子商务保密服务系统，就可以在网络上放心大胆地购买物品。从整个购物过程可以看出，购物的顾客也仅仅就是输入电子订货说明自己购买的物品，选择自己的付款方式，即可完成购物，并得到电子收据。这是一种与传统购物方式不同的现代高新技术购物方式。

5.2.2　网上支付模式

1. 在线转账支付模式

（1）在线转账支付模式简介

在线转账是应用非常普遍的电子支付模式。支付者可以使用申请了在线转账功能的银行卡（包括借记卡和信用卡）转移小额资金到另外的银行账户中，完成支付。一般来说，在线转账功能需要到银行申请，并获得用于身份识别的证书及电子钱包软件（E-wallet）才能够使用。在线转账使用方便，付款人只需使用电子钱包软件登录其银行账户，输入账号和金额后即可完成支付。而此后的事务由清算中心、付款人银行、收款人银行等各方通过金融网络系统来完成。国内的银行近年来陆续开通了网上银行业务，在线转账是网上银行基本的功能之一。

(2) 在线转账的支付流程

在线转账支付模式的参与者包括付款人、收款人、认证中心、发卡行和收单行，其支付流程如图 5-4 所示。

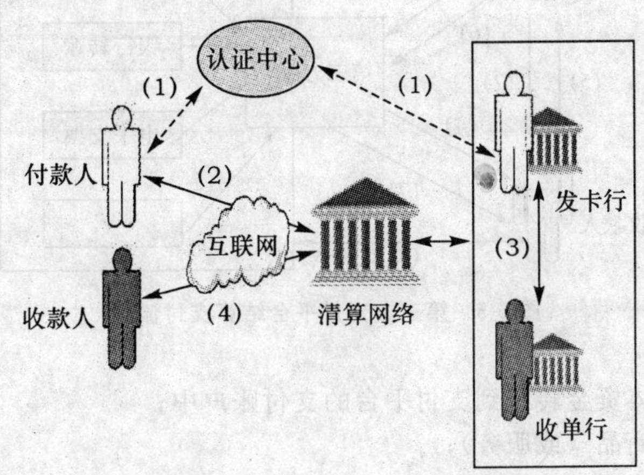

图 5-4　在线转账支付流程

- 付款人和发卡行申请认证，使支付过程双方能够确认身份。
- 付款人通过电子钱包软件登录发卡行，并发出转账请求。转账请求包括汇入银行名称，汇入资金账号，支付金额等信息。
- 发卡行接受转账请求之后，通过清算网络与收单行进行资金清算。
- 收款人与收单行结算。

2. 第三方平台结算支付模式

(1) 第三方平台结算支付模式简介

第三方平台结算支付模式是当前国内服务商数量最多的支付模式。在这种模式下，支付者必须在第三方支付中介开立账户，向第三方支付中介提供信用卡信息或账户信息，在账户中"冲值"，通过支付平台将该账户中的虚拟资金划转到收款人的账户，完成支付行为。收款人可以在需要时将账户中的资金兑成实体的银行存款。

由于第三方支付平台结算支付模式架构在虚拟支付层，本身不涉及银行卡内资金的实际划拨，信息传递流程在自身的系统内运行，所以电子支付服务商可以有比较自由的系统研发空间。

(2) 第三方平台结算支付流程

第三方平台结算支付是典型的应用支付层架构。提供第三方结算电子支付服务的商家往往都会在自己的产品中加入一些具有自身特色的内容。但是总体来看，其支付流程都是付款人提出付款授权后，平台将付款人账户中的相应金额转移到收款人账户中，并要求其发货。

第三方平台结算支付模式的资金划拨是在平台内部进行的，此时划拨的是虚拟的资金。真正的实体资金还需要通过实际支付层来完成。如图 5-5 所示，有担保功能的第三方结算支付的流程为：

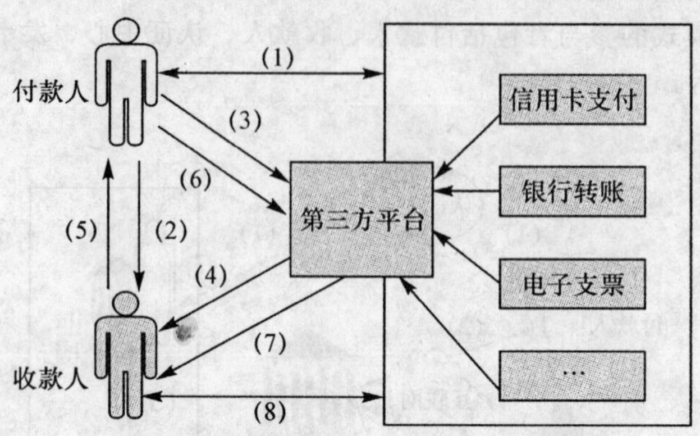

图 5-5　第三方支付平台结算支付流程

- 付款人将实体资金转移到支付平台的支付账户中；
- 付款人购买商品（或服务）；
- 付款人发出支付授权，第三方平台将付款人账户中相应的资金转移到自己的账户中保管；
- 第三方平台告诉收款人已经收到货款，可以发货；
- 收款人完成发货许诺（或完成服务）；
- 付款人确认可以付款；
- 第三方平台将临时保管的资金划拨到收款人账户中；
- 收款人可以将账户中的款项通过第三方平台和实际支付层的支付平台兑换成实体货币，也可以用于购买商品。

3. 电子现金支付模式

(1) 电子现金支付模式简介

电子现金使用的基本原理为电子现金发行者发行电子现金供参与的实体使用，参与者可能是个人或商家，发行的电子现金有发行者的电子签字，保证在以此电子现金发行者为主的架构系统中此电子现金的有效性。付款人在使用电子现金付款前需要事先向电子现金发行者购买电子现金，再以此购买商品，商家可保留此电子现金或者再向其他人购买时付款，或者可向电子现金发行者换回实体的现金。

电子现金支付模式中最基本的参与者有付款人、收款人、电子现金发行者三方。电子现金发行者可能直接就是银行等金融单位，也可能是公正的第三方机构。如果是公正第三方机构位，则架构中必须再加入银行进行实体现金的交换，电子现金发行者可能也不止一个，如果有多个电子现金发行者，也可能发行各自的电子现金。如果需要这些电子现金能够通用，则电子现金发行者之间也必须承认其他电子现金发行者发行的电子现金，最后为了简化分账问题，可能还要成立清算中心，电子现金系统可以发展到非常复杂。下面以一个电子现金发行者（非银行的发行者）为例，描述电子现金的支付流程。

(2) 电子现金支付流程

应用电子现金进行网络支付，需要在客户端安装专门的电子现金客户端软件，在商家

服务器安装电子现金服务器端软件，发行者需要安装对应的电子现金管理软件等。为了保证电子现金的安全性及可兑换性，发行银行还应该从认证中心申请数字证书以证实自己的身份，并利用非对称加密进行数字签名，具体流程如图 5-6 所示。

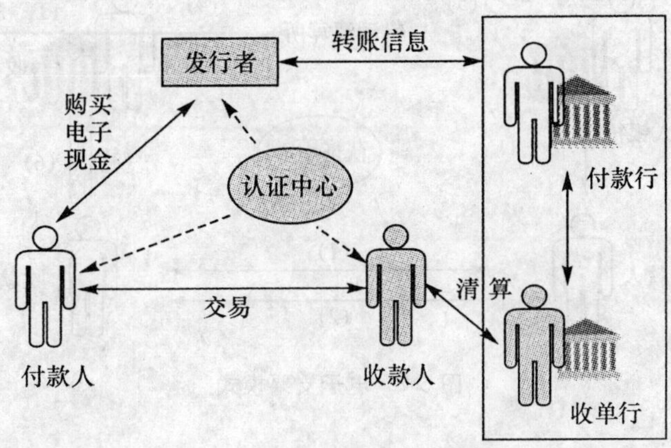

图 5-6　电子现金支付模式

- 预备工作：付款人、收款人（商家）、发行者都要在认证中心申请数字证书，并安装专用软件。付款人从发行者处开设电子现金账号，并用其他电子支付方式存入一定数量的资金（例如使用银行转账或信用卡支付方式），利用客户端软件兑换一定数量的电子现金。接受电子现金付款的商家也在发行者处注册，并签约收单行用于兑换电子现金。
- 付款人与收款达成购销协议，付款人验证收款人身份并确定对方能够接受相应的电子现金支付。
- 付款人将订单与电子现金一起发给收款人。这些信息使用收款人的公开密钥加密，收款人使用自己的私钥解密。
- 收款人收到电子现金后，可以要求发行者兑换成实体现金。发行者通过银行转账的方式将实体资金转到收单行，收款人与收单行清算。

4. 电子支票模式

(1) 电子支票支付模式简介

电子支票的网络支付就是在互联网平台上利用电子支票完成商务活动中的资金支付与结算。电子支票支付使用方式模拟传统纸质支票应用于在线支付，可说是传统支票支付在网络的延伸。电子支票的签发、背书、交换及账户清算流程均与纸票相同，用数字签名背书，用数字证书来验证相关参与者身份，安全工作也由公开密钥加密来完成。除此之外，电子支票的收票人在收到支票当时，即可查知开票人的账上余额及信用状况，避免退票风险。

(2) 电子支票支付流程

异行电子支票由于涉及两个或多个银行，以及中间的用于银行间资金清算的自动清算所，所以流程较为复杂。一个完整的异行电子支票支付流程如图 5-7 所示。

- 付款人（消费者）和收款人（商家）达成购销协议并选择用电子支票支付。

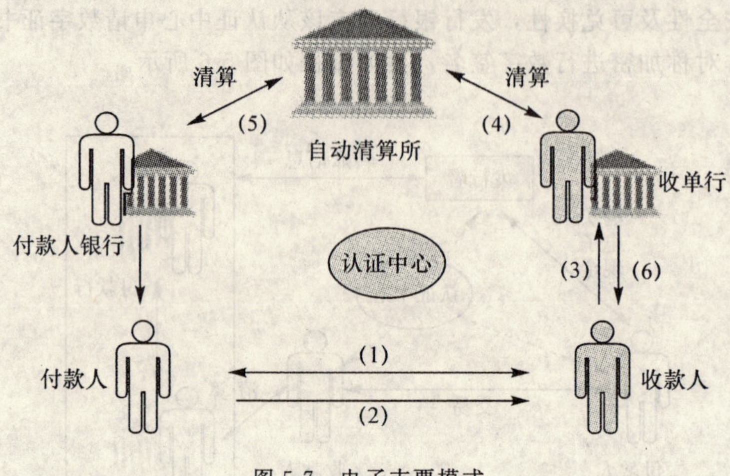

图 5-7 电子支票模式

- 付款人利用自己的私钥对填写的电子支票进行数字签名后，通过网络发送给收款人，同时向银行发出付款通知单。
- 收款人通过认证中心对消费者提供的电子支票进行验证，验证无误后将电子支票送交收单行索付。
- 收单行把电子支票发送给自动清算所的资金清算系统，以兑换资金进行清算。
- 自动清算所向付款人的付款银行申请兑换支票，并把兑换的相应资金发送到收款人的收单行。
- 收单行向商家发出到款通知，资金入账。

电子支票与电子现金的系统架构类似，最大的不同点是电子现金需要发行单位为其所发行的现金担保，因此电子现金发行单位在电子现金上的数字签名很重要，而电子支票的开票人即付款人要为其所开出的支票兑现做担保，因此付款人在电子支票上的数字签名很重要。

5. 合并账单模式

(1) 合并账单支付模式简介

此模式主要的特性是将消费者的消费金额并入 ISP 账单或电话账单，属于此类的服务公司称为 ICP。它们可能与 ISP 合作或本身就是 ISP。消费者在线购物的款项将加入上网费账单，每个月 ICP 再与 ISP 根据合同分账。因此，在此模式下商家必须与 ISP 签订合同，而消费者必须是 ISP 的使用者。如果不是 ISP 的使用者，有些 ISP 提供消费者购买该 ISP 发行的虚拟预付卡（储值卡），消费者取得此卡号与密码，必须回到入口网站进行开卡手续，即可在所有已经与 ISP 合作的 ICP 进行消费。

合并账单支付模式在消费者购买游戏点卡、电影网站点卡等 ICP 服务中应用很广泛。这一类消费通常数额很小，消费者往往希望用最简单的方式进行支付，而忽略其安全性。

(2) 合并账单模式支付流程

ISP 账单模式架构图如图 5-8 所示。ICP 与 ISP 签订合同后，ICP 将商品通过 ISP 放在入口网站，消费者（付款人）通过 Internet 登录入口网站消费，数据由 ISP 记录，固定

时间与 ICP 分账。ISP 实际收款方式，是以账单向付款人请款。

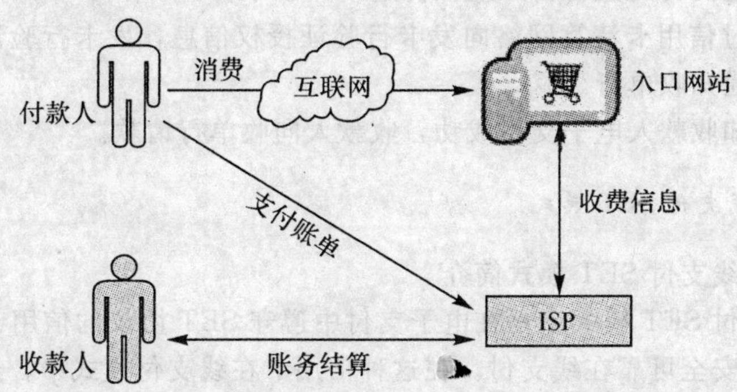

图 5-8　合并账单模式支付流程

6. 信用卡在线支付 SSL 模式

(1) 信用卡在线支付 SSL 模式简介

SSL 是设计用来保证互联网信息传递的保密性的，并不是专门用于电子支付的技术。通过 SSL，消费者在浏览商家页面信息时，其客户端的浏览器与商家服务器通过一个加密的安全通道进行信息交换，第三者无法通过窃听的方法把得到的加密数据还原成明文。同样，消费者的信用卡授权信息也将在安全的通道中传递。

SSL 的在信息传递上的安全性，刚好适应了电子支付的需要。又由于其架构简单，处理步骤少，速度快，所以虽然存在较大的安全性漏洞，但依然被广泛地应用在信用卡在线支付模式中。

(2) 信用卡在线支付 SSL 模式工作流程

信用卡在线支付 SSL 模式的工作流程如图 5-9 所示。

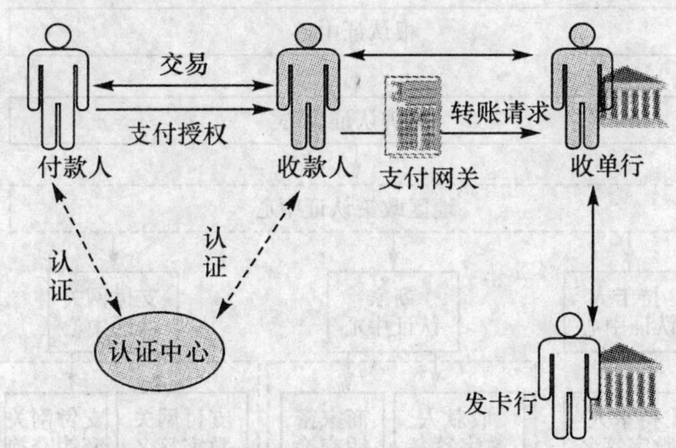

图 5-9　信用卡在线支付 SSL 模式工作流程

- 身份认证。SSL 模式的身份认证机制比较简单，只是付款人与收款人在建立“握手”关系时交换数字证书。
- 付款人建立和收款人之间的加密传输通道之后，将商品订单和信用卡转账授权传递给收款人。

- 收款人通过支付网关将转账授权传递给其收单行。
- 收单行通过信用卡清算网络向发卡行验证授权信息，发卡行验证信用卡相关信息无误后，通知收单行。
- 收单行通知收款人电子支付成功，收款人向收单行请款。

7. 信用卡在线支付SET模式

(1) 信用卡在线支付SET模式简介

信用卡在线支付SET模式，是在电子支付中遵守SET协议的信用卡支付模式，以实现信用卡的即时、安全可靠在线支付。在这种信用卡在线支付模式中，运用了一系列先进的安全技术与身份认证手段，如私有密钥加密、公开密钥加密、数字摘要、数字签名、双重签名、数字证书等。

SET协议的作用，是要达到在线的安全交易。安全电子交易的目的是提供信息的保密性，确保付款的完整性和能对商家及持卡人进行身份验证。实施SET机制可以做到：

- 对付款信息及订单信息能各别保密。
- 能确保所有传送信息的完整性。
- 能验证付款人是信用卡的合法使用者。
- 能验证商家是该信用卡的合法特约商家。
- 建立一个协议，该协议不依赖传输安全机制。
- 能在不同平台上及不同网络系统上使用。

SET协议为了要能做到上述六点，必须架构一个PKI（公钥基础设施）对参与的成员进行认证，同时利用密钥对传送信息进行加密。在SET协议中对认证的架构规定严谨，如图5-10所示。

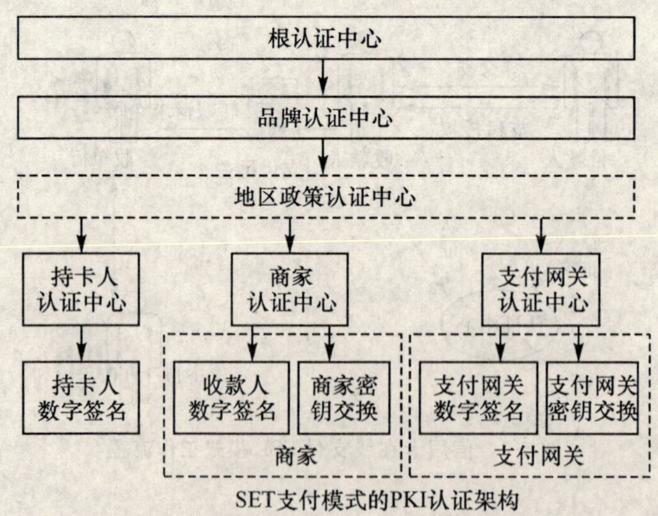

图5-10　SET支付模式的PKI认证架构

(2) 信用卡在线支付 SET 模式的工作流程

在 SET 协议环境下，应用信用卡进行电子支付需要在客户端下载一个客户端软件(电子钱包软件)，在商家服务端安装商家服务器端软件，在支付网关安装对应的网关转换软件等，见图 5-11。

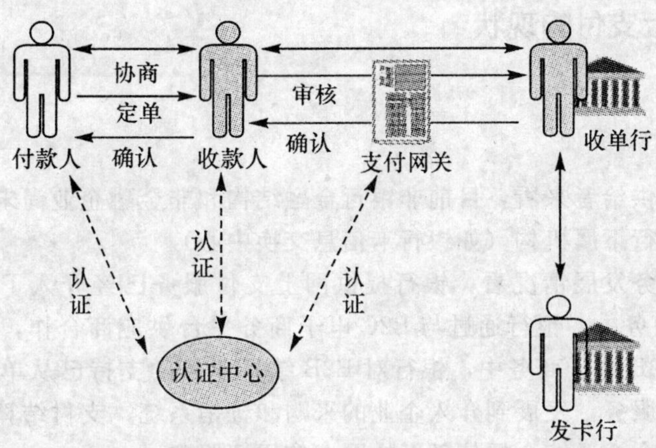

图 5-11　信用卡在线支付 SET 模式工作流程

以下是具体的支付流程：

- 付款人在发卡行柜台办理应用 SET 在线支付的信用卡；收款人（商家）与收单行签订相关结算合同，得到商家服务器端的 SET 支持软件，并安装。
- 付款人从银行网站下载客户端软件，安装后设置应用此软件的用户、密码等，以防止被人非法运行。
- 付款人访问认证中心网站，把信用卡相关信息，如卡类别、卡号、密码、有效期等资料填入客户端软件，并且申请一张数字证书。
- 付款人在商家网站上选购商品，结账时选择 SET 信用卡结算方式。这时客户端软件被激活，付款人输入软件用户名和密码，取出里面的相应信用卡进行支付(此时 SET 介入)。
- 客户端软件自动与商家服务器对应软件进行身份验证，双方验证成功后，将订单信息及信用卡信息一同发送到商家。
- 商家服务器接收到付款人发来的相关信息，验证通过后，一边回复付款人一边产生支付结算请求，连同从客户端来的转发信息一并发给支付网关。
- 支付网关收到相应支付信息后转入后台银行网络处理，通过各项验证审核后，支付网关收到银行端发来的支付确认信息。否则向商家回复支付不成功。
- 支付网关向商家转发支付确认信息，商家收到后认可付款人的这次购物订货单，并且给付款人发回相关购物确认与支付确认信息。
- 付款人收到商家发来的购物确认与支付确认信息后，表示这次购物与网络支付成功，客户端软件关闭，电子支付完毕。

5.3 网上支付现状与发展

5.3.1 我国网上支付的现状

1. 理论研究

从网上支付的供给者来看，目前非银行金融结构和非金融企业尚未介入，主要是一些商业银行和中央银行下属机构（如银行卡信息交换中心）。

从网上支付业务发展情况看，银行提供网上支付服务已经介入了 B2C、B2B 电子商务。在 B2C 电子商务中，银行通过与 B2C 电子商务平台供应商合作，为个人用户提供支付结算服务；在 B2B 电子商务中，银行对 B2B 结算业务的支持已从单纯的在网上为企业用户提供转账结算服务，发展到介入企业的采购和分销系统，支付结算的手段也从单纯的转账功能发展到结合企业综合授信额度的网上信用证服务。

从 B2C 网上支付技术形式看，基于 SSL 的支付系统是网上支付的主流形式，而基于 SET 的网上支付发展则相对缓慢。招商银行同时提供基于 SSL 的小额网上支付和基于数字证书的无限额支付，目前发展形势良好。

从目前状况来看，我国银行网上支付系统尚处于发展的起步阶段，还存在着诸多问题：大部分银行无法提供全国联网的网上支付服务；在实现传统支付系统到网上支付系统的改造过程中，银行间缺乏合作，各自为政，未形成大型的支付网关，网上支付结算体系覆盖面较小；网上支付业务的标准性差，数据传输和处理标准不统一；网上银行法律框架亟待健全、完善；等等。此外，中国网上支付体系的发展还受到来自社会信用制度等因素的限制。信用是电子商务发展的关键前提之一。但从我国目前的信用制度现状看，社会整体信用制度不够健全，严重影响到市场主体对电子商务安全性的认知程度的提升；同时，由于基础通信设施不发达、企业信息化程度较低等因素的制约，网上支付体系的发展可谓任重而道远。

其一，对应于中国电子商务发展的现状，目前的支付系统在 B2C 方面已经能基本满足现实需要。虽然银行支付系统是电子商务发展的关键支持，但银行充当的角色还只是提供结算服务的中介机构。在目前许多政策、法规、标准尚未制定，社会信用体系尚不健全的情形下，期望银行冒着风险超前建立一套完善的网上结算体系，是不现实的想法。

其二，从短期看，尽管技术标准、认证中心和支付网关的建立仍制约着网上支付系统的建设。但随着我国电子商务和网上银行的发展，导致源于市场选择作用而产生的龙头企业（银行）将产生，由这些龙头企业制定的行业标准的权威性将逐步确立起来。在这种情况下，企业之间的交叉认证将加强网上支付系统的建设与发展。最后经过市场的进一步选择和检验，具有生命力和权威性的为数不多的企业将通过谈判和协商等方式制定统一的技术标准。

其三，中央银行正会同国家立法机构采取积极的态度推动网上支付业务的发展，网上银行业务管理办法也即将出台，网上支付的有关法律框架正在逐步形成，这将进一步促进网上支付结算系统的发展。

其四，要最终建成完善的网上支付系统以支撑成熟的电子商务运作，有待银行业实现全国性的跨行联网清算体系的建成。目前中国的商业银行都在积极加快各自的网上支付结算系统建设。可以预见在不远的将来，一个有效支撑电子商务发展的中国网上支付系统将构建起来。

2. 现实发展

国内网上支付发展起步较晚，发展时间虽然并不长，但呈现出快速发展的迅猛趋势，主要服务于电子商务的支付需要，市场需求也非常旺盛，应用创新空间非常广阔，是一个大有作为的行业。

(1) 从国内金融服务发展历程来看

1997 年，中国商品订货系统（CGOS）、中国商品交易中心（CCEC）、虚拟“广交会”等大型电子商务项目陆续推出。1998 年，“首都电子商务工程”的展开和 1999 年“8848 网上超市”的出现，标志着中国电子商务进入快速发展时期。2004 年，电子商务交易总额累计达到 4 400 亿元人民币。其中，上海电子商务的年交易额达到 743.19 亿元，同比增长 47%，北京、广州的电子商务年交易额分别为 666 亿元和 230 亿元。

(2) 从目前国内电子商务支付方式来看

从目前国内电子商务支付方式来看，主要包括网上支付和线下支付两种方式。

线下支付是传统的电子商务支付方式，主要包括货到付款以及通过邮局、银行汇款。

网上支付即在线支付，买方在互联网上直接完成款项支付。从一定意义上说，网上支付是构成电子商务的一个关键环节，电子商务的突破有待网上支付的突破。近几年来，随着国内卡基产品的日益成熟和广泛应用，用卡环境的逐步改善，银行卡作为新兴的电子支付工具已被社会公众所接受。而基于卡基支付工具的网上银行业务也作为银行金融服务的一大创新被越来越多的银行所关注。利用银行卡完成网上支付已成为电子商务普遍采用的支付方式。据中国互联网络信息中心（CNNIC）的历次调查数据显示，中国网络购物付款的支付方式中，采取银行卡网上支付的比例逐年增高，网上支付已成为最主要的网上购物付款方式，成为影响电子商务业务发展的关键因素之一。

尽管中国的电子支付业务发展取得了重大成果，但是网上支付的基础环境还有许多的问题，值得关注和改善。网上支付的安全，社会性、体系状况以及网上支付相关的法规等，都是现在制约网上支付发展的重要因素。总体发展还处于较低水平，存在诸多制约银行卡业务发展的因素。

5.3.2 网上支付的发展

随着国际互联网的日益普及，尤其是电子商务的迅速发展，网上支付工具的价值日益突显，已经构成了电子商务的核心环节。2004 年，全球电子商务交易总额达到 2.7 万亿美元，预计到 2008 年全球电子商务总额将会达到 9.8 万亿美元。如此大的市场给互联网支付带来了巨大的商机。而快速成长的网络支付同时也为电子商务的发展提供强劲的动力。

1. 网络支付手段的完善将进一步推动电子商务的发展

网络支付信息搜寻、订货和支付以及物流配送是电子商务交易的三个环节，其中支付处于重要的环节，影响电子商务其他环节的进行。随着网络支付法律法规和安全支付协议的进一步完善，互联网支付将成为电子商务的首选支付手段，而互联网支付的长足发展也必将推动电子商务的发展。

2. B2B、B2C、C2C之间的融合将成为大势所趋

目前的电子商务越来越呈现出一种融合的趋势，这种融合体现了互联网交易的基本特点，交易的双方更看中的是交易平台的便捷和安全，而不是交易对方的身份是个人还是商家。

从第三方支付工具的提供商来说，打通 B2B、B2C、C2C 之间的支付界限也是提高自身吸引力的重要手段。目前中国最大的 B2C 网站当当网就在打算进入 C2C 领域，这个趋势将来必将愈演愈烈。与支付模式融合相伴随的是第三方支付平台的不断发展及其相互竞争的加剧。

目前全球的第三方支付平台不胜其数，在不同的网站购物用不同的支付工具给用户带来极大的不便。因此支付平台通过竞争优胜劣汰、逐渐融合成几个统一的支付工具是市场发展的一种必然。从竞争态势来看，拥有自己拍卖网站的支付会在竞争中逐步建立优势，并进一步扩大自己的市场份额（如支付宝），而那些纯粹的第三方平台在成本及收费方面将处于劣势。

3. 越来越多的高科技手段将应用到支付领域

在安全认证领域内，单一模式的认证会逐步被双因子认证所取代，越来越多的新技术（如指纹识别、声音识别、虹膜识别等生物学技术）将更广泛地应用于金融服务领域。

4. 法律法规的不断完善将会促进网络支付的进一步发展

目前不少国家为电子签名立法，确定电子签名的合法性，使网络支付的法律环境不断完善，并进一步促进网上支付的发展。由于网络支付直接涉及资金转移，各国的金融监管部门都对第三方支付平台的运营规范高度关注，并在进一步完善准入制度，以维护稳定的市场秩序，促进支付企业合法规范经营。

5. 中国互联网支付在国际支付网络中的地位将越来越重要

中国电子商务广阔的市场前景吸引了许多国外电子商务网站，2003 年 6 月 eBay 收购了中国最大的电子商务网站易趣；2004 年 11 月中旬，全球最大的网上书店亚马逊收购中国最大的 B2C 网站卓越网；2005 年 8 月，Yahoo 收购国内最大的 B2B 网站阿里巴巴 35％的股份。国外企业一系列的收购反映了中国电子商务市场的成长前景，也说明中国的电子商务在全球市场的份额将会不断上升。电子商务的发展必将带动中国的网络支付市场的发

展，中国互联网支付在国际支付网络中的地位将越来越重要。为解决电子商务安全交易的问题，中国银联 2005 年推出的电子商务安全认证体系 CUP Secure，给中国的电子商务交易加上了一道安全的防护锁，同时也结束了中国各金融机构长期使用国外 VISA、MC 的 3-D 标准的历史。随着越来越多的电子商务网站和银联的全面合作，中国银联在互联网支付领域将发挥着越来越重要的作用。

本章小结

本章系统扼要地介绍了电子货币与支付系统的基础理论，阐述了电子货币的特点、分类和网上支付的模式，让读者全面了解这个支付系统的运作。第一节主要阐述了电子货币的发行、特征和电子现金的特点及防范措施；第二节主要介绍了网上购物流程和网上支付模式；第三节主要讨论了网上支付的现状和发展趋势。拓展电子货币的业务是经济发展的必然要求。随着不断加快的经济全球化进程以及信息技术的快速发展，货币金融体系电子化的实现将是一个必然趋势。

习　题　5

一、单选题

1. ________的特点是货币本身保管在微机的硬盘中。

   A. 网络型电子货币　　B. IC 卡型电子货币

   C. 信用卡性电子货币　　D. 存款利用型电子货币

2. 电子货币发行和运行的流程分为发行、流通和________。

   A. 回收　　B. 废弃

   C. 支付　　D. 再利用

3. “电子货币的使用者 X 向电子货币的发行者 A（银行、信用卡公司等）提供一定金额的现金或存款并请求发行电子货币，A 接受了来自 X 的有关信息之后，将相当于一定金额电子货币的数据对 X 授信”是描述电子货币发行和运行流程中的________。

   A. 发行　　B. 流通

   C. 回收　　D. 支付

4. 闭环型电子货币是指________。

   A. 用于一次性支付的余额信息必须返回到发行主体的电子货币

   B. 余额信息在个人或企业之间可以辗转不断地流通下去的电子货币

   C. 信息的流通路径没有限定的终点的电子货币

   D. 余额信息不需要返回主体的电子货币

5. 开环型电子货币是指________。

   A. 信息的流通路径有一定限定的终点的电子货币

   B. 信息的流通路径没有限定的终点的电子货币

   C. 余额信息必须返回到发行主体的电子货币

   D. 余额信息必须返回到发卡银行的电子货币

二、简答题

1. 电子货币有哪些特征？
2. 数字现金的特点是什么？
3. 阐述电子商务网上购物流程。
4. 网上支付模式有哪些？

第 6 章　网络营销

6.1　网络营销概述

6.1.1　网络营销的概念

1. 网络营销的产生与发展

在信息网络年代，网络技术的发展和应用改变了信息的分配和接受方式，改变了人们生活、工作、学习、合作和交流的环境，企业也必须积极利用新技术变革企业经营理念、经营组织、经营方式，搭上技术发展的便车，促使企业飞速发展。网络营销是适应网络技术发展与信息网络年代社会变革的新生事物，必将成为跨世纪的营销策略。

随着 Internet 作为信息沟通渠道在商业上的使用，Internet 的商用潜力被挖掘出来，显示出巨大威力和发展前景。市场营销是为创造个人和组织的交易而规划和实施创意、产品、服务构思、定价、促销和分销的过程。网路营销以互联网络为媒体，以新的方式、方法和理念实施营销活动，更有效地促成个人和组织交易活动的实现。“网络营销”在国外有很多译名，如 Cyber Marking，Internet Marking，Network Marking，e-Marking 等。目前，习惯上采用的翻译方法是 e-Marking，e 表示电子化、信息化、网络化，既简洁又直观明了，而且与电子商务（e-Business）、电子虚拟市场（e-Market）等对应。

网络营销的发展是伴随信息技术的发展而发展的，目前信息技术的发展，特别是通信技术的发展，促使互联网络成为一个辐射面更广、交互性更强的新型媒体，它不再局限于传统的广播电视等媒体的单向性传播，而且还可以与媒体的接收者进行实时的交互式沟通和联系。网络营销的效益是网络使用人数的平方，随着入网用户的指数增加，网络的效益也随之以更大的指数倍数增加。网络营销的基本构架可用图 6-1 来描述，其要点为：

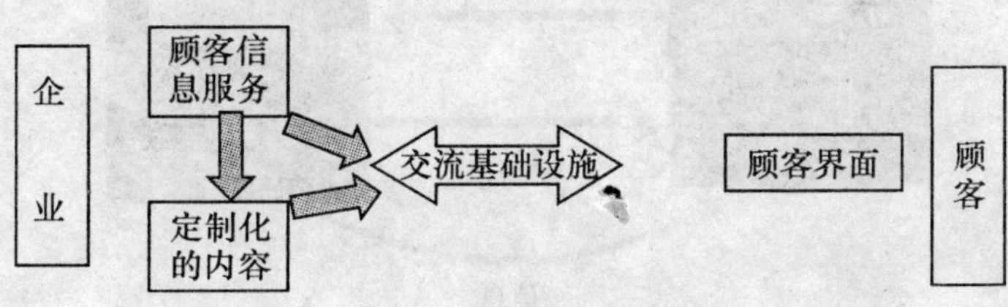

图 6-1　网络营销基本结构

- 强大的信息处理技术加全面的顾客关系信息；
- 高度细分和定制化的信息传输；
- 高频率、大覆盖率的通信网络；
- 带有视听及独创设计的用户友好人机界面。

另外网络营销的体系中也包括网络营销的环境因素问题，图 6-2 表示了企业网络营销宏观环境中的几种主要因素，图 6-3 给出了企业的内部环境因素，主要指企业内相互关联的部门。

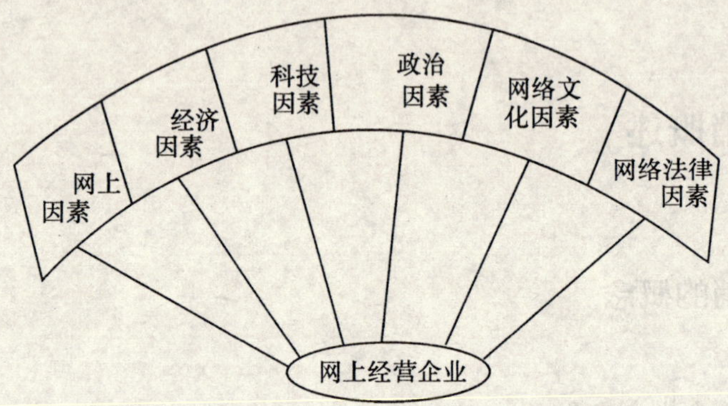

图 6-2　网上经营企业宏观环境中的主要因素

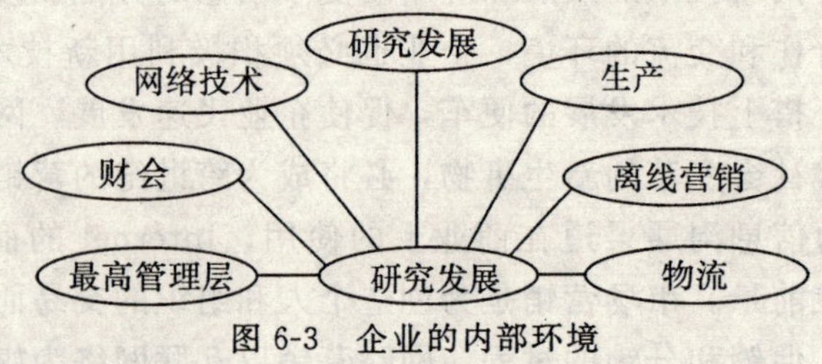

图 6-3　企业的内部环境

2. 网络营销的概念与特点

(1) 网络营销的概念

① 交换与交易的关系

图 6-4 是一个简单的营销系统，市场买方集团通过各种渠道了解市场信息，买卖双方进行沟通，双方协商好，买方支付货币，卖方将产品送货上门。

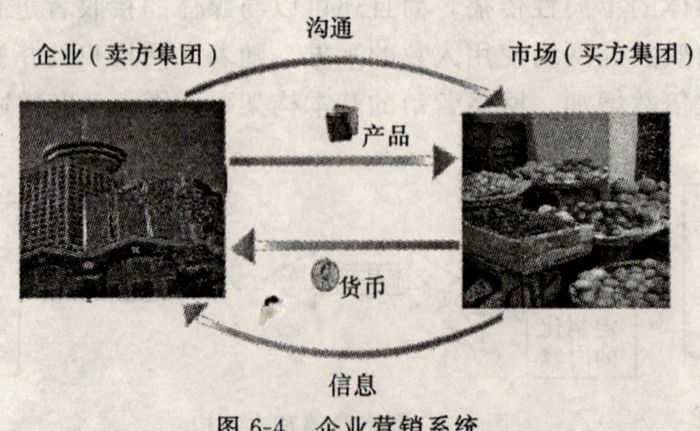

图 6-4　企业营销系统

交换活动的实施可以称为交易。只要消费者将货币递给商人，一项交易就发生了。交换与交易的区别见图 6-5。

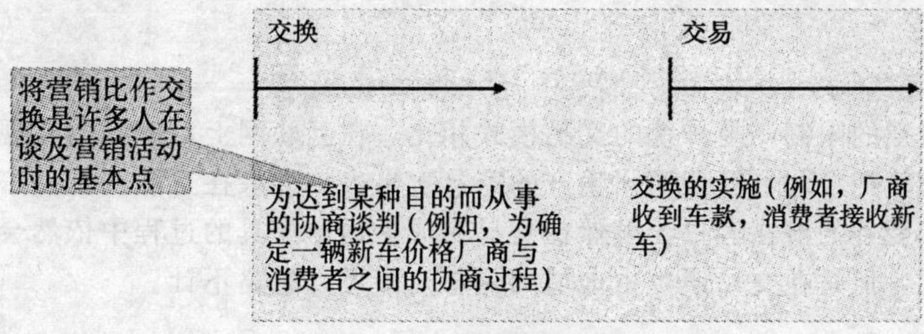

图 6-5 交换与交易的关系

② 营销与科学技术的关系

信息沟通方式和渠道随着科学技术的不断进步和发展发生了很大变化，为买卖双方的相互了解提供了很大的方便，使互联网逐渐渗透到企业营销活动中，如图 6-6 和图 6-7 所示。

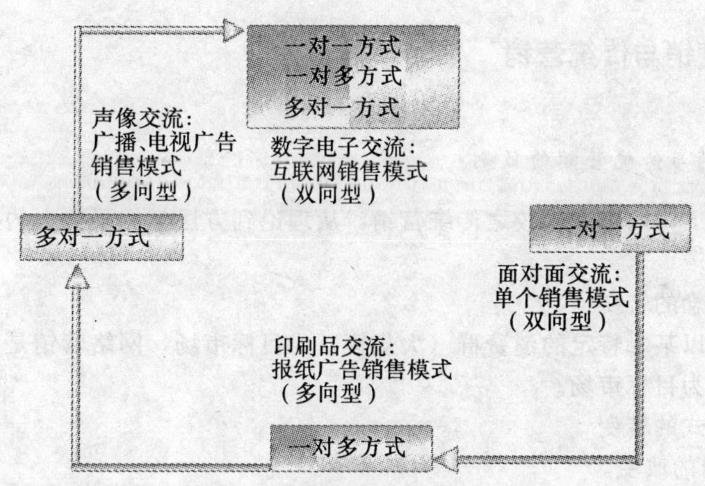

图 6-6 信息沟通方式的演变

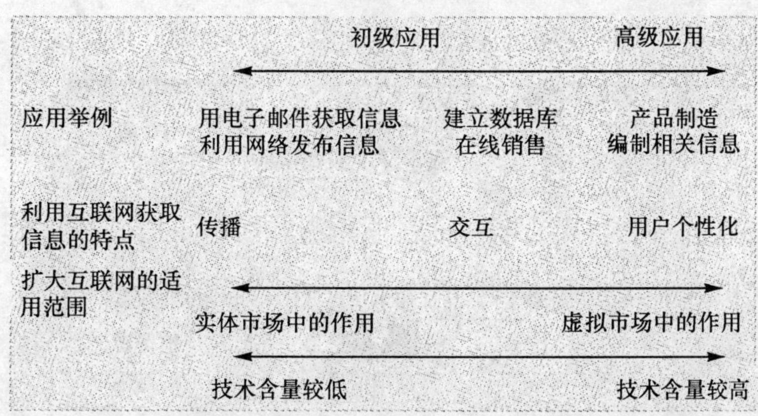

图 6-7 互联网在营销活动中的应用

简单来讲，网络营销是指借助计算机网络、数据通信来实现企业营销目的的活动。

（2）网络营销的特点

互联网所创造的营销环境使营销活动的范围和方式变得更灵活，所以网络营销呈现出以下特点：

① 跨时空

地理和时空的限制，与传统的交易模式相比，在互联网上对交易的实现就显得不太重要。假如你打算把在北卡罗莱那州生产的家具卖出去。如果在互联网上做广告，就有可能吸引泰国首都曼谷的潜在客户。虽然在交易完成后运送家具的过程中依然会有困难，因为要绕地球半圈，但是在交易谈判中地域间隔却几乎可以忽略不计。

② 多媒体

互联网络被设计成可以传输多种媒体的信息，如文字、声音、图像等信息，使得为达成交易进行的信息交换可以采用多种形式进行，可以充分发挥营销人员的创造性和能动性。

③ 交互式

所谓交互式，就是指厂商可以通过网站与顾客进行实时交流，向顾客提供具体的信息，也可以从顾客那里收集市场情报、了解顾客的满意度等。

6.1.2 网络营销与传统营销

1. 网络营销与传统营销的区别

在网络环境下，网络营销较之传统营销，从理论到方法都有了很大的变化，这种变化表现在：

（1）营销理念的转变

传统营销是以某一特定的消费群（大规模）为目标市场，网络营销是以某一特定的消费者（小规模）为目标市场。

（2）沟通方式的转变

① 信息输送的改变。

传统营销的信息输送是单向的信息沟通模式，而网络营销是交互式双向信息沟通模式，如图 6-8。

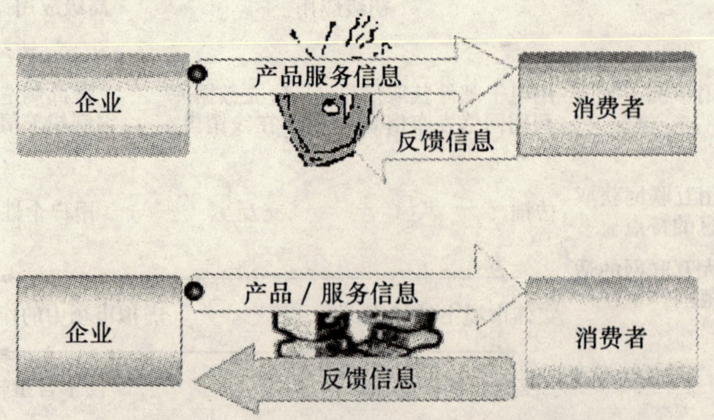

图 6-8 传统信息沟通模式和网络信息沟通模式的比较

② 信息内容的局限性

网络营销使企业在简单的广告语中可以通过链接的方式很容易地将客户带到他所感兴趣的、宣传企业产品和服务的页面上。

(3) 营销策略的改变

传统营销无法实现全程营销，因为消费者与企业之间的沟通费用太高。而网络营销可以使企业通过电子布告栏（BBS）、在线讨论广场和电子邮件（E-mail）等方式，以极低的成本在营销的全过程对消费者进行即时的信息搜集，使消费者有机会对从产品设计到定价以及服务的一系列问题发表意见，真正实现全程营销。所谓全程营销是指必须由产品的设计阶段就开始充分考虑消费者的需求与意愿。

(4) 方便性

网络营销比传统营销更能满足消费者对购物方便的需求，网络消除了原本的空间距离，网络提供 24 小时服务，使消费者可以随时查询所需商品或企业的信息并在网上购物。

2. 网络对传统营销的冲击

(1) 对营销渠道的冲击

在网络营销中，渠道不再意味着中间商、分销商等概念，也不再意味着特约加盟店、连锁店。

(2) 对定价策略的冲击

Internet 将导致国际价格水平标准化或至少缩小国别间的价格差别。这对于执行差别化定价策略的公司不能不说是一个严重问题。

(3) 对广告策略的冲击

首先，网络广告不再具有时间、空间的限制，而且，表现形式更多样化；其次，网络广告的效果更易监测、检验，可以科学、准确地获知广告用户的信息，可以便于及时修订广告计划、方案、形式，更具针对性、实效性。

(4) 对标准化产品的冲击

互联网的交互性，使厂商能够很容易地对消费者行为方式和偏好进行跟踪，所以在网络时代的今天，对不同的消费者提供不同的商品将不再是天方夜谭，对于某一种产品，哪怕客户只要一件，也得照单提供。

(5) 对顾客关系的冲击

因特网有力量改组公司同顾客的关系。简单地说，这是因为互联网使顾客能够控制他们自己作为产品和服务潜在购买者的价值。

网络信息中介商的出现帮助买主从卖主那里获取更多的产品和服务信息，帮助潜在的买主很容易地理解他们可能在哪里找到自己所需要的信息资源，从而作出比较，让用户能够以最小的成本投入获得最大的利益，如图 6-9 所示。

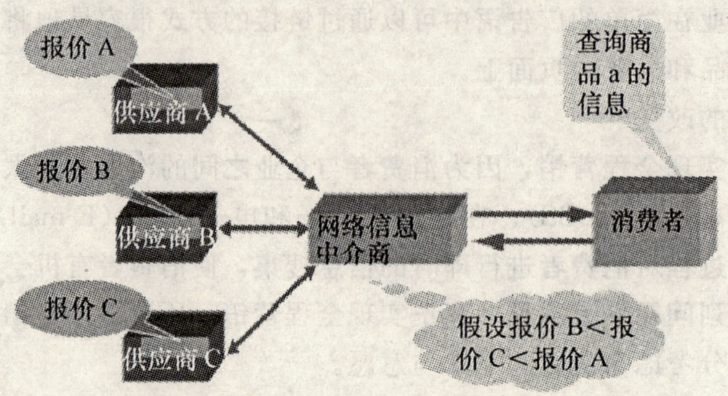

图 6-9 互联网如何让用户以最小的成本投入获得最大的利益

6.1.3 网上的消费行为

1. 网络消费的心理动机

由于 Internet 的技术性，网民一般学历知识较高，购买能力比较强，因此从市场营销角度看，这些网民属于消费领导型，而且具有很高的购买潜力和消费能力，存在巨大的网上商机。因此网络消费者的购买行为是营销的重要因素。传统的商务活动中，消费者仅仅是商品或劳务的购买者，对于整个流通过程的影响往往只有在最后的阶段才能显示出来，而且影响的范围较小。而在网络营销中，每一个消费者首先是一个不断变化的虚拟网络环境中的"冲浪者"，它一方面扮演着个人购买者的角色，另一方面则扮演着社会消费者的角色，起着引导社会消费的作用。所以，网络消费者的消费行为是个人消费与社会消费的复合作用。

研究网络消费者的消费行为，首先要研究网络消费者的消费动机，只有了解、分析和掌握网络消费者真实的购买动机，才能够恰当地选择和使用促销手段。

所谓动机，是指推动人进行活动的内部原动力（内在的驱动力），即激励人行动的原因。它是一种内在的心理状态，不容易被直接观察到或被直接测量出来，但可根据人们长期的行为表现或自我陈述加以了解和归纳。对于网络营销来说，动机研究更为重要。因为网络促销是一种不见面的销售，网络消费者复杂的、多层次的、交织的和多变的购买行为不能直接观察到，只能够通过文字或语言的交流加以想象和体会。

网络消费者的购买动机基本上可以分为两大类——需求动机和心理动机。前者是指人们由于各种需求，包括低级的和高级的需求而引起的购买动机，而后者则是由于人们的认识、感情、意志等心理过程而引起的购买动机。

(1) 网络消费者的需求动机

虚拟社会中人们联系的基础实质是人们希望满足虚拟环境下三种基本的需要：兴趣、聚集和交流。

① 兴趣

虚拟社会的网民之所以热衷于网络漫游，是因为对网络活动抱有极大的兴趣。这种兴趣的产生，主要出自于两种内在驱动：一是探索的内在驱动力。人们出于好奇的心理探究秘密，驱动自己沿着网络提供的线索不断地向下查询，希望能够找出符合自己预想的结果，有时甚至到了不能自拔的境地。二是成功的内在驱动力。当人们在网络上找到自己需求的资料、软件、游戏，或者打入某个重要机关的信息库时，自然产生一种成功的满足感。

② 聚集

虚拟社会提供了具有相似经历的人们聚集的机会，这种聚集不受时间和空间的限制，并形成富有意义的个人关系。通过网络而聚集起来的群体是一个极具民主性的群体。在这样一个群体中，所有成员都是平等的，每个成员都有独立发表自己意见的权利，使得在现实社会中经常处于紧张状的人们渴望在虚拟社会中寻求到解脱。

③ 交流

聚集起来的网民，自然产生一种交流的需求。随着这种信息交流频率的增加，交流的范围也在不断地扩大，从而产生示范效应，带动对某些种类的产品和服务有相同兴趣的成员聚集在一起，形成商品信息交易的网络，即网络商品交易市场。这不仅是一个虚拟社会而且是高一级的虚拟社会。在这个虚拟社会中，参加者大都是有目的的，所谈论的问题集中在商品质量的好坏、价格的高低、库存量的多少、新产品的种类等。他们所交流的是买卖的信息和经验，以便最大限度地占领市场，降低生产成本，提高劳动生产率。对于这方面信息的需求，人们永远是无止境的。这就是电子商务出现之后迅速发展的根本原因。

(2) 网络消费者的心理动机

网络消费者购买行为的心理动机主要体现在三个方面：

① 理智动机

这是一种建立在人们对于在线商场推销的商品的客观认识基础上的购买动机。众多网络购物者，大多是中青年，具有较高的分析判断能力。他们的购买动机是在反复比较各个在线商场的商品之后才作出的，对所要购买的商品的特点、性能和使用方法，早已心中有数。理智购买动机具有客观性、周密性和控制性的特点。在理智购买动机驱使下的网络消费购买动机，首先注意的是商品的先进性、科学性和质量高低，其次才注意商品的经济性。这种购买动机的形成，基本上受控于理智，而较少受到外界气氛的影响。

② 感情动机

这是一种由于人的情绪和感情所引起的购买动机。这种购买动机还可以分为两种形态：一种是低级形态的感情购买动机，它是由于喜欢、满意、快乐、好奇而引起的。这种购买动机一般具有冲动性、不稳定性的特点；另一种是高级形态的感情购买动机，它是由于人们的道德感、美感、群体感所引起的，具有较大稳定性、深刻性的特点。

③ 惠顾动机

这是一种基于理智经验和感情之上的，对特定的网站、图标广告、商品产生特殊的信任与偏好而重复地、习惯性地前往访问并购买的一种动机。惠顾动机的形成，经历了人的意志过程。从它的产生来说，或者是由于搜索引擎的便利、图标广告的醒目、站点内容的吸引，或者是由于某一驰名商标具有相当的地位和权威性，或者是因为产品质量在网络消费者心目中树立了可靠的信誉。这样，网络消费者在为自己作出购买决策时，心目中首先确立了购买目标，并在各次购买活动中克服和排除其他的同类水平产品的吸引和干扰，按照事先决策实施购买行动。具有惠顾动机的网络消费者，往往是某一站点的忠实浏览者。他们不仅自己经常光顾这一站点，而且对众多网民也具有较大的宣传和影响功能，甚至在企业的商品或服务一时出现某种过失时，也能予以谅解。

2. 网络消费需求的特点

由于互联网商务的出现，消费观念、消费方式和消费者的地位正在发生着重要的变化，使当代消费者心理与以往相比呈现出新的特点和趋势。

(1) 个性消费的回归

在过去相当长的一个历史时期内，工商业都是将消费者作为单独个体进行服务的。在这个时期内，个性消费是主流。只是到了近代，工业化和标准化的生产方式才使消费者的个性被淹没于大量低成本、单一化的产品洪流之中。然而，没有一个消费者的心理是完全一样的，每一个消费者都是一个细分市场。心理上的认同感已成为消费者作出购买品牌和产品决策的先决条件，个性化消费正在也必将再度成为消费的主流。

(2) 网络消费者的需求具有明显的差异性

不同的网络消费者因所处的时代、环境不同而产生不同的需求，所以，从事网络营销的厂商如果要想取得成功，必须在整个生产过程中，从产品的构思、设计、制造，到产品的包装、运输、销售，认真思考这种差异性，并针对不同消费者的特点，采取有针对性的方法和措施。

(3) 消费主动性增强

在购买中，消费者会主动通过各种可能的途径获取与商品有关的信息并进行分析比较。这些分析也许不够充分和准确，但消费者却可从中获得心理上的平衡，以减少风险感或减少购买后产生后悔感的可能。消费主动性的增强来源于现代社会不确定性的增加和人类追求心理稳定和平衡的欲望。

(4) 对购买方便性的需求与购物乐趣的追求并存

一部分工作压力较大、紧张度高的消费者会以购物的方便性为目标，追求时间和劳动的尽量节省，特别是那些需求和品牌选择都相对稳定的日常消费者；另一部分消费者可以自由支配时间，他们希望通过购物给他们带来乐趣，满足他们的心理需求。

(5) 价格仍然是影响消费心理的重要因素

虽然营销工作者倾向于以各种差别化来减弱消费者对价格的敏感度，避免恶性削价竞争，但价格始终对消费心理有重要影响。只要价格降幅超过消费者的心理界限，消费者也难免会怦然心动而改变既定的购物原则；另一方面，消费者可以通过网络联合起来向厂商讨价还价，使消费者具有很强的要价能力，从企业定价转换为消费者引导定价。

(6) 网络消费仍然具有层次性

网络消费本身是一种高级的消费形式，但就其消费内容来说，仍然可以分为由低级到高级的不同层次。在网络消费的开始阶段，消费者侧重于精神产品的消费，到了网络消费的成熟阶段，消费者在完全掌握了网络消费的规律和操作，并且对网络购物有了一定的信任感后，消费者才会从侧重于精神消费品的购买转向日用消费品的购买。

(7) 网络消费者的需求具有交叉性

在网络消费中，各个层次的消费不是相互排斥的，而是具有紧密的联系，需求之间广泛存在着交叉的现象。例如，在同一张购物单上，消费者可以同时购买最普通的生活用品和昂贵的饰品，以满足生理的需求和尊重的需求。这种情况的出现是因为网络虚拟商店可以囊括几乎所有商品，人们可以在短时间里浏览多种商品，因此产生交叉性的购买需求。

(8) 网络消费需求的超前性和可诱导性

电子商务构造了一个世界性的虚拟大市场，在这个市场中，最先进的产品和最时髦的商品会以最快的速度与消费者见面。具有创新意识的网络消费者必然很快接受这些新的商品（包括国内的和国外的），从而带动周围消费层新一轮的消费热潮。

(9) 网络消费中女性占主导地位

专家们通过调查，发现女性在家庭消费中占主导地位，而且丈夫、孩子、父母的消费购买也大多由女性来承担，女性购买过程中自我优势很强。

3. 网络消费者的购买过程

网络消费者的购买过程可以粗略地分为五个阶段：诱发需求，收集信息，比较选择，购买决策，购后评价。具体见图6-10。

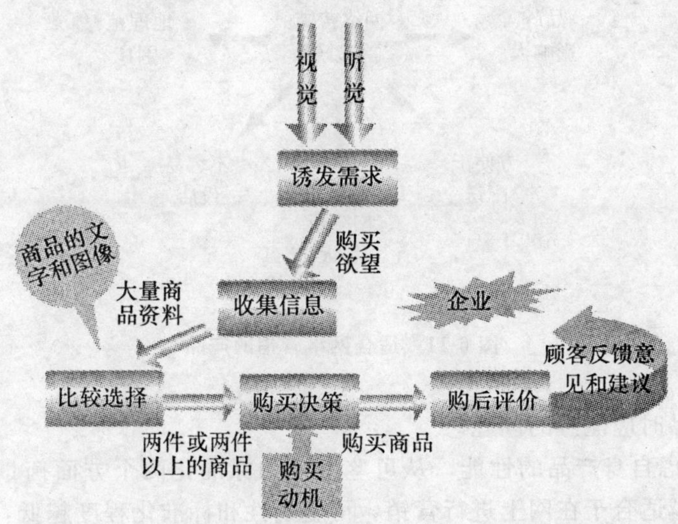

图6-10　互联网如何让用户以最小的成本投入获得最大的利益

6.2 网络营销策略

6.2.1 产品策略

网络营销与传统营销一样，在虚拟的网络市场上，营销者必须以各种产品，包括有形的和无形的产品，来实现企业的营销目标。

1. 产品选择策略

(1) 产品选择范围

一般而言，企业在网络营销时，可首先选择高技术性能的、与电脑相关的、地理范围广的、不容易设店的、网络市场大的、方便配送的、品牌影响大的和网络费用低的产品。如图 6-11。

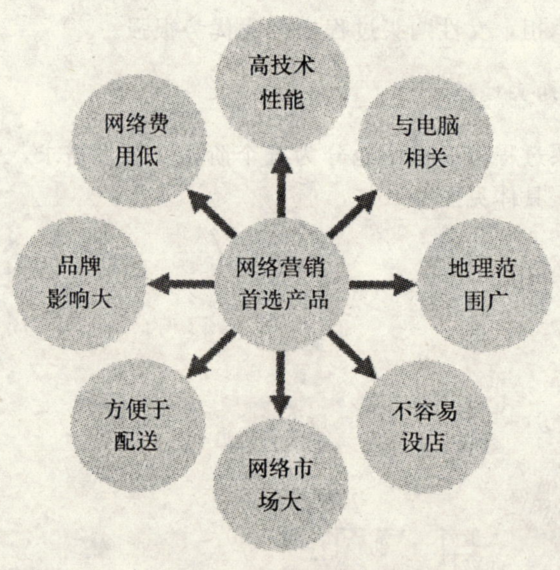

图 6-11 适合网络营销的产品

(2) 选择产品时应注意的问题

① 要充分考虑自身产品的性能，从可鉴别性和标准化两个方面衡量，可鉴别性和标准化程度越高，越适合于在网上进行营销，可鉴别性和标准化程度越低，则越不适合于在网上进行营销。

② 要充分考虑实物产品的营销区域范围及物流配送体系，避免出现远距离无法实现配送和可配送但物流费用过大两个问题，如果不考虑现实可操作性和经济性，企业信誉就可能降低。

2. 销售服务策略

(1) 网络营销销售服务的类型，主要包括网络营销的售前服务、网络营销的售中服务和网络营销的售后服务三种类型。

(2) 网络营销服务策略，主要包括完善的数据库系统、网络的消费者论坛和网上自动服务系统。

6.2.2 定价策略

定价就是一个公司怎么把它提供给消费者的利益转变成为它所得到的利润。一般来说，如果使用互联网会增加渠道效率，那么公司能降低成本。具有很强互联网表现的几家公司通过互联网可以大幅度降低成本。

1. 影响定价的因素

(1) 成本因素

那些正在进行网上销售的企业在降低边际成本方面具有经济优势，这一优势使企业得以吸引更多的客户。具体见表6-1。

表6-1　**传统方式和互联网方式的成本比较**

传统方式	平均数额	互联网方式	平均数额
电话交易成本再加上相关的客户服务费用	5.00	网上自动交易成本	0.01
银行交易成本	1.07	网上银行交易成本	0.01
机票交易成本	8.00	网上机票交易成本	1.00

(2) 供求关系

一般而言，当商品供小于求时，企业产品的营销价格可能会高一些；反之，则可能低一些。在供求基本一致时，企业市场营销中商品的售价，多数都为买卖双方能够接受的“均衡价格”。

(3) 竞争因素

竞争越充分，消费者讨价还价的能力越强，消费者的主动权也就越大，定价越有利于消费者；反之，竞争不够激烈，市场主动权倾向于卖方市场，定价就有利于商家。

2. 网络的定价策略

(1) 个性化定价策略

所谓的个性化定价策略就是指利用网络互动性的特征，根据消费者对产品外观、颜色等方面的具体需要，来确定商品价格的一种策略。

(2) 声誉定价策略

对于形象、声誉较好的企业来说，在进行网络营销时，价格相应可高一些；反之，价格则低一些。

(3) 网络促销定价策略

① 免费

网景（www.netscape.com）将它的浏览器无偿地提供给用户，如图 6-12 所示，以此来建立客户对网景产品的忠诚度，目的是为了随后向大量的用户出售它的服务器软件。

② 折扣

美国亚马逊网上书店将网络信息传递所节省的费用，通过折扣的形式转移到顾客身上，既可使顾客充分领略到现代交易方法的优越性，也使自己的书店成为世界上图书销售量最大的无国界的书店。

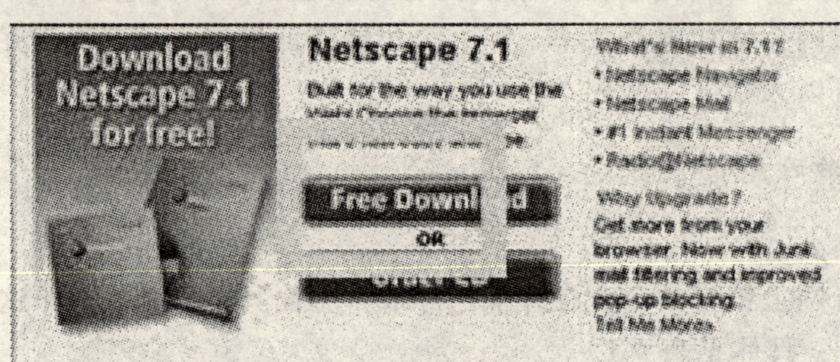

图 6-12　网景公司的免费策略

6.2.3　分销策略

在网络营销活动中，要想实现商品由推销方向购买方转移，企业必须通过一定的分销策略来实现网络营销目标。

1. 网络渠道结构

根据商品从生产商开始到最终消费者手中的中间流通过程有无中间商，传统营销渠道可以分为直接分销渠道和间接分销渠道。包括：

(1) 零级分销渠道，指生产者直接将商品卖给消费者的营销渠道，由于没有中间商，因而又叫做直接分销渠道。

(2) 一级分销渠道，指生产者经过一个中间商（零售商）将商品卖给消费者的营销渠道。

(3) 二级分销渠道，指生产者经过两个中间商（批发商和零售商）将商品卖给消费者的营销渠道。

(4) 三级分销渠道，指生产者经过三个中间商（批发商＋中间商＋零售商）将商品卖给消费者的营销渠道。

传统营销渠道结构如图 6-13。

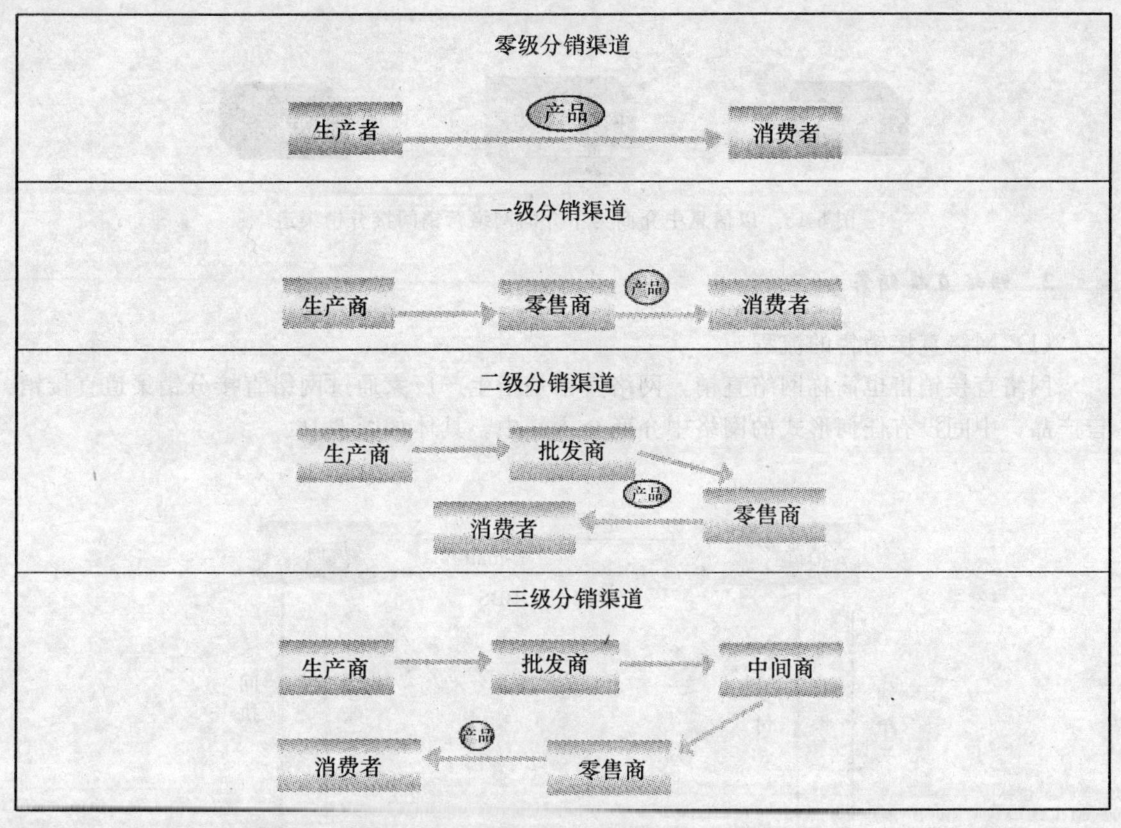

图 6-13 传统营销渠道结构

相对于传统的营销渠道，网络营销渠道也可分为直接分销渠道和间接分销渠道，但结构要简单得多。

(1) 直接分销渠道，也称直销渠道，生产商直接和消费者进行交易，不存在任何中间环节，这里的消费者可以是指个人消费者，也可以是指进行生产性消费或者集团性消费的企业和商家。

(2) 有中介商介入的间接分销渠道

这里分销渠道中的两种中介商的职能是不同的：第一种类型的中介商（商品服务中介商）与传统渠道中的中介商一样，起着将产品由生产领域向消费领域转移的作用，如图 6-14。第二种类型的中介商（网络信息中介商）本身不经营任何商品和服务，仅仅凭借其掌握的大量相关信息沟通买方和卖方之间的交易，如图 6-15。

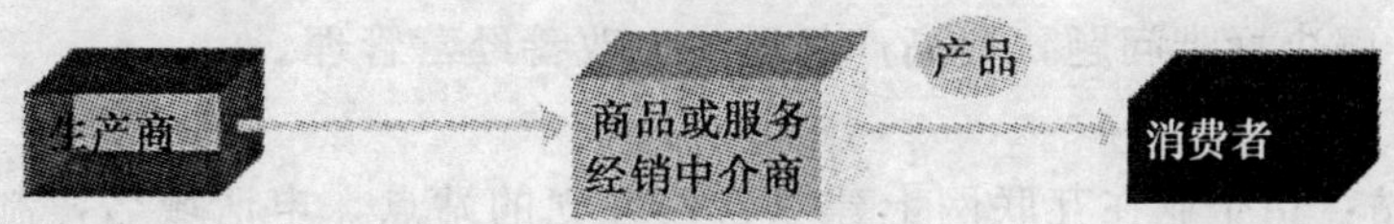

图 6-14 以商品或服务经销商为中介的网络营销间接分销渠道

图 6-15　以信息中介商为中介的网络营销间接分销渠道

2. 网络直接销售

(1) 网络直接销售的流程

网络直接销售也简称网络直销，网络直销是指生产厂家通过网络直接分销渠道直接销售产品，中间没有任何形式的网络中介商介入其中。具体如图 6-16。

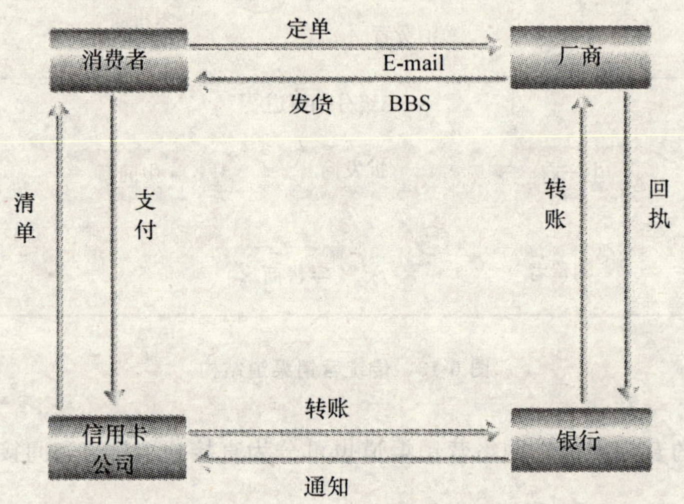

图 6-16　网络直接销售流程图

(2) 网络直销的特点

① 网络直销促成产需直接见面。

② 网络直销对买卖双方都有直接的经济利益。网络直销降低了企业的营销成本，使网络营销的产品更具有竞争力。

③ 营销人员可以利用网络工具，如电子邮件、公告牌等，随时根据用户的愿望和需要，开展各种形式的促销活动，迅速扩大产品的市场占有率。

④ 企业能够通过网络及时了解到用户对产品的意见和建议，并针对这些意见和建议提供技术服务，解决疑难问题，提高产品质量，改善经营管理。

(3) 网络直销的形式

① 自建网站：指企业在互联网上建立自己独立的站点，申请域名，制作主页和销售网页，由网络管理员专门处理有关产品的销售事务。这种方式具有提高企业形象，有利于开展企业促销和形成有效沟通的优点；但同时也有一些缺点，如费用开支较大，需要专门的维护人员，容易带来负面影响。

② 利用网络中介服务商直销商品：利用网络中介服务商，企业可以节省费用，免去了维护、设计和更新的工作，可以集中精力于自己的核心优势，树立专业的企业形象。

3. 网络间接销售

商品和服务的推销者不直接面对消费者，消费者也不直接面对推销者。商品和服务通过网络商品交易中介机构完成向消费者的转移。利用网络商品交易中介充当生产商和消费者之间的纽带和桥梁，可以简化生产商和消费者之间的关系。两者之间的比较可以通过图 6-17 和图 6-18 来描述。图 6-17 是没有网络中介商的交易关系，图 6-18 是存在网络中间商的交易关系。网络间接分销渠道的流程如图 6-19。

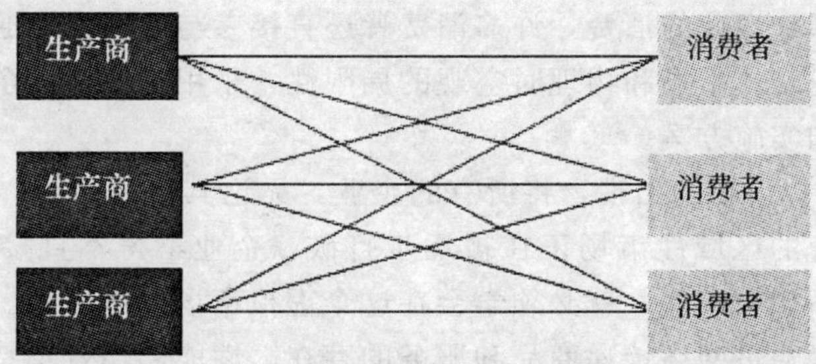

图 6-17　没有网络中介商的交易关系

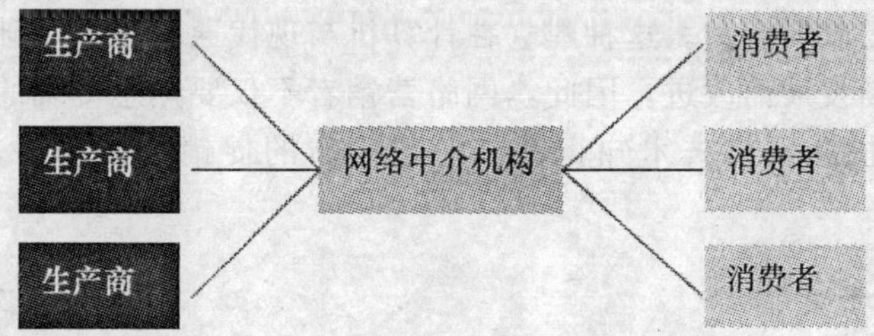

图 6-18　存在网络中介商的交易关系

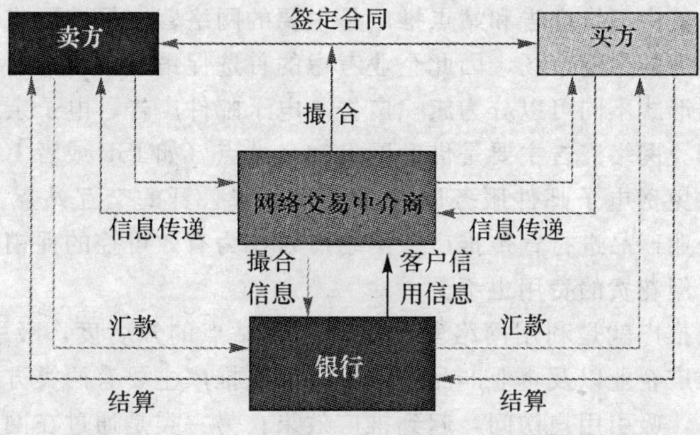

图 6-19　网络间接分销渠道的流程

6.2.4 促销策略

网络促销策略指企业以利用各种信息传播手段刺激消费者购买欲望，进而促进产品销售的方式来实现其营销目标。

1. 网络促销的特点

(1) 网络促销是在 Internet 这个虚拟市场环境下进行的。作为一个连接世界各国的大网络，它聚集了全球的消费者，融合了多种生活和消费理念，显现出全新的无地域和时间限制的电子时空观。在这个环境中，消费概念和消费行为都发生了很大的变化。消费者普遍实行大范围的选择和理性的消费，许多消费者还直接参与生产和流通的循环，因此，网络营销必须突破传统实体市场和物理时空观的局限性，采用虚拟市场全新的思维方法，调整自己的促销策略和实施方案。

(2) Internet 虚拟市场的出现，将所有的企业，无论其规模大小，都推向了一个统一的全球大市场，传统的区域性市场正在被逐步打破，企业不得不直接面对激烈的国际竞争。如果一个企业不想被淘汰，就必须学会在这个虚拟市场中做生意。

(3) 网络促销是通过网络传递商品和服务的存在、性能、功效及特征等信息。多媒体技术提供了近似于现实交易过程中的商品表现形式，双向的、快捷的信息传播模式，将互不见面的交易双方的意愿表达得淋漓尽致，也留给对方充分思考的时间。在这种环境下，传统的促销方法显得软弱无力。这种建立在计算机与现代通信技术基础上的促销方式还将随着这些技术的不断发展而改进。因此，网络营销者不仅要熟悉传统的营销技巧，而且需要掌握相应的计算机和网络技术知识，以一系列新的促销方法和手段，促进交易双方成功。

2. 网络促销的形式

传统营销的促销形式主要有四种——广告、销售促进、宣传推广和人员推销。网络营销是在网上市场开展的促销活动，相应形式也有 4 种，分别是网络广告、销售促进、站点推广和关系营销。其中网络广告和站点推广是主要的网络营销促销形式，网络广告已经形成了一个很有影响力的产业市场，因此企业考虑的首选促销形式就是网络广告。网络广告的类型很多，根据形式不同可以分为旗帜广告、电子邮件广告、电子杂志广告、新闻组广告、公告栏广告等。网络广告主要是借助网上知名站点（如 ISP 或者 ICP）发布企业的产品信息，或者提供免费电子邮件服务以及在一些免费公开的交互站点（如新闻组、公告栏）对企业以及企业产品进行宣传推广。网络广告作为有效可控的促销手段，被许多企业用于在网上促销，但花费的费用也不少。

网络营销站点推广就是利用网络营销策略扩大站点的知名度，吸引网上流量访问网站，起到宣传和推广企业以及企业产品的效果。站点推广主要有两类方法：一类是通过改进网站内容和服务，吸引用户访问，起到推广效果；另一类是通过在网络广告宣传推广站点。前一类方法，费用较低，而且容易稳定顾客访问，但推广速度比较慢；后一类方法，可以在短时间内扩大站点知名度，但价格不菲。

销售促进就是企业利用可以直接销售的网络营销站点，采用一些销售促进方法，如价格折扣、有奖销售、拍卖销售等方式，宣传和推广产品。

关系营销是通过借助互联网的交互功能吸引用户与企业保持密切关系，培养顾客忠诚度，提高顾客的收益率。关系营销是一种营销方式，由直接响应营销发展而来，其重点是建立更为长久的客户关系而非局限于个人交易。关系营销包括了解客户在其生命周期内的需求，并提供相应的产品或服务。

6.3 网络广告

6.3.1 网络广告的概念与特点

1. 网络广告的概念

所谓网络广告，指广告主利用一些受众密集或有特征的网站摆放商业信息，并设置链接到某目的网页的过程。

2. 网络广告的特点

网络广告既不同于平面媒体广告，也不是电子媒体广告的另一种形式。它具有以下特点：

(1) 传播范围最广

网络广告的传播不受时间和空间的限制，它通过互联网络把广告信息24小时不间断地传播到世界各地。只要具备上网条件，任何人，在任何地点都可以阅读。这是传统媒体无法达到的。

(2) 交互性强

交互性是互联网络媒体的最大优势，它不同于传统媒体的信息单向传播，而是信息互动传播，用户可以获取他们认为有用的信息，厂商也可以随时得到宝贵的用户反馈信息。

(3) 针对性强

根据分析结果显示，网络广告的受众是最年轻、最具活力、受教育程度最高、购买力最强、“也最具经济头脑的投资、消费”群体，网络广告可以直接命中最有可能的潜在用户。

(4) 受众数量可准确统计

利用传统媒体做广告，很难准确知道有多少人接收到广告信息，而在Internet上可通过权威公正的访客流量统计系统精确统计出每个客商的广告被多少用户看过，以及这些用户查阅的时间分布和地域分布，从而有助于客商正确评估广告效果，审定广告投放策略。

(5) 实时、灵活、成本低

在传统媒体上做广告发版后很难更改，即使可改动往往也须付出很大的经济代价。而在Internet上做广告，能按照需要及时变更广告内容。这样，经营决策的变化也能及时实施和推广。

(6) 强烈的感官性

网络广告的载体基本上是多媒体、超文本格式文件，受众可以对感兴趣的产品了解更为详细的信息，使消费者能亲身体验产品、服务与品牌。这种以图、文、声、像的形式，传送多感官的信息，让顾客如身临其境般感受商品或服务，并能在网上预订、交易与结算，将极大增强网络广告的实效。

6.3.2 网络广告的策略

1. 定位策略

所谓网络广告定位，指网络广告宣传主题定位，就是确定诉求的重点，或者说是确定商品的卖点、企业的自我推销点。如果说网络广告创意与表现解决的是“怎么说”的问题，那么网络广告定位解决的则是“说什么”的问题。

对绝大多数网络广告作品来说，宣传的根本目的是劝说目标公众购买网络广告主的产品、劳务或提高网络广告主的知名度。用什么理由来说服呢？独特的理由，即不同于同类产品、同类服务、同类企业的理由。越独特，越不同于他人，说服效果越好。这种独特性，就是网络广告诉求的重点，也就是网络广告宣传的主题所在。

就其实质而言，网络广告定位也就是网络广告所宣传的产品、劳务、企业形象的市场定位，就是在消费者心目中为网络广告主的产品、劳务或企业形象确定一个位置，一个独特的、不同于他人的位置。产品、劳务、企业的市场位置确定了，网络广告宣传的主题、特殊理由也就确定了。

常用的网络广告定位策略主要有抢先定位、比附定位、空隙定位、品牌形象定位、企业形象定位、文化定位等。

抢先定位：人的意识有先入为主的特点，抢先占领消费者的心理位置，是很多网络广告常用的策略。特别是一些新产品，为了吸引注意力，往往采用这种策略。

比附定位：参照已经占领主要地位的商品，与自己产品相比照的方法。

空隙定位：寻找消费者心理上的需求空隙，抓住空隙进行定位的方法。

品牌形象定位：根据用户的偏好，创立品牌，一旦被接受，则产生的品牌效应会使用户的购买只是一种纯粹的品牌追求。很多产品为树立一个新的、高档次的品牌，经常使用这种策略。

企业形象定位：注重宣传企业的文化、企业的特点、企业的价值观等。创造一个好的企业形象，消费者对该企业的产品也会产生一种信任感。

文化定位：各个国家、各个地区的文化是有很大差别的，而网络广告也是以文化为基础的。在内容、形式、表达方式乃至颜色搭配等，都应该注重该用户群体的文化背景。好的广告是有针对性、有目的性的，不可能一个广告人人都喜欢，而是应该针对某个用户群体。在文化上能被接受，其宣传才有发挥的余地。

2. 市场策略

利用市场划分可以找到并描述自己的目标市场，确定针对目标市场的最佳营销策略。

按照经济地位划分。我国上网用户收入比例情况：高收入网民（4000 元/月以上为 6.9%）占少数，中等收入占多数，形成一个橄榄球型的收入结构。网络广告的重点应当是中等收入的阶层。

按人群素质划分。我国网上用户素质情况：网上用户一半以上具有大专和本科水平。网络广告有关的语言、画面应当主要照顾这一阶层的人群。

按购买量划分。购买量的大小是测定消费群体的一个重要指标，单个用户的购买量一般比较小，而且需求多样。而企业消费者则以整个企业为单位，购买量大，并且购买商品的种类较为集中。因此，根据购买量的不同，划分出不同的用户群体，网络广告在商品的促销对象上应有所选择。

按年龄划分。我国上网用户主要集中在中青年阶段，这个年龄阶段的用户成长在科学信息技术飞速发展的时代，他们具有熟练的计算机操作能力，更容易接受网络广告这种新媒体广告形式。根据各个年龄的细分，可以制定出相应的广告策略。例如，电脑游戏市场针对 18～24 岁阶段比对 41～50 岁阶段更有效。

按职业划分。我国上网用户多数为在校学生，他们构成了网络用户的主要群体，其次是教师和机关党政工作人员等，有固定收入网络用户占 55.3%，可以看出有支付能力的用户人群占大多数。针对不同职业定制不同的广告策略非常重要，因为他们所关注的商品类型有所不同。

性别划分。目前我国上网用户男性占 58.8%，女性占 41.2%。我国上网用户性别相较持平，在制定网络广告策略时，应突出性别特征，有针对性地投放广告，有的放矢。例如护肤品、化妆品的主要市场是女性，因此，该类产品的广告就应该针对女性；而剃须刀的市场以男性为主，相应的广告内容则更应该以男性为主。

(1) 投资市场策略

如何分配网络广告资金，或者说网络广告的投资重点应该放在什么样的市场，是网络广告市场策略的重点内容。根据产品生命周期，确定网络广告投资额和根据产品市场销售指数确定网络广告投资额都是有效的方法。

(2) 网络广告促销市场策略

网络广告促销的方式有两种：一种是通过商品网络广告，直接给消费者以馈赠，实质上是一种奖励购买的策略；另一种是间接促销，就是通过各种公共关系网络建立起企业的良好形象，提高企业的社会声誉，从而起到促销的作用。

3. 心理策略

消费者在购买过程的不同阶段中，有着不同的心理特征，心里策略就是指瞄准消费者购买过程中不同阶段的心里特征，进行网络广告宣传，从而引导消费者认知产品直到实现购买。网络广告心理策略 AIDAS：

A（Attention），引起消费者注意；

I（Interest），使消费者发生兴趣；

D (Desire)，使消费者产生购买欲望；

A (Action)，使购买欲望变成购买行动；

S (Satisfaction)，使消费者购买后感到满意。

消费者购买心理主要分三个阶段：认知阶段（知觉、了解），感情阶段（兴趣、偏爱），欲求阶段（确信、购买）。把握消费者购买心理对广告的有效投放非常重要，广告内容是否能吸引消费者的注意，是否能让消费者产生购买的兴趣，都是促成购买行为的重要前提。而消费后的满意程度不仅能留住老用户，还能通过口口相传，发展更多新用户。

4. 时间策略

欲速则不达，准确地把握好时间，是网络广告成功的重要部分。

(1) 时机策略：抓住有利时机，发起网络广告攻势。

(2) 时段策略：巧妙安排时段，可以保证广告的较高有效性，还有利于费用的节省。

(3) 时序策略：就是网络广告发布与商品进入市场的先后顺序。

(4) 时限策略：指在一次网络广告战役中，确定网络广告宣传时间长短以及如何使用既定网络广告时限的策略。

我国网民上网时间波动较大，抓住波峰时段施以广告宣传，比不分时段进行宣传效果更好，有效的广告投放时段，为广告主带来的效益越高。例如，晚上 21 点是上网高峰时间，为 60.9%，这个时段的广告效应就如中央电视台新闻联播前五分钟的广告一样，具有很高的影响力。

5. 导向策略

导向策略是指网络广告作品诱导公众接收网络广告信息的方式。导向策略又可分为利益导向策略、情感导向策略、观念导向策略、生活导向策略、权威导向策略和名人导向策略。

(1) 利益导向策略：就是抓住消费者注重自身利益的心理特点，注重宣传网络广告产品能给他带来的好处。

(2) 情感导向策略：网络广告宣传侧重调动消费者的某种情绪，以实现网络广告目的。

(3) 观念导向策略：侧重宣传一种新的消费观念、生活观念，可以扩展消费者的视野，开拓其需求领域，为新产品创造市场。

(4) 生活导向策略：就是网络广告宣传生活化。

(5) 权威导向策略：借权威人物、机构、事件的影响，来提高企业或产品的知名度和可信度。

(6) 名人导向策略：借名人的社会声誉，提高企业或产品的声誉。

6. 表现策略

表现策略有多种形式，其中以写实、实证、对比、衬托、夸张、渲染、悬念、娱乐、幽默、象征和定格较为常见。

(1) 写实：就是直接叙述和说明网络广告的内容。例如可以使用文字、图片或者视

频，对产品的功能、使用方法等进行展示说明。

(2) 实证：实地展现产品性能、品质的手法。很多厂家采用实地展示的方法，让消费者能够"眼见为实"，亲眼看到产品的性能。例如在超市中，经常有各种家用电器的现场展示使用，可以让消费者实地见证。

(3) 对比：通过产品的对比，更能显出某产品优越性。新老产品的对比，不同品牌间的对比，目的是让消费者看到产品的优越性。例如牙膏广告，广告词会告诉消费者，使用一般的牙膏，并不能完全保护牙齿，因为一般的牙膏不含某种物质，而本产品则含有这种能彻底清除污垢又能保护牙齿的物质。

(4) 衬托：创设网络广告意境、展示产品形象、表现网络广告主题的手法。

(5) 夸张：通过夸张手法，可以加深顾客对产品的印象。

(6) 渲染：不直接出现产品，而是通过第三方进行描述。

(7) 悬念：造成悬念，引起顾客的好奇心。

(8) 娱乐：客户参与到娱乐中，更能体现产品性能。一般是把广告内容编辑成游戏或者文艺形式。

(9) 幽默：幽默诙谐的广告，给人的印象十分深刻，是广告中常用的手法。

(10) 象征：用消费者比较熟悉的某些事物的性能特征来象征网络广告产品的某些性能。

(11) 定格：在一定的时间里，某些产品或者企业形象网络广告的诉求、重点、网络广告词、画面、色彩、布局等保持不变。

相似，是定格策略的表现形式之一。它具有定格的优点，又不拘一格，可以因时因地变动，能更完美传达网络广告主的意图。

网络广告策略是网络广告策划的最终结果，是实现网络广告目的的方法、手段。网络广告策略制定得好坏，决定了网络广告宣传的成败。往往一个成功的广告不止是使用一种策略，而是多种策略的综合运用。

6.3.3 网络广告的发布

随着网络广告的发展和逐渐呈现出的非常大的优势，越来越多企业都开始通过Internet发布自己的广告。从目前来看，企业发布自己的网络广告的方式一般有以下几种方式。企业可以根据自身的需求，从中选择一种或几种方式。

1. 主页形式

建立自己的主页，对于大公司来说，是一种必然的趋势。这不但是一种企业形象的树立，也是宣传产品的良好工具。实际上，在Internet上做广告，归根到底要设立公司自己的主页。其他的网络广告形式，无论是黄页、工业名录、免费的Internet服务广告，还是网上报纸、新闻组，都是提供了一种快速链接至公司主页的形式，所以说，在Internet上做广告，建立公司的Web主页是最根本的。主页形式是公司在Internet进行广告宣传的主要形式。

2. 专类销售网

这是一种专类产品直接在 Internet 上进行销售的方式。现在有越来越多的这样的网络出现，著名的如 Automobile Buyer's Network、AutoBytel 等。以 Autlmobile Buyer's Network 为例，消费者只要在一张表中填上自己所需汽车的类型、价位、制造者、型号等信息，然后轻轻按一下 Search（搜索）键，计算机屏幕上就可以马上出现完全满足你所需要的汽车的各种细节，当然还包括何处可以购买到此种汽车的信息。

3. 免费 Internet 服务

在 Internet 上有许多免费的服务，如国外的 http://bigfoot.com、http://www.hotmail.com 及国内的 http://www.163.net 等都提供免费的 E-mail 服务，很多用户都喜欢使用。由于 Internet 上广告内容繁多，即使公司建有自己的 Web 页面，但是需要用户主动通过大量的搜索查询工作，才能看到广告的内容。而这些免费的 Internet 服务就不同，它能帮助公司将广告主动送至使用该免费 E-mail 服务，又想查询此方面内容的用户手中。具体说来此种方式有诸多特点：

(1) 主动性强。所有的使用者都可以按照自己的喜好和兴趣选择订阅一些免费信息。一旦选择订阅了有关的信息，就可以定期地收到所订阅的信息。当然，其中包含着广告的内容。不过用户既可以随时增加订阅，也可以随时修改或停止订阅信息内容。

(2) 统计性好。每一个用户在第一次使用免费 E-mail 时，必须要详细地填写一张用户档案。这就使提供免费 E-mail 的服务商能详细地知道使用者的具体情况。

(3) 针对性强。随着免费 E-mail 会员的进一步增加，广告主还可以根据使用者的特性（地域、年龄、性别、家庭收入、职业、受教育水平、兴趣爱好、婚姻状况等），有针对性地发布自己的广告。

4. 黄页形式

在 Internet 上有一些专门的用以查询检索服务的网络服务商的站点，如 Yahoo、Infoseek、Excite 等。这些站点就如同电话黄页一样，按类别划分便于用户进行站点的查询。在其页面上，都会留出一定的位置给企业做广告。在这些页面上做广告的好处是：

(1) 针对性好，在查询的过程中都是以关键字区分的，所以广告的针对性较好。

(2) 醒目，处于页面的明显处，较易为正在查询相关问题的用户所注意，容易成为用户浏览的首选。

5. 企业名录

一些 Internet 服务提供者（ISP）或政府机构会将一些企业信息融入他们的主页中。如香港商业发展委员会（Hong Kong Trade Development Council）的主页中就融有汽车代理商、汽车配件商的名录。只要用户感兴趣，就可以直接通过链接，进入相应行业代理商（或者配件商）的主页上。

6. 网上报纸或杂志

在Internet日益发展的今天，新闻界也不落人后，一些世界著名的报纸和杂志，如美国的《华尔街日报》、《商业周刊》，国内的如《人民日报》、《文汇报》、《中国日报》等，纷纷将触角伸向了Internet，在Internet上建立自己的Web主页。而更有一些新兴的报纸与杂志，干脆脱离了传统的"纸"的媒体，完完全全地成为一种"网上报纸或杂志"，反响非常好，每天访问的人数不断上升。可以预计，随着计算机的普及与网络的发展，网上报纸与杂志将如同今天的报纸与杂志一般，成为人们必不可少的生活伴侣。对于注重广告宣传的公司，在这些网上杂志或报纸上做广告也是一个较好的传播渠道。

7. 新闻组

新闻组也是一种常见的Internet服务，它与公告牌相似，人人都可以订阅它，成为新闻组的一员。成员可以在其上阅读大量的公告，也可以发表自己的公告，或者回复他人的公告。新闻组是一种很好的讨论与分享信息的方式。对于一个公司来说，选择在与本公司产品相关的新闻组上发表自己的公告将是一种非常有效的传播自己信息的渠道。

8. 友情链接

建立友情链接要本着平等的原则，平等有着广泛的含义，网站的访问量、在搜索引擎中的排名位置、相互之间信息的补充程度、链接的位置、链接的具体形式（图像还是文本方式，是否在专门的resource网页，或单独介绍自己的网站）等，是在建立友情链接时需考虑的事情。

（1）发出邀请函

① 礼貌地开头，尽可能地找到对方网站管理员的名字，用他们的名字与其联系。称赞他们的网站提出的某些观点，这样可以抓住对方的注意力，使他们感到温暖。

② 告诉他们自己已经有一个链接指向贵方的网站，并且给出那个网页的URL地址，如果自己给对方一个有价值的链接，甚至还有对网站的简单介绍，那么自己可能得到更多的回报。

③ 告诉对方自己的网站提供什么产品或服务，自己已经浏览过他们的网站，并知道贵方的网站访问者对什么感兴趣，与他们建立链接的理由就是自己的网站与他们有着相同或相近的主题，也就是说，可以提供其他有价值的信息给贵方的访问者。

（2）向谁发函

需要与那些访问量大的网站建立链接，一个有效的办法就是在搜索引擎中查找网站，然后浏览结果列表前面的网站，选择与自己的主题相似或互补的网站。

（3）选择对方网站

建立友情链接不仅仅是为了增加访问量，还应对你的网站内容起补充的作用，以便更好地服务你的用户，如果你链接了大量低水平的网站，用户将不会再来了。

（4）信守承诺

互惠链接一个基本的原则就是诚实。事实上，网站管理员很少有时间来查看已建立互惠链接的网站，他们信任其他的网站管理员，所以，不要把别人的链接随意地删除，维护他人利益的同时，也保护了自己。

9. 使用电子邮件和电子邮件列表发布广告

网络世界中另外一种广告发布形式正在被更多的商家所利用，即电子邮件广告。它是广告主将广告信息以 E-mail 的方式发送给有关的网上用户。

Internet 还有一种可供使用的资源，就是电子邮件列表。电子邮件列表非常流行，在 Internet 上有 10 万多个邮件列表，或超过这个数字，因为没有人知道确切的数字，其中对外公开开放的超过 5 万多个。如果要使用电子邮件列表，可以有两种选择：一种是建立自己的邮件列表服务器；另一种方式是租借其他公司的电子邮件列表。

10. 利用网上 IP 电话和网上传真发布广告

IP 是英文“Internet Protocol”的缩写，我国标准的译名为“网际协议”，它是利用网络进行通信交流必须遵守的网上通信协议。IP 电话就是以 IP 为基础的网络电话。目前所称的 IP 电话严格讲就是 Internet 电话。网络传真是通过互联网络使传真件发送到普通传真机上或对方的 E-mail 信箱中的服务，这种服务的开通为 Internet 用户提供了便捷的通信方式，而且传真通信费用降至普通传真的 70%左右。

6.4 案　例

网络营销案例——亚马逊书店的商业战略

亚马逊书店（amazon. com）是世界上销售量最大的书店。它可以提供 310 万种图书目录，比全球任何一家书店的存书要多 15 倍以上。而实现这一切既不需要庞大的建筑，也不需要众多的工作人员，亚马逊书店的 1 600 名员工人均销售额 37. 5 万美元。这一切的实现，电子商务在其中所起的作用十分关键。

亚马逊书店的商业活动主要表现为营销活动和服务活动。其工作的中心就是要吸引顾客购买它的商品，同时树立企业良好的形象。亚马逊书店的商业战略简介如下。

1. 经营销售

亚马逊书店的营销活动在其网页中体现得最为充分。亚马逊书店在营销方面的投资也令人注目：现在，亚马逊书店每收入 1 美元就要拿出 24 美分搞营销、拉顾客，而传统的零售商店则仅花 4 美分就够了。亚马逊书店的营销策略主要有：

（1）产品策略

亚马逊书店根据所售商品的种类不同，分为三大类——书籍、音乐和影视产品，每一类都设置了专门的页面。同时，在各个页面中也很容易看到其他几个页面的内容和消息，它将书店中不同的商品进行分类，并对不同的电子商品实行不同的营销对策和促销手段。

(2) 定价策略

亚马逊书店对大多数商品都给予了相当数量的折扣。例如，在音乐类商品中，书店承诺“You'll enjoy everyday savings of up to 40% on CDs, including up to 30% off Amazon. com's 100 best-sellong CDs”(对CD类给40%的折扣，其中包括对畅销CD的30%的折扣)。

(3) 促销策略

常见的促销方式，也即企业和顾客以及公众沟通的工具主要有四种，分别是广告、人员推销、公共关系和营业推广。在亚马逊书店的网页中，除了人员推销外，其余部分都有体现。

逛书店的享受并不一定在于是否有足够的钱来买想要的书，而在于挑选书的过程。手里捧着书，看着精美的封面，读着简介往往是购书的一大乐趣。在亚马逊书店的主页上，除了不能直接捧到书外，这种乐趣并不会减少。精美的多媒体图片、明了的内容简介和权威人士的书评都可以使人有身临其境的感觉。

主页上广告的位置也很合理，首先是当天的最佳书，而后是最近的畅销书介绍，还有读书俱乐部的推荐书，以及著名作者的近期书籍等。不仅在亚马逊书店的网页上有大量的多媒体广告，而且在其他相关网络站点上也经常可以看到它的广告，例如，在Yahoo上搜索书籍网站时就可以看到亚马逊书店的广告。

其广告还有一大特点就在于其动态实时性。每天都更换的广告版面使顾客能够了解到最新的出版物和最权威的评论。不但广告每天更换，而且每小时更换最新100条热点信息栏目中的消息。

亚马逊书店千方百计地推销自己的网点，不断寻求合作伙伴。由于有许多合作伙伴和中间商，从而使顾客进入其网点的方便程度和购物机会都大大增加，它甚至慷慨地作出了如下的承诺：

只要你成为亚马逊书店的合作伙伴，那么由贵网点售出的书，不管是否达到一定的配额，亚马逊书店将支付给你15%的介绍费。

这是其他合作型伙伴关系中很少见的。目前，亚马逊书店的合作伙伴已经有很多，包括Yahoo和Excie在内的五个最经常被访问的站点已经成为亚马逊书店的合作伙伴。

亚马逊书店专门设置了一个gift页面，为大人和小孩都准备了各式各样的礼物。这实际上是促销策略中的营业推广活动。它通过向各个年龄层的顾客提供购物券或者精美小礼品的方法吸引顾客长期购买本店的商品。另外，亚马逊书店还给予长期购买其商品的顾客以优惠，这也是一种营业推广的措施。

亚马逊书店专门的礼品页面，为网上购物的顾客(包括大人和小孩)提供小礼品，这既属于一种营业推广活动，也属于一种公共关系活动。另外，做好企业和公众之间的信息沟通，虚心听取、搜集各类公众以及有关中间商对本企业和其商品、服务的反映，并向他们和企业的内部职工提供企业的情况，经常沟通信息。公司还专门为首次上该书店网的顾客提供一个页面，为顾客提供各种网上使用办法说明，帮助顾客尽快熟悉网站，这也是一种搞好公共关系的方法。

2. 售前售后服务

(1) 搜索引擎

设置搜索引擎和导航器以方便用户购买是书店的一项必不可少的技术措施。在这一点上，亚马逊书店的主页就做得很不错。它提供了各种各样的全方位的搜索方式，有对书名的搜索、对主题的搜索、对关键字的搜索和对作者的搜索，同时还提供了一系列导航器如畅销书目、得奖音乐、最卖座的影片等，而且在书店的任何一个页面中都提供了这样的搜索装置，方便用户进行搜索，引导用户进行选购。这实际上也是一种技术服务，归结为售前服务中的一种。

(2) 顾客的技术问题解答

除了搜索服务之外，书店还提供了对顾客常见技术问题的解答这项服务。例如，公司专门提供了一个 FAQ（Frequently Asked Questions，常见问题解答）页面，回答用户经常提出的一些问题。例如，如何进行网上支付？对于运输费用顾客需要支付多少？如何订购脱销书？等等。而且，如果有特殊问题，公司还会专门解答。

(3) 用户反馈

亚马逊书店的网点提供了电子邮件、调查表等以获取用户反馈信息。用户反馈既是售后服务，也是经营销售中的市场分析和预测的依据。电子邮件中往往有顾客对商品的意见和建议。书店一方面解决用户的意见，这实际上是一种售后服务活动；另一方面，也可以从电子邮件中获取大量有用的市场信息，常常可以作为指导今后公司各项经营策略的基础，这实际上是一种市场分析和预测活动。另外，它也经常邀请用户在网上填写一些调查表，并用一些免费软件、礼品或是某项服务来鼓励用户发反馈的电子邮件。

(4) 读者论坛

亚马逊书店网点还提供了一个类似 BBS 的读者论坛，这个服务项目的作用很大。企业商务站点中开设读者论坛的主要目的是吸引客户了解市场动态和引导消费市场。在读者论坛中可以开展热门话题讨论。以一些热门话题，甚至是极端话题引起公众兴趣，引导和刺激消费市场。同时，开办网上俱乐部，通过俱乐部稳定原有的客户群，吸引新的客户群。通过对公众话题和兴趣的分析把握市场需求动向，从而经销用户感兴趣的书籍和音像产品。

思考：借鉴亚马逊书店的经验对我国网上书店（如当当书店，www. dangdang. com）经营销售策略进行策划。

本章小结

本章主要介绍了网络营销的有关理论知识，从网络营销的概述介绍了网络营销的内涵、与传统营销的关系、网上消费行为所具有新特征的研究以及网上市场调查的重要性和方法等；然后具体介绍网络营销策略，主要应掌握网络营销产品策略、网络营销价格策略、网络营销分销策略和网络营销促销策略等四个方面策略的有关内容；最后作为网络营销重要的方法和手段，对网络广告作了详细的论述，主要论述了它的特点、与传统广告相比所具有的优势及和传统广告的关系以及如何发挥网络广告的效益等问题。

习 题 6

一、选择题

1. 由于互联网络技术发展的成熟和联网成本的低廉，互联网将企业、团体、组织以及个人跨时空地连接在一起。市场营销中最重要也是最本质的是________。

   A. 经济　　B. 便捷　　C. 高效　　D. 信息交换

2. 传统的市场营销也好，网络营销也好，营销的最终目的就是________。

   A. 增加交易机会　　B. 扩大企业规模
   C. 占有市场份额　　D. 扩大企业影响

3. 网络营销是建立在________作为支撑的互联网络的基础上的。企业实施网络营销必须有一定的技术投入和技术支持，改变传统的组织形态，提升信息管理部门的功能，才能在未来具备市场竞争优势。

   A. 高技术　　B. 高效性　　C. 经济性　　D. 整合性

4. 传统的营销中，其目标市场的选择都是针对某一特定的消费群体。传统的促销手段如媒体广告、公关等都传递着重要的信息。在这种方式中，信息传输具有________的特点。

   A. 无限性　　B. 双向性　　C. 单向性　　D. 限制性

5. 网络营销就其消费内容而言，可以分为有低级到高级的不同层次。在网络消费中，人们的需求是________扩展的。

   A. 随机　　B. 全面　　C. 高到低　　D. 低到高

6. 与传统消费者的购买行为相类似，网络消费者的购买过程同样可以分为好几个阶段。通常我们认为，网络购买过程的起点是________。

   A. 收集信息　　B. 诱发需求
   C. 比较选择　　D. 购买决策

二、简答题

1. Google 成立于 1997 年，几年间迅速发展成为目前规模最大的搜索引擎，并向 Yahoo、AOL 等其他目录索引和搜索引擎提供后台网页查询服务。目前 Google 每天处理的搜索请求已达 2 亿次！而且这一数字还在不断增长。Google 数据库存有 30 亿个 Web 文件，属于全文（Full Text）搜索引擎。对 Google 而言，链接是它的“命根子”，也是它成功的关键。所以 Google 一有机会就向你灌输这样的观念：出去找链接吧，不然你的网站是不会被我们接受的。Google 曾在一次搜索引擎学术会议上说明了收录网站的最低标准，即当你向 Google 提交网址时，至少要保证已有一个外部链接。实际上如果网站的外部导入链接足够多，你根本用不着直接将网址提交给 Google（而且 Google 也不建议你这么做），这样反而会更快地被 Google 收录。

   仔细阅读以上关于 Google 的说明，回答以下问题：

（1）网站的外部链接与内部链接的区别？

（2）如何获得比较多的网站外部链接？

2. 描述网上广告支付的主要标准。

3. 请简要描述一下网络广告的缺点。

第 7 章 电子商务物流

7.1 物流概述

7.1.1 物流的产生

物流（Physical Distribution，PD）一词最早出现在美国。20 世纪初，一些发达的资本主义国家出现生产过剩与需求相对不足的经济危机。市场竞争的加剧使人们开始关注分销工作，萌发了物流的概念。1915 年美国的阿奇 · 萧在《市场分销中的若干问题》一书中，首次提出了"Physical Distribution"的概念，有人将它译成"实体分销"，也有人译成"物流"。第二次世界大战期间，美国军队围绕战争期间军需物资的供应建立了现代军事后勤（Logistics），即指战略物资的生产、采购、运输、仓储、配送等全过程的管理，形成了一门"后勤管理"（Logistics Management）学科。第二次世界大战后，"后勤管理"理论在很多经济活动中被引用，现在欧美很多国家定义物流概念时更多地使用（Logistics）而不是（Physical Distribution）。

物流概念引入中国大体历经了三个阶段：

第一阶段，20 世纪 80 年代初至 90 年代初，一方面由欧美市场营销理论的引入，接触到物流的概念；另一方面由日本市场营销理论的引入，接触到物流的概念。尽管当时在中国还尚未形成"物流"的概念，但是类似物流的行业是客观存在的，如中国的"储运"业与国外的"物流"业很相似。只是限于这个时期中国的经济体制正处于转轨时期，真正意义上的现代物流尚未形成，因此引入传统物流（Physical Distribution）的概念更适合中国的国情。

第二阶段，20 世纪 90 年代中至 90 年代末期，一方面由于对外开放力度加大，大量跨国公司进入中国，将现代物流（Logistics）的理念传播到中国；另一方面大量"三资"企业的生产和制造活动开始本地化，对现代物流（Logistics）产生了需求。于是，一批传统储运企业开始向开展综合物流业务的现代物流企业转型。

第三阶段，20 世纪末至今。世纪之交的中国经济，一方面由于世界经济一体化进程的推进，国际政治、经济、技术和管理对中国经济产生的深刻影响，促进了中国物流业的发展；另一方面由于中国社会主义市场经济体制建设的进程加快，现代物流发展的客观需求和市场环境基本具备。现代物流开始在中国进入全面发展的新阶段。

7.1.2 物流的定义

物流（Logistics）是指物品从供应地向接受地的实体流动过程。根据实际需要，将运输、储存、装卸搬运、包装、流通加工、配送、信息处理等基本功能实施有机结合。

物流的定义可以从4个方面理解：首先，物流是物品物质实体的流动，而不是物品社会实体的流动；物流只实现物品物质实体的转移，而不发生物品所有权的转移。其次，物流是一种满足社会需要的经济活动，反之则不属于物流范畴。再次，物流包括空间位移、时间变动，以及形状、性质变动，从而创造物品空间、时间和形质效用。最后，有物品就有物流，因而物流具有普遍性。

7.1.3 物流的分类

按照不同的标准，物流可作不同的分类。通常，物流可以按以下几种方式分类。

1. 按作用的层次和作用的环节分

按作用的层次和作用的环节划分，物流可分为社会物流、行业物流和企业物流。

(1) 社会物流

社会物流也称宏观物流，是指社会再生产总体的物流活动，物流的业务活动以社会为范围，面向社会、是超越一家一户而以一个社会为服务对象的物流。这种社会性很强的物流往往是由专门的物流承担人承担的，社会物流的范畴是社会经济大领域。社会物流研究再生产过程中随之发生的物流活动，研究国民经济中的物流活动，研究如何形成服务于社会、面向社会又在社会环境中运行的物流，研究社会中物流体系的结构和运行，因此带有宏观性和广泛性。

(2) 行业物流

同一行业的企业是市场中的竞争对手，但是在物流领域中，它们常常互相协作，共同促进行业物流系统的合理化。例如，在零售业采用的统一商品规格、统一法规政策、统一托盘规格、统一陈列柜等都是行业物流合理化的结果。行业物流合理化的结果使行业中的企业得到相应的利益，因此，各行业协会、行业学会应该把本行业的物流作为重要的研究课题之一。

(3) 企业物流

企业物流也称微观物流，是指消费者、生产企业所从事的物流活动。物流活动以企业为范围，面向企业。在企业经营范围内由生产或服务活动所形成的物流系统称为企业物流。从企业角度研究与之相关的物流活动，是具体的、微观的物流活动的典型领域。企业物流又可以区分为以下具体的物流活动。

① 企业供应物流：企业为保证本身生产的节奏，不断组织原材料、零部件、燃料、辅助材料供应的物流活动，包括原材料等一切生产物资的采购、进货运输、仓储、库存管理、用料管理和供应管理，也称为原材料采购物流。它是生产物流系统中相对独立性较强

的子系统，并且和生产系统、财务系统等生产企业各部门以及企业外部的资源市场、运输部门有密切的联系。供应物流对企业生产的正常、高效率进行发挥着保障作用。企业供应物流不仅要实现保证供应的目标，而且要在低成本、少消耗、高可靠性的限制条件下来组织供应物流活动，因此难度很大。

② 企业生产物流：指企业在生产工艺中的物流活动。这种物流活动是与整个生产工艺过程伴生的，实际上已构成了生产工艺过程的一部分。生产物流和生产流程同步，是从原材料购进开始直到生产成品发送为止的全过程的物流活动。原材料、半成品等按照工艺流程在各个加工点之间不停顿地移动、转移，形成了生产物流。它是制造产品的生产企业所特有的活动，如果生产中断了，生产物流也就随之中断了。生产物流的发展历经了人工物流→机械化物流→自动化物流→集成化物流→智能化物流五个阶段。

③ 企业销售物流：指生产企业、流通企业出售商品时，物品在供方与需方之间的实体流动，是企业为保证本身的经济效益，不断伴随销售活动，将产品所有权转给用户的物流活动。在现代社会中，销售物流活动带有极强的服务性。只有满足了消费者的需求，才能最终实现销售。在这种市场前提下，销售往往以送达用户并经过售后服务才算终止。因此，销售物流的空间范围很大，这便是销售物流的难度所在。在这种前提下，企业销售物流的特点，便是通过包装、送货、配送等一系列物流实现销售，这就需要研究送货方式、包装水平、运输路线等，并采用各种诸如少批量、多批次、定时、定量配送等特殊的物流方式达到目的，因而其研究领域是很宽的。

④ 企业回收物流：指针对在生产、供应和销售过程中产生的各种边角余料、废料、残损品的处理等发生的物流活动。在一个企业中，回收物品处理不当往往会影响整个生产环境，甚至影响产品质量，并且也会占用很大资金与空间，造成浪费。

⑤ 企业废弃物流：指将经济活动中失去原有使用价值的物品，根据实际需要进行收集、分类、加工、包装、搬运、储存等，并分别送到专门处理场所时所形成的物品实体流动。它仅从环境保护的角度出发，不管对象物有没有价值或利用价值，而将其妥善处理，以免造成环境污染。

2. 按物流活动作用的空间范围分

(1) 区域物流

区域物流指某一行政区域或经济区域的内部物流，是为全面支撑区域可持续发展总体目标而建立的适应区域环境特征，提供区域物流功能，满足区域经济、政治、自然、军事等发展需要，具有合理空间结构和服务规模，实现有效组织与管理的物流活动体系。区域物流主要由区域物流网络体系、区域物流信息支撑体系和区域物流组织运作体系组成。

(2) 国内物流

国家或相当于国家实体，是拥有自己的领土和领空的政治经济实体。它所制定的各项计划、法令政策都应该是为其自身的整体利益服务的。物流作为国民经济的一个重要方面，应该纳入国家总体规划。国家整体物流系统化的推进，必须发挥政府的行政作用，进一步完善物流基础设施建设，制定各种交通政策法规，实现与物流活动有关的各种设施、装置、机械的标准化，开发并引进物流新技术和培养物流技术专门人才。

(3) 国际物流

国际物流指组织商品在国际间的合理流动，也就是发生在两个或两个以上的国家（或地区）之间的物流。当今世界发展的主流是国家与国家之间的经济交流越来越频繁，任何国家不投身于国际经济大协作的交流中，本国的经济技术就得不到良好的发展。随着经济全球化的深入，跨国公司越来越多，跨国公司的经济活动遍布各大洲。国家之间、洲际之间的原材料与产品的流通越来越发达。

3. 按照从事物流的主体进行划分

(1) 第一方物流

第一方物流是指需求方（生产企业或流通企业）为满足自己企业在物流方面的需求，由自己完成或运作的物流业务。

(2) 第二方物流

第二方物流是指供应方（生产厂家或原材料供应商）专业物流企业，提供运输、仓储等单一或某种物流服务的物流业务。

(3) 第三方物流

第三方物流（Third Party Logistics，TPL），是指由物流劳务的供方、需方之外的第三方去完成物流服务的运作模式。第三方就是提供物流交易双方的部分或全部物流功能的外部服务提供者。

第三方物流（TPL）兴起的原因有6个方面：

- 企业降低运营成本的需要；
- 企业专注核心业务的需要；
- 企业减少流通投资的需要；
- 企业重新整合供应链的需要；
- 企业拓展国际业务的需要；
- 公司虚拟化的需要。

第三方物流具有以下几个方面的基本特征：

① 合同制有偿服务。第三方物流是根据合同条款的要求，以合同为导向的系列服务，而不是根据客户临时的需求提供的服务。

② 与客户建立长期战略联盟。第三方物流企业不是货代公司，也不是单纯的速递公司，它的业务深深地延伸到客户的销售计划、库存管理、订货计划、生产计划等整个生产经营过程，所以超出了与客户一般的买卖关系，形成了一种长期的战略合作伙伴关系。

③ 以现代信息技术为基础。信息技术是第三方物流生存和发展的必要条件。它包括快速交换的EDI技术、资金快速交付的EFT技术、条形码技术以及网上交易的电子商务技术等。现代信息技术实现了数据的快速传递，提高了业务处理的自动化水平以及各环节运作的一体化程度，使客户把原来由内部完成的物流活动分离出去交给第三方物流公司完成。

(4) 第四方物流

第四方物流（Fourth Party Logistics）是一个供应链的集成商，是供需双方及第三方

的领导力量。它不是物流的利益方，而是通过拥有的信息技术、整合能力以及其他资源提供一套完整的供应链解决方案，以此获取一定的利润。它帮助企业降低成本和有效整合资源，并且依靠优秀的第三方物流供应商、技术供应商、管理咨询以及其他增值服务商，为客户提供独特的和广泛的供应链解决方案。

4. 根据发展的历史进程划分

根据发展的历史进程，物流分为传统物流、综合物流和现代物流。

(1) 传统物流

传统物流，一般是指商品在空间与时间上的位移，以解决商品生产与消费地点差异与时间差异，主要包括运输、包装、仓储、加工配送等。

(2) 综合物流

综合物流不仅提供运输服务，还包括许多协调工作，是信息流、管理流、资金流和物流四位一体的有机联系和协调运动的综合体系，是对整个供应链的管理，如对陆运、仓储部门等一些分销商的管理，还包括订单处理、采购等内容。由于很多精力放在供应链管理上，责任更大，管理也更复杂，这是与传统物流的区别。

(3) 现代物流

现代物流是在传统物流的基础上，引入高科技手段，即运用计算机进行信息联网，并对物流信息进行科学管理，从而使物流速度加快，准确率提高，库存减少，成本降低，以此延伸和放大传统物流的功能。在我国许多专家学者认为："现代物流是根据客户的需要，以最经济的费用，将物资从供给地向需求地转移的过程。它主要包括运输、储存、加工、包装、装卸、配送和信息等活动。"

现代物流与传统物流的不同表现在很多方面，其中最主要的有以下几方面：

① 服务功能上的差异。一般传统物流的服务功能是相对独立的，因此不具备控制整个供应链的功能；而现代物流强调的是对供应链的全面管理和有效控制。

② 与客户关系的差异。传统物流与客户的关系是建立短期合约，以价格竞争和标准服务赢得客户；而现代物流与客户通常是战略合作伙伴的关系，通常以降低成本、提供增值和定制物流服务满足客户的需求。

③ 信息系统建设的差异。传统物流无外部整合系统，有限的或没有 EDI 联系，更没有卫星跟踪系统；而现代物流实施信息系统，广泛运用 EDI 以及卫星跟踪系统。

④ 物流企业管理的差异。传统物流企业通常采用分散的、传统的、人工的管理；而现代物流企业采用的是现代化、信息化、全面质量管理系统的管理。现代物流是一个全新的系统概念，包含了产品寿命周期的整个物理性位移的全过程；是传统物流向生产、流通以及消费全过程的延伸，并且添加了新的物流内涵。它使社会物流与企业物流有机地结合起来，即从采购物流到生产物流到销售物流直至消费终端。

现代物流与传统物流对照表如表 7-1。

表 7-1　　现代物流与传统物流对照表

项　　目	传 统 物 流	现 代 物 流
物流功能	功能孤立	功能整合
物流基地	无物流中心	有物流中心
控制能力	不能控制整个物流链	控制整个物流链
物流区域	某个地区	跨地区
物流主体		第三方物流普遍应用
服务期限	短期合约	长期战略伙伴关系
竞争手段	价格竞争	降低总成本
服务手段	标准服务、被动服务	主动服务、增值服务、定制服务
物流信息	无 EDI 系统	有 EDI 系统
通信手段	无 GPS 系统	有 GPS 系统
物流管理	分散管理、传统管理	现代化、信息化管理，系统管理，全面质量管理

7.1.4　物流活动的要素

物流活动是指物流诸功能的实施与管理过程，主要包括运输、存储、装卸搬运、包装、配送、流通加工和物流信息处理七大基本功能，如图 7-1。

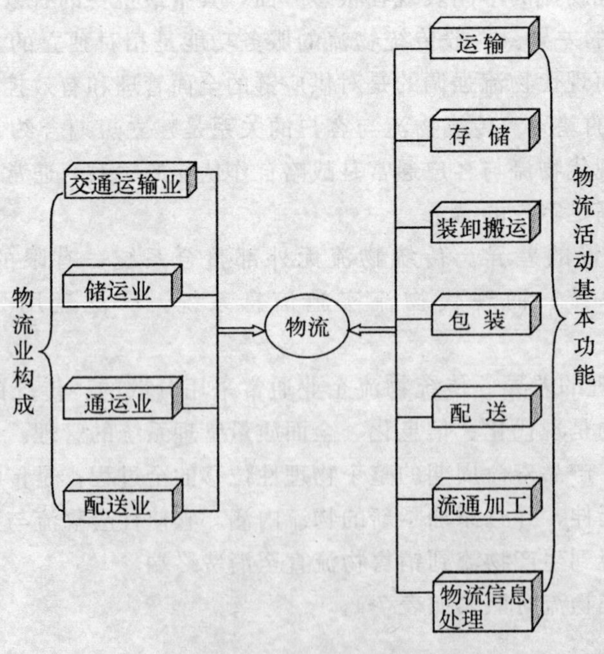

图 7-1　物流业的构成与物流活动

1. 运输

运输是物流的核心业务之一，也是物流系统的一个重要功能。它使物品发生场所、空间的移动，解决物资在生产地点和需要地点之间空间距离问题，创造商品的空间效用，满足社会需要。运输主要有铁路运输、公路运输、水上运输、航空运输和管道运输等五种运输方式。

选择何种运输手段对于物流效率具有十分重要的意义。在决定运输手段时，必须权衡运输系统要求的运输服务和运输成本。可以从运输机具有的服务特性作为判断的基准：运费，运输时间、频度，运输能力，货物的安全性，时间的准确性、适用性、伸缩性，网络性和信息等。

2. 存储

在物流系统中，仓储和运输是同样重要的构成因素。仓储功能包括了对进入物流系统的货物进行堆存、管理、保管、保养、维护等一系列活动。仓储的作用主要表现在两个方面：一是完好地保证货物的使用价值和价值，二是为将货物配送给用户，在物流中心进行必要的加工活动而进行的保存。

随着经济的发展，物流由少品种、大批量物流进入到多品种、小批量或多批次、小批次物流时代，仓储功能从重视保管效率逐渐变为重视如何才能顺利地进行发货和配送作业。流通仓库作为物流仓储功能的服务据点，在流通作业中发挥着重要的作用，它将不再以储存保管为主要目的。流通仓库包括拣选、配货、检验、分类等作业，并具有多品种、小批量，多批次、小批量等收货配送功能，以及附加标签、重新包装等流通加工功能。

3. 装卸搬运

装卸搬运是随运输和保管而产生的必要物流活动，是对运输、保管、包装、流通加工等物流活动进行衔接的中间环节，以及在保管等活动中为进行检验、维护、保养所进行的装卸活动，如货物的装上卸下、移送、拣选、分类等。装卸作业的代表形式是集装箱化和托盘化，使用的装卸机械设备有吊车、叉车、传送带和各种台车等。

在物流活动的全过程中，装卸搬运活动是频繁发生的，因而是产品损坏的重要原因之一。对装卸搬运的管理，主要是对装卸搬运方式、装卸搬运机械设备的选择、合理配置和使用，以及装卸搬运合理化，尽可能减少装卸搬运次数，以节约物流费用，获得较好的经济效益。

4. 包装

为使物流过程中的货物完好地运送到用户手中，并满足用户和服务对象的要求，需要对大多数商品进行不同方式、不同程度的包装。包装分工业包装和商品包装两种。工业包装的作用是按单位分开产品，便于运输，并保护在途货物。商品包装的目的是便于最后的销售。因此，包装的功能体现在保护商品、单位化、便利化和商品广告等几个方面。前三项属物流功能，最后一项属营销功能。

5. 配送

配送是现代物流的一个最重要的特征，指在经济合理区域范围内，根据客户要求，对物品进行拣选、加工、包装、分割、组配等作业，并按时送达指定地点的物流活动。配送是物流中一种特殊的、综合的活动形式，是商流与物流的紧密结合，包含了集货、分拣、配货、配送运输、送达服务以及配送加工等要素。

6. 流通加工

流通加工功能是在物品从生产领域向消费领域流动的过程中，为了促进产品销售、维护产品质量和实现物流效率化，对物品进行加工处理，使物品发生物理或化学性变化的功能。这种在流通过程中对商品进一步的辅助性加工，可以弥补企业、物资部门、商业部门生产过程中加工程度的不足，更有效地满足用户的需求，更好地衔接生产和需求环节，使流通过程更加合理化，是物流活动中的一项重要增值服务，也是现代物流发展的一个重要趋势。

7. 物流信息处理

现代物流是需要依靠信息技术来保证物流体系正常运作的。物流系统的信息服务功能，包括进行与上述各项功能有关的计划、预测、动态（运量、收、发、存数）情报活动，以及有关的费用情报、生产情报、市场情报活动。财物流情报活动的管理，要求建立情报系统和情报渠道，正确选定情报科目和情报的收集、汇总、统计、使用方式，以保证其可靠性和及时性。

7.2 电子商务与物流配送

7.2.1 物流在电子商务中的地位

物流在电子商务中的地位如图 7-2。

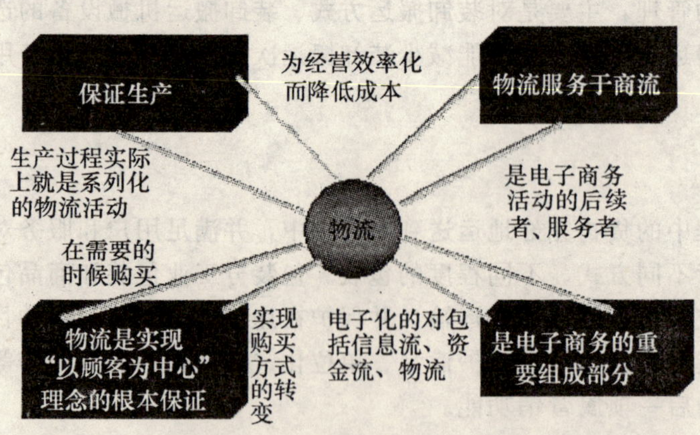

图 7-2　物流在电子商务中的地位

1. 物流是电子商务的重要组成部分

电子商务概念模型是对现实世界中电子商务活动的一般抽象描述。它由电子商务实体、电子市场、交易事务和信息流、资金流、物流等基本要素构成。物流是电子商务“四流”（信息流、资金流、物流）的重要组成部分，是信息流和资金流最终得以顺利实现的根本保证。对于有形商品的任何一笔交易，如果没有实物商品的顺利转移，就无法完成一次完整的交易。

2. 物流保障生产

无论在传统的贸易方式下，还是在电子商务环境下，生产都是商品流通之本，而生产的顺利进行需要各类物流活动的支持。生产的全过程从原材料的采购开始，便要求有相应的供应物流活动，将所采购的材料到位，否则，生产就难以进行，即采购物流；在生产的各工艺流程之间，也需要原材料、半成品的物流过程，即生产物流，以实现生产的流动性；产品销售过程中的物流，即销售物流；部分余料、可重复利用的物资的回收，即回收物流；废弃物的处理则需要废弃物物流。可见，生产制造企业的整个生产过程，实际上就是集成了的系列化物流活动。

3. 物流服务于商流

在商流活动中，商品所有权从购销合同签订的那一刻起，便由供方转移到需方，而商品实体并没有因此而移动。在传统的交易过程中，除了非实物交割的期货交易，一般的商流都必须伴随相应的物流活动，即按照需方（购方）的需求将商品实体由供方（卖方）以适当的方式、途径向需方（购方）转移。而在电子商务环境下，消费者通过上网点击购物，完成了商品所有权的交割过程，即商流过程。但电子商务的活动并未结束，只有商品和服务真正转移到消费者手中，商务活动才终结。在整个电子商务的交易过程中，物流实际上是以商流的后续者和服务者的姿态出现的。

4. 物流是实现“以顾客为中心”理念的根本保证

电子商务的出现，在最大限度上方便了最终消费者。他们不必再跑到拥挤的商业街，一家又一家地挑选自己所需的商品，而只要坐在家里，在 Internet 上搜索、查看、挑选，就可以完成他们的购物过程。但试想，他们所购的商品迟迟不能送到，或者商家所送并非自己所购，那消费者还会选择网上购物吗？可见，物流是电子商务中实现以“以顾客为中心”理念的最终保证。缺少了现代化的物流技术，电子商务给消费者带来的购物便捷等于零，消费者必然会转向他们认为更为安全的传统购物方式。

7.2.2 电子商务环境下物流的特点

电子商务环境下物流的特点如图 7-3。

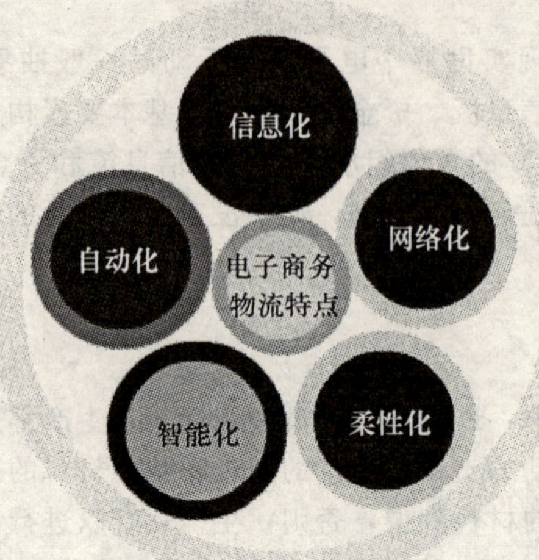

图 7-3 电子商务环境下物流的特点

电子商务时代的来临，给全球物流业带来了新的发展，使物流具备了一系列新特点。

1. 信息化

电子商务时代，物流信息化是电子商务的必然要求。物流信息化表现为物流信息的商品化、物流信息收集的数据库化和代码化、物流信息处理的电子化和计算机化、物流信息传递的标准化和实时化、物流信息存储的数字化等。因此，条码技术（Bar Code）、数据库技术（Database）、电子订货系统（Electronic Ordering System，EOS）、电子数据交换（Electronic Data Interchange，EDI）、快速反应（Quick Response，QR）及有效的客户反映（Effective Customer Response，ECR）、企业资源计划（Enterprise Resource Planning，ERP）等技术与观念得到普遍应用。信息化是一切的基础，没有物流的信息化，任何先进的技术设备都不可能应用于物流领域，信息技术及计算机技术在物流中的应用将会彻底改变世界物流的面貌。

2. 自动化

自动化的基础是信息化，自动化的核心是机电一体化，自动化的外在表现是无人化，自动化的效果是省力化，另外还可以扩大物流作业能力，提高劳动生产率，减少物流作业的差错等。物流自动化的设施非常多，如条码/语音/射频自动识别系统、自动分拣系统、自动存取系统、自动导向车、货物自动跟踪系统等。

3. 网络化

物流领域网络化的基础也是信息化，这里指的网络化有两层含义：一是物流配送系统的计算机通信网络，包括物流配送中心与供应商或制造商的联系要通过计算机网络，另外与下游顾客之间的联系也要通过计算机网络通信，例如物流配送中心向供应商提出订单这

个过程，就可以使用计算机通信方式，借助于增殖网（Value-Added Network，VAN）上的电子订货系统（EOS）和电子数据交换技术（EDI）来自动实现，物流配送中心通过计算机网络收集下游客户订货的过程也可以自动完成。二是组织的网络化，即所谓的组织内部网（Intranet）。例如，台湾的电脑业在20世纪90年代创造出了“全球运筹式产销模式”，这种模式的基本思想按照客户订单组织生产，生产采取分散形式，即将全世界的电脑资源都利用起来，采取外包的形式将一台电脑的所有零部件、元器件、芯片外包给世界各地的制造商去生产，然后通过全球的物流网络将这些零部件、元器件和芯片发往同一个物流配送中心进行组装，由该物流配送中心将组装的电脑迅速发给订户。这一过程需要有高效的物流网络支持，当然物流网络的基础是信息、电脑网络。

物流的网络化是物流信息化的必然，是电子商务环境下物流活动的主要特征之一。当今世界Internet等全球网络资源的可用性及网络技术的普及为物流的网络化提供了良好的外部环境，物流网络化不可阻挡。

4. 智能化

这是物流自动化、信息化的一种高层次应用，物流作业过程大量的运筹和决策，如库存水平的确定、运输（搬运）路径的选择、自动导向车的运行轨迹和作业控制、自动分拣机的运行、物流配送中心经营管理的决策支持等问题，都需要借助于大量的知识才能解决。在物流自动化的进程中，物流智能化是不可回避的技术难题。好在专家系统、机器人等相关技术在国际上已经有比较成熟的研究成果。为了提高物流现代化的水平，物流的智能化已成为电子商务环境下物流发展的一个新趋势。

5. 柔性化

柔性化本来是为实现“以顾客为中心”理念而在生产领域提出的，但需要真正做到柔性化，即真正地能根据消费者需求的变化来灵活调节生产工艺，没有配套的柔性化的物流系统是不可能达到目的的。20世纪90年代，国际生产领域纷纷推出弹性制造系统（Flexible Manufacturing System，FMS）、计算机集成制造系统（Computer Integrated Manufacturing System，CIMS）、制造资源系统（Manufacturing Requirement Planning，MRP-Ⅱ）、企业资源计划（Enterprise Resource Planning，ERP）以及供应链管理的概念和技术。这些概念和技术的实质是要将生产、流通进行集成，根据需求端的需求组织生产，安排物流活动。因此，柔性化的物流正是适应生产、流通与消费的需求而发展起来的一种新型物流模式。这就要求物流配送中心要根据消费需求“多品种、小批量、多批次、短周期”的特色，灵活组织和实施物流作业。

另外，物流设施、商品包装的标准化，物流的社会化、共同化也都是电子商务环境下物流模式的新特点。

7.2.3 电子商务与配送的关系

1. 配送的定义

配送是物流中一种特殊的、综合的活动形式，几乎包括了所有的物流功能要素，是物流的一个缩影或在某小范围中物流全部活动的体现。从配送的实施形态角度来讲，配送是指按用户订货要求，在配送中心或其他物流结点进行货物配备，并以最合理方式送交用户。这个概念的内容概括了五点：

(1) 整个概念描述了接近用户资源配置的全过程。

(2) 配送实质是送货。配送是一种送货，但和一般送货有区别：一般送货可以是一种偶然的行为，而配送却是一种固定的形态，甚至是一种有确定组织、确定渠道，有一套装备和管理力量、技术力量，有一套制度的体制形式。所以，配送是高水平送货形式。

(3) 配送是一种“中转”形式。配送是从物流结点至用户的一种特殊送货形式。从送货功能看，其特殊性表现为：从事送货的是专职流通企业，而不是生产企业；配送是“中转”型送货，而一般送货尤其从工厂至用户的送货往往是直达型；一般送货是生产什么，有什么就送什么，配送则是企业需要什么就送什么。

(4) 配送是“配”和“送”有机结合的形式。配送与一般送货的重要区别在于，配送利用有效的分拣、配货等理货工作，使送货达到一定的规模，以利用规模优势取得较低的送货成本。如果不进行分拣、配货，有一件运一件，需要一点送一点，这就会大大增加动力的消耗，使送货并不优于取货。所以，追求整个配送的优势，分拣、配货等项工作是必不可少的。

(5) 配送以用户要求为出发点。在定义中强调“按用户的订货要求”，明确了用户的主导地位。配送是从用户利益出发、按用户要求进行的一种活动，因此，在观念上必须明确“用户第一”、“质量第一”，配送企业的地位是服务地位而不是主导地位，因此不能从本企业利益出发而应从用户利益出发，在满足用户利益基础上取得本企业的利益。

2. 配送的模式

从物流配送的模式上来看，主要有三种类型——集货型配送模式、散货型配送模式和混合型模式。

(1) 集货型配送模式

这种模式主要针对上家的采购物流过程进行创新而形成。其上家生产具有相互关联性，下家互相独立，上家对配送中心的储存度明显大于下家，上家相对集中，而下家分散具有相当的需求。同时，这类配送中心也强调其加工功能。此类配送模式适于成品或半成品物资的推销，如汽车配送中心。

(2) 散货型配送模式

这种模式主要是对下家的供货物流进行优化而形成。上家对配送中心的依存度小于下家，而且配送中心的下家相对集中或有利益共享（如连锁业）。采用此类配送模式的流通企业，其上家竞争激烈，下家需求以多品种、小批量为主要特征，适于原材料或半成品物资配送，如机电产品配送中心。

(3) 混合型配送模式

这种模式综合了上述两种配送模式的优点，并对商品的流通全过程进行有效控制，有效地克服了传统物流的弊端。采用这种配送模式的流通企业规模较大，具有相当的设备投资，如区域性物流配送中心。在实际流通中，多采取多样化经营，降低了经营风险。这种运作模式比较符合新型物流配送的要求（特别是电子商务环境下的物流配送）。

3. 电子商务环境下配送的特点

电子商务环境下的配送，就是信息化、现代化、社会化的配送。它是指配送中心采用网络化的计算机技术和现代化的硬件设备、软件系统及先进的管理手段，针对社会需求，严格地、守信用地按用户的订货要求，进行一系列分类、编配、整理、分工、配货等理货工作，定时、定点、定量地交给没有范围限度的各类用户，满足其对商品的需求。可以看出，这种新型的物流配送是以一种全新的面貌，成为流通领域革新的先锋，代表了现代市场营销的主方向。

新型物流配送能使商品流通较传统的物流配送方式更容易实现信息化、自动化、现代化、社会化、智能化、合理化、简单化，使货畅其流，物尽其用，既减少生产企业库存，加速资金周转，提高物流效率，降低物流成本，又刺激了社会需求，有利于整个社会的宏观调控，也提高了整个社会的经济效益，促进市场经济的健康发展。新型物流配送除具备传统物流配送的特征外，还具备以下基本特征：

(1) 信息化

通过网络使物流配送由信息武装起来，实行信息化管理是新型物流配送的基本特征，也是实现现代化和社会化的前提保证。

(2) 现代化

传统的物流配送虽然也具备相当的现代化程度，但要求并不是十分严格，与电子商务环境下的新型物流配送相比，无论在水平、范围、层次等各个环节上都有很大的不足和欠缺，现代化程度的高低是区别新型物流配送和传统物流配送的一个重要特征。

(3) 社会化

社会化程度的高低也是区别新型物流配送和传统物流配送的一个重要特征。很多传统物流配送中心往往是某一企业为给本企业或本系统提供物流配送服务而建立起来的，有些配送中心虽然也为社会服务，但同电子商务下的新型物流配送所具备的真正社会性相比，具有很大的局限性。

4. 电子商务对配送的影响

(1) 对传统的物流配送观念产生深刻的革命

传统的物流配送企业需要置备大面积的仓库，而电子商务系统网络化的虚拟企业将散置在各地的分属不同所有者的仓库通过网络系统连接起来，使之成为“虚拟仓库”，进行统一管理和调配使用，服务半径和货物集散空间都放大了。这样的企业在组织资源的速度、规模、效率和资源的合理配置方面都是传统的物流配送所不可比拟的，相应的物流观念也必须是全新的。

(2) 网络对物流配送的实时控制代替了传统的物流配送管理程序

一个先进系统的使用，会给一个企业带来全新的管理方法。传统的物流配送过程是由多个业务流程组成的，受人为因素影响和时间影响很大。网络的应用可以实现整个过程的实时监控和实时决策。新型的物流配送的业务流程都由网络系统连接，当系统的任何一个神经末端收到一个需求信息时，该系统都可以在极短的时间内作出反应，并可以拟定详细的配送计划，通知各环节开始工作。这一切工作都是由计算机根据人们事先设计好的程序自动完成的。

（3）物流配送的持续时间在网络环境下会大大缩短，对物流配送速度提出了更高的要求

在传统的物流配送管理中，由于信息交流的限制，完成一个配送过程的时间比较长，但这个时间随着网络系统的介入会变得越来越短，任何一个有关配送的信息和资源都会通过网络管理在几秒钟内传到有关环节。

（4）网络系统的介入简化了物流配送过程

传统物流配送整个环节极为烦琐，而在网络化的新型物流配送中心里可以大大缩短这一过程：在网络支持下的成组技术可以在网络环境下更加淋漓尽致地被使用，物流配送周期会缩短，其组织方式也会发生变化；计算机系统管理可以使整个物流配送管理过程变得简单和容易；网络上的营业推广可以使用户购物和交易过程变得更有效率，费用更低；可以提高物流配送企业的竞争力；随着物流配送业的普及和发展，行业竞争的范围和残酷性大大增加，信息的掌握、信息的有效传播和其易得性，使得用传统的方法获得超额利润的时间和数量会越来越少；网络的介入，使人们不再是机器、数字和报表的奴隶，人的潜能得到充分发挥，自我实现的需求成为多数员工的工作动力。

综上所述，推行信息化配送制，发展信息化、自动化、现代化的新型物流配送业是我国发展和完善电子商务服务的一项重要内容，势在必行。

7.2.4 电子商务环境下的配送中心

1. 定义

配送中心是从事货物配备（集货、加工、分货、拣选、配货）和组织对用户的送货，以高水平实现销售或供应的现代流通设施。可从以下几个方面理解：

（1）配送中心的“货物配备”工作是其主要的、独特的工作，是全部由配送中心完成的。

（2）配送中心有的是完全承担送货，有的是利用社会运输企业完成送货。

（3）强调了配送活动与销售或供应等经营活动的结合，是经营的一种手段，以此排除这是单纯的物流活动的看法。

（4）强调了配送中心的“现代流通设施”，着意于和以前的诸如商场、贸易中心、仓库等流通设施的区别。在这个流通设施中以现代装备和工艺为基础，不但处理商流而且处理物流，是兼有商流、物流全功能的流通设施。

2. 分类

这里仅就已在实际运转中的配送中心类型概述如下：

（1）专业配送中心

专业配送中心大体上有两个含义：一是配送对象、配送技术属于某一专业范畴，有一定的综合性，综合这一专业的多种物资进行配送。例如，多数制造业的销售配送中心。我国目前在石家庄、上海等地建的配送中心大多采用这一形式。

(2) 柔性配送中心

柔性配送中心在某种程度上是和上述专业配送中心的第二种情况对立的配送中心，这种配送中心不向固定化、专业化方向发展，而向能随时变化、对用户要求有很强适应性、不固定供需关系、不断向发展配送用户和改变配送用户的方向发展。

(3) 供应配送中心

供应配送中心是指专门为某个或某些用户（例如联营商店、联合公司）组织供应的配送中心。例如，为大型连锁超级市场组织供应的配送中心；代替零件加工厂送货的零件配送中心，使零件加工厂对装配厂的供应合理化；我国上海地区六家造船厂的配送钢板中心，也属于供应型配送中心。

(4) 销售配送中心

销售配送中心是指以销售经营为目的，以配送为手段的配送中心。销售配送中心大体有三种类型：第一种是生产企业为本身产品直接销售给消费者的配送中心。在国外，这种类型的配送中心很多。第二种是流通企业作为本身经营的一种方式，建立配送中心以扩大销售。我国目前拟建的配送中心大多属于这种类型，国外的例证也很多。第三种是流通企业和生产企业联合的协作性配送中心。比较起来看，国外和我国的发展趋向都向以销售配送中心为主的方向发展。

(5) 城市配送中心

城市配送中心是指以城市范围为配送范围的配送中心。由于城市范围一般处于汽车运输的经济里程，这种配送中心可直接配送到最终用户，且采用汽车进行配送。所以，这种配送中心往往和零售经营相结合，由于运距短，反应能力强，因而从事多品种、少批量、多用户的配送较有优势。

(6) 区域配送中心

区域配送中心是指以较强的辐射能力和库存准备，向省际、全国乃至国际范围的用户配送的配送中心。这种配送中心配送规模较大。一般而言，用户也较大，配送批量也较大，而且往往是配送给下一级的城市配送中心，也配送给营业所、商店、批发商和企业用户，虽然也从事零星的配送，但不是主体形式。这种类型的配送中心在国外十分普遍。

(7) 储存型配送中心

储存型配送中心是指有很强储存功能的配送中心。一般来讲，在买方市场下，企业成品销售需要有较大库存支持，其配送中心可能有较强储存功能；在卖方市场下，企业原材料、零部件供应需要有较大库存支持，这种供应配送中心也有较强的储存功能。大范围配送的配送中心，需要有较大库存，也可能是储存型配送中心。

(8) 流通型配送中心

流通型配送中心是指基本上没有长期储存功能，仅以暂存或随进随出方式进行配货、送货的配送中心。这种配送中心的典型方式是，大量货物整进并按一定批量零出，采用大型分货机，进货时直接进入分货、机传送带，分送到各用户货位或直接分送到配送汽车上，货物在配送中心里仅做少许停滞。

(9) 加工配送中心

许多资料都指出配送中心的加工职能，但是加工配送中心的实例，目前见到不多。我国上海市和其他城市已开展的配煤加工、上海六家船厂联建的船板处理配送中心、原物资部北京剪板厂都属于这一类型的中心。

3. 特征

根据国内外物流配送业发展情况，在电子商务时代，信息化、现代化、社会化的新型物流配送中心可归纳为以下几个特征：

（1）物流配送反应速度快

新型物流配送服务提供者对上游、下游的物流配送需求的反应速度越来越快，前置时间越来越短，配送时间越来越短，物流配送速度越来越快，商品周转次数越来越多。

（2）物流配送功能集成化

新型物流配送着重于将物流与供应链的其他环节进行集成，包括物流渠道与商流渠道的集成、物流渠道之间的集成、物流功能的集成、物流环节与制造环节的集成等。

（3）物流配送服务系列化

新型物流配送除强调物流配送服务功能的恰当定位与完善化、系列化，除了传统的储存、运输、包装、流通加工等服务外，还在外延上扩展至市场调查与预测、采购及订单处理，向下延伸至物流配送咨询、物流配送方案的选择与规划、库存控制策略建议、货款回收与结算、教育培训等增值服务；在内涵上提高了以上服务对决策的支持作用。

（4）物流配送作业规范化

新型物流配送强调功能作业流程、作业、运作的标准化和程序化，使复杂的作业变成简单的易于推广与考核的运作。

（5）物流配送目标系统化

新型物流配送从系统角度统筹规划一个公司整体的各种物流配送活动，处理好物流配送活动与商流活动及公司目标之间、物流配送活动与物流配送活动之间的关系，不求单个活动的最优化，但求整体活动的最优化。

（6）物流配送手段现代化

新型物流配送使用先进的技术、设备与管理为销售提供服务，生产、流通和销售规模越大、范围越广，物流配送技术、设备及管理越现代化。

（7）物流配送组织网络化

为了保证对产品促销提供快速、全方位的物流支持，新型物流配送要有完善、健全的物流配送网络体系，网络上点与点之间的物流配送活动保持系统性和一致性，这样可以保证整个物流配送网络有最优的库存总水平及库存分布，运输与配送快捷、机动，既能铺开又能收拢。分散的物流配送单体只有形成网络才能满足现代生产与流通的需要。

（8）物流配送经营市场化

新型物流配送的具体经营采用市场机制，无论是企业自己组织物流配送，还是委托社会化物流配送企业承担物流配送任务，都以“服务、成本”的最佳配合为目标。

（9）物流配送流程自动化

物流配送流程自动化是指运送规格标准、仓储货、货箱排列装卸、搬运等按照自动化标准作业，商品按照最佳配送路线等。

（10）物流配送管理法制化

宏观上，要有健全的法规、制度和规则，微观上，新型物流配送企业要依法办事，按

章行事。

4. 应具备的条件

电子商务环境下新型物流配送中心应具备三个方面的条件，如图 7-4。

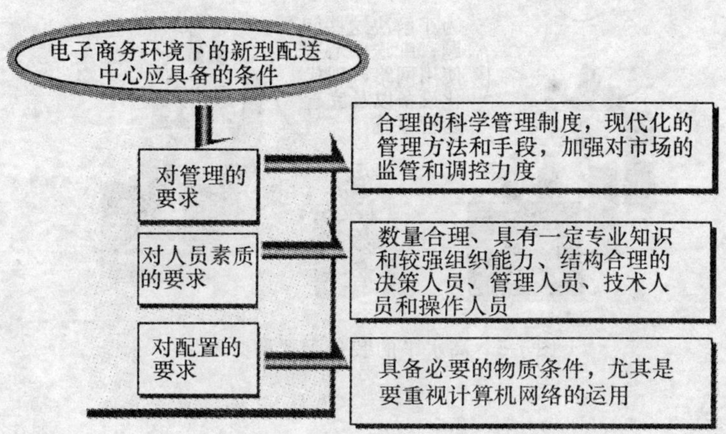

图 7-4　电子商务环境下的新型配送中心应具备的条件

（1）高水平的企业管理

新型物流配送中心作为一种全新的流通模式和运作结构，其管理水平要求达到科学和现代化。只有通过合理的科学管理制度、现代化的管理方法和手段，才能确保物流配送中心基本功能和作用的发挥，从而保障相关企业和用户整体效益的实现。管理科学的发展为流通管理的现代化、科学化提供了条件，促进了流通产业的有序发展。同时，要加强对市场的监管和调控力度，使之有序化和规范化。总之，一切以市场为导向，以管理为保障，以服务为中心，加快科技进步是新型物流配送中心的根本出路。

（2）高素质的人员配置

新型物流配送中心能否充分发挥其各项功能和作用，完成其应承担的任务，人才配置是关键。为此，新型物流配送中心的人才配置要求必须配备数量合理、具有一定专业知识和较强组织能力、结构合理的决策人员、管理人员、技术人员和操作人员，以确保新型物流配送中心的高效运转。

（3）高水平的装备配置

新型物流配送中心面对着成千上万的供应厂商和消费者以及瞬息万变的市场，承担着为众多用户的商品配送和及时满足他们不同需要的任务，这就要求必须配备现代化装备和应用管理系统，具备必要的物质条件，尤其是要重视计算机网络的运用（如图 7-5）。通过计算机网络可以广泛收集信息，及时进行分析比较，通过科学的决策模型，迅速作出正确的决策，这是解决系统化、复杂化和紧迫性问题最有效的工具和手段。同时采用现代化的配送设施和配送网络，将会逐渐形成社会化大流通的格局。

图 7-5　高水平的装备配置的必要性

7.3　电子商务与供应链管理

7.3.1　供应链与供应链管理的定义

1. 供应链的定义

供应链是指在一个核心企业的基础上，对产品生产和流通过程中各个环节所涉及的物流、资金流、信息流进行整合，将原材料供应商、生产商、批发商、零售商以及最终消费者组成的供需网络。供应链可以从以下几个方面来理解：

(1) 供应链不是从单个企业出发的，它强调“价值星群”和行业价值观，考虑到创造价值过程中的每一个方面，把从供应商到零售商的整合效益看做是管理的出发点，供应链上的上下游不同成员对总体的绩效都产生影响。相对传统模式而言，供应链是扩张的网络，包括了所有加盟的结点企业。

(2) 供应链追求整个系统的低成本，包括由采购、生产、运输，到分销中的库存、促销等多个环节构成的成本，管理的重点在于总成本的降低，而不是解决局部问题的短期效果。供应链是具有整体功能的结构化网络形式。

(3) 供应链实际上是一种多赢战略体系，它围绕一个核心企业，把供应商、制造商、中间商等有机地结合在一起，不仅要解决战略和方向上的问题，也要解决操作过程中的战术性和作业性问题，因此，供应链管理是企业内外结合的多层次管理活动。

(4) 供应链四个并行的分链——物流链（MC)、信息链（IC)、价值链（VC)、技术链（TC)，是一个合作链。

综上所述，供应链的整体定义是指在一个核心企业的基础上，对生产和流通过程中各

个环节所涉及的物流、资金流、信息流进行整合，将供应商、制造商、分销商和有关中间商等各方链接成一个具有整体功能的网络。因此，供应链是一条连接供应商到用户的增值链。从发展的观点看，供应链作为一种战术概念，其增值意义十分明显，它的目的不仅是降低成本，还要提供用户期望以外的增值服务，以产生和保持竞争优势。

2. 供应链管理的定义

供应链是一个复杂的系统，必须有不同于传统的管理方式。其重要功能是在战略联盟的基础上，更有效地开发、组织和利用资源。一定要建立起有效的供应链，进行供应链管理。具体如图 7-6。

有效的 SCM 要求公司做到：
- ■快速、准确地收集客户需求
- ■尽可能以最低成本满足客户需求
- ■从原材料采购到制造／组装产品的所有决策在整个供应链中应是开放的
- ■将成品分销到客户手中并收集必要的反馈信息

为了防止这种混乱局面的出现，供应链的管理者必须做好以下三件事：
- ●向供应链的所有参与方提供统一的行动计划
- ●实现各方之间合作，促使他们朝正确方向努力
- ●与参与方合作，促使他们朝正确方向努力

图 7-6　有效的供应链管理的必要性

从总体上讲，供应链管理要保证供应链的价值创造和提高。简言之，供应链管理是对供应链增值的管理，它采用了集成化的管理思想和方法，执行从供应商到最终用户总体过程中的计划、组织、指挥、协调和控制职能。供应链管理把供应链上的各个企业作为一个不可分割的整体来实施网络化管理，将各个结点成员分别承担的职能予以协调，形成一个能快速适应市场并有效地满足顾客需要的功能系统，实现总体上地高效益和低成本。其主要内容包括：合理供应、准时生产、高效物流、需求满足、总成本控制、信息管理以及与供应链各环节上的成员的战略联盟关系管理，包括客户关系等。

实施供应链管理必须坚持以下五个原则：第一，必须站在战略的高度对供应链中的核心能力和资源进行集成；第二，必须以“客户是否满意”作为衡量 SCM 水平的标准；第三，强调供应链中伙伴间的密切合作，共享利益，共担风险；第四，遵从共同的标准和规范；第五，不断优化供应链的信息系统。

7.3.2　电子商务环境下的供应链模式

传统的供应链模式也可称为“推销”模式，即根据商品的库存情况，有计划地将商品推销给客户。制造商利用从零售商接到的订单，根据长期预测进行生产决策。这种模式需要更长的时间对市场变化作出反应，没有能力满足变化的需求方式，如图 7-7。

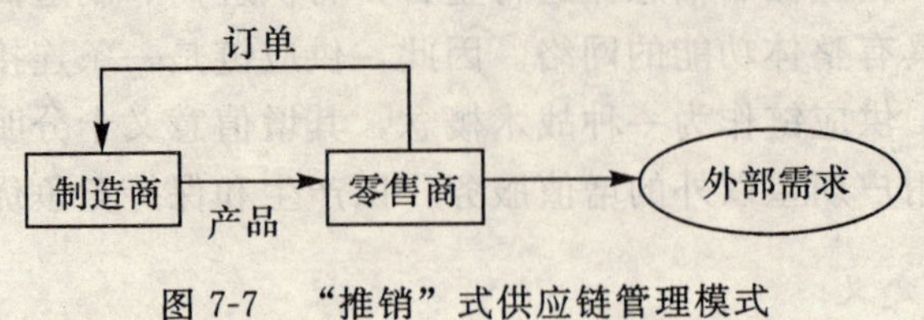

图 7-7 “推销”式供应链管理模式

电子商务环境下的供应链管理模式是“需求动力”模式，以客户价值为导向。该供应链模式源于客户需求，客户是该供应链中一切业务的原动力，供应链上的企业必须首先了解客户需要自己生产什么样的产品，提供什么样的服务。商业的成功取决于在尽可能降低满足客户需求成本的同时，增强对变化的客户需求的反应能力。只有通过提供更好的客户使用价值，才能实现企业自身的价值。如图 7-8。

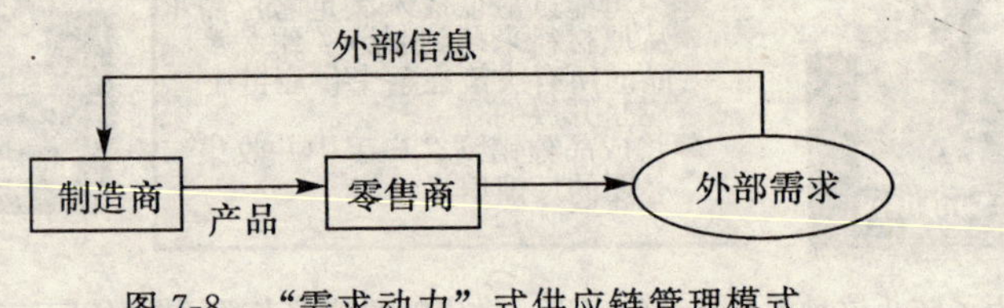

图 7-8 “需求动力”式供应链管理模式

这种供应链管理模式具有以下几个方面的优势：

- 能够更好地预测零售商的订单，缩短生产提前期；
- 使得零售商的库存减少；
- 使得制造商面对的变动性变小；
- 由于变动性的减小，制造商的库存降低。

7.3.3 电子商务环境下的供应链管理与传统的供应链管理

1. 传统供应链管理存在的问题

传统的供应链管理仅仅是一个横向的集成，通过通信介质将预先指定的供应商、制造商、分销商、零售商和客户依次联系起来。这种供应链侧重于内部联系，灵活性差，仅限于点到点的集成。其横向集成特性难以适应经济全球化、市场竞争日趋激烈的新形势，严重制约了我国企业的市场表现，表现在：

(1) 过分强调自供—自产—自销的一体化供应链模式

表面上看来“企业无所不能”，而实质上严重影响了企业核心业务的开发，挫伤了企业的市场竞争力。许多相关实体如供应商、分销商等分离在外，着眼于企业内部的操作，注重企业自身的资源利用，关注物流而忽视了资本流、信息流和工作流；缺乏企业与外部的合作伙伴关系，产、供、销各自为政，造成产品库存积压、资金浪费和企业间的目标冲突。

(2) 强调竞争而忽略合作

供应链结点间的关系被视为交易伙伴而不是合作伙伴，致使双方频繁地讨价还价、拖欠货款、缺乏诚信，导致竞争大于合作。而不同供应链之间的竞争则更为激烈，价格之战、亏损经营，其结果常常导致两败俱伤。

(3) 缺乏服务平台和电子交易手段，缺乏市场响应机制

没有统一、规范的信息服务平台以及安全、可靠的电子交易平台，没有建立对用户不确定性需求的跟踪管理系统，不能及时回应顾客需求，顾客满意度下降，企业信息丢失，形象受损，供应链中的所有成员不能协调一致，信息得不到共享和快速传递。

(4) 重下游轻上游现象严重

由于观念上的偏颇，只重视下游的顾客，而忽视了上游的原材料供应商，以为“供应商有求于我”，致使双方缺乏信任。

(5) 供求信息不准，长鞭效应严重

由于客户信息不准，单方毁约情况较多，供应链信息传递扭曲，制造商难以根据订单进行生产，只好根据预测进行生产和库存，增加了库存成本，削弱了企业的竞争力。

(6) 管理信息系统不健全

企业与企业之间缺乏联系，信息不能共享，造成信息重复、滞后或失真。

2. 电子商务环境下的供应链管理的新特点

电子商务环境下的现代供应链运作的一个重要特点是通过及时、有效信息的传递，实时把握市场需求，并根据实际需求来确立相应的生产、经营和物流运作，因此电子商务为推动信息的有效传递和管理，发展电子物流、乃至供应链管理奠定了基础。电子商务环境下的供应链管理出现了如下新的特点：

(1) 管理信息化

当今市场在急剧变化，企业要想在激烈竞争的环境中取得持续发展，最主要的是要掌握用户需求的变化和在竞争中知己知彼。信息技术的应用是推进供应链系统中信息共享的关键，改进整个供应链的信息精度、及时性和流动速度，被认为是提高供应链绩效的必要措施。因此，企业管理战略的一个重要内容就是制定供应链运作的信息支持平台，如集成条形码、数据库、电子订货系统、射频识别、电子数据交换、全球定位系统等信息交换技术和网络技术为一体，构建企业的供应链信息集成系统。

(2) 横向一体化与网络化

以前企业为了追求资源的整合，往往借助于“纵向一体化”来实现高度的控制，但是纵向一体化却因为管理组织臃肿、业务领域过于庞杂，造成风险增强、管理成本上升，所以从 20 世纪 80 年代后期开始，“横向一体化”的供应链思想开始兴起，即利用企业外部资源快速响应市场需求，本企业只抓最核心的东西——产品方向和市场。“横向一体化”形成了一条从供应商到制造商再到分销商的贯穿所有企业的“链”，利用现代信息技术改造和集成业务流程，与供应商和客户建立协同的业务伙伴联盟。

(3) 生产经营的敏捷柔性化

全球性市场竞争的加剧，单个企业已经难以依靠自己的资源进行自我调整。20 世纪末，美国提出了以虚拟企业或动态联盟为基础的敏捷制造模式。敏捷制造面对的是全球化

激烈竞争的买方市场，采用可以快速重构的生产单元构成的扁平组织结构，以充分自治的、分布式的协同工作代替金字塔式的多层管理结构，注重发挥人的创造性，变企业之间的生死竞争关系为“共赢”关系，强调信息的开放和共享，集成虚拟企业，而电子商务的兴起为实现敏捷制造提供了可能。

（4）物流系统化、专业化

在此前的企业经营管理中，物流作为商务活动的辅助职能而存在，其本身并不构成企业管理的重要领域，其业务管理也往往是分散进行，没有总体统一的协调和控制。在电子商务时代，物流上升为企业经营中重要的一环，其经营的绩效直接决定整体交易的完成和服务的水准，尤其是物流信息对于企业及时掌握市场需求和商品的流动具有举足轻重的作用，因此，物流活动必须综合起来，进行系统化管理。在这种要求下，人们利用系统科学的思想和方法建立物流系统，包括社会物流系统和企业物流系统，从而使得物流活动能够全方位、全过程、纵深化地得到管理和协调。

总之，电子商务供应链管理弥补了传统供应链管理的不足，它不再局限于企业内部，而是延伸到供应商和客户，甚至供应商的供应商和客户的客户，建立的是一种跨企业的协作，覆盖了从产品设计、需求预测、外协和外购、制造、分销、储运和客户服务等全过程。

3. 电子商务供应链管理与传统供应链管理的比较

电子商务供应链管理与传统供应链管理的主要区别反映在如下几点：

（1）物流和承运的类型不同

在传统的供应链形式下，物流是对不同地理位置的顾客进行基于传统形式的大批量运作或批量式的空间移动，货物的追踪完全是通过集装箱、托盘或其他包装单元来进行，供应链各个环节之间的可见性是有限的。在电子商务供应链管理模式下，由于借助于各种信息技术和互联网，使得客户在任何给定时间可以沿着供应链追踪货物的下落。

（2）顾客的类型不同

在传统供应链管理模式下，企业服务的对象是既定的，供应链服务提供商能够明确掌握顾客的类型及其所要求的服务和产品。随着电子商务的到来，要求快捷、高速、划分细致的物流和商流方式，顾客是未知实体，他们根据自己的愿望、季节需求、价格以及便利性进行产品订购。

（3）供应链运作的模式不同

传统供应链是一种典型的推式经营，制造商为了克服商品转移空间和时间上的障碍，利用物流将商品送达到市场或客户，商流和物流都是推动式的。在电子商务供应链中，商品生产、分销、仓储、配送等活动都是根据顾客的订单进行，商流、物流、资金流都是围绕市场展开的，物流为商流提供了有力保障，因此电子商务供应链是拉式的。

（4）库存、订单流不同

在传统供应链运作模式下，库存和订单流是单向的，买卖双方没有互动和沟通的过程。在电子商务供应链条件下，客户可以定制订单和库存，其流程是双向互动的。作为客户可以定制和监控，甚至修改其库存和订单，而作为制造商、分销商同样也可以随时根据顾客的需要及时调整库存和订单，以使供应链运作实现绩效最大化。

（5）物流的目的地不一样

在传统供应链中，由于不能及时掌握商品流动过程中的信息，尤其是分散化顾客的信息，加上个性化服务能力不足，物流只能实现集中批量化的运输和无差异性服务，运输的目的是集中的。而电子商务供应链完全是根据个性化顾客的要求来组织商品的流动，这种物流不仅要通过集运来实现运输成本的最低化，同时也需要借助差异化的配送来实现高质服务，其目的地是分散化地。

（6）供应链管理的要求不一样

传统供应链管理强调的是物流过程的稳定、一致，否则物流活动就会出现混乱，任何物流运作过程中出现的波动和变异都有可能造成上下游企业的巨大损失。电子商务供应链管理却不同，由于其物流活动需要本身就是差异化的，物流是建立在高度信息管理基础上的增值活动。因此，物流必定会出现高度的季节性和不连续性，要求企业在管理物流活动中必须按照及时应对高质服务以及总体成本最优的原则来进行。

（7）供应链管理的责任不同

在传统供应链运作环境下，企业只是对其所承担的环节负责，诸如运输企业只管有效运输和相应的成本等，供应链各个运作环节之间往往没有明确的责任人，供应链经营活动是分散的，其结果往往出现局部最优而整体绩效很差的情况。但电子商务供应链强调供应链管理是一种流程性管理，它要求企业站在整个供应链的角度来实施商品物流过程以及相应的成本管理。

（8）物流信息管理系统不同

传统供应链管理中物流信息一般都是通过人工采集、传输、汇总，信息具有单向性，供求双方的信息是不对称的。物流信息管理系统一般都是单机系统，至多是一个局限于内部网络局域网络系统。而电子商务环境下的供应链管理中的物流信息的采集可以由供求双方通过 Internet 进行在线采集，信息具有双向性和对称性，信息管理系统是一个对供求双方开放的基于 Internet 的网络系统，信息具有高度的实时性、准确性和有效性。

（9）资金结算方式不同

在传统供应链管理中，资金结算大都是通过现金、支票或转账方式进行；而在电子商务环境下的供应链管理中，因交易都是在线进行，所以在线电子支付为主要结算方式。

7.3.4 电子商务中供应链管理策略

1. 快速反应（QR）策略

QR 技术是 20 世纪 80 年代首先在美国的纺织、服装行业发展起来的。它是为提高整个纺织、服装行业的市场竞争力，降低企业的库存量，提高服务水平，减少经营风险而建立的。

QR 技术主要是通过信息技术的应用，增强企业对市场的反应能力，以达到增加销售额、降低库存水平和企业经营成本的目的。QR 技术的一般做法如下：

首先，零售商通过 EDI 系统把企业的销售数据传送给商品的供应商，供应商根据零售商传送来的销售数据，可及时了解商品销售情况，掌握商品的需求状况，并及时调整商品的订货或生产计划。

其次，供应商利用EDI系统在发货之前向零售商传送预先发货清单（ASN）。零售商在收到预先发货清单之后，马上作好进货准备工作。

再次，零售商在接收商品时，用扫描器读取商品包装上的物流条码，并把读取的信息与预先储存在计算机中的进货清单进行核对，以判断商品与发货清单上所列的项目是否一致，从而简化了检验作业，提高了商品检验作业的效率。

最后，零售商利用电子支付手段向供应商支付货款。同时，零售商只要把预先发货清单（ASN）数据与商品销售数据进行比较，就可迅速了解商品库存的信息。

供应链管理QR策略的初始动因，是提高零售业中纺织、服装类一般商品的设计、制造和流通效率。随着市场竞争的全球化和企业经营的国际化，电子商务环境下，供应链管理的QR策略，已成为实现供应链竞争优势的有效管理工具。

2. 有效客户反应（ECR）策略

ECR是在营销和物流环节中，零售商与供应商为消除不必要的成本和费用，带给客户更大利益，而进行密切合作的另一项供应链管理基本策略。

1993年，美国食品市场营销协会（FMI）联合近20家企业，针对如何改进食品行业供应链管理，提出了ECR的概念和体系。随后，ECR策略被零售、供应、生产等厂商所采纳，并广泛应用于实践。作为具有代表性和较为成功的供应链管理策略，有效客户反应（ECR）和快速响应（QR），两者各有侧重点。QR策略适用于纺织和服装行业，重点是对客户的需求作出迅速反应，加快订货、补货速度等。而ECR策略适用于食品和百货类行业，主要目标是降低供应链上各个环节的成本，提高结点企业赢利的有效性。

ECR概念的提出者认为，传统的企业组织将重点放在生产和库存上，忽视了消费者在竞争中特殊且又重要的作用。而供应链管理的目标之一，就是使“最终消费者最终满意”。为实现供应链管理这一基本思想。ECR策略旨在建立一个以更好、更快和更低成本，满足客户需求的高速反应系统。构成这个系统的生产、批发、零售、供应和服务等厂商，相互结成协调合作的伙伴，把提高最终用户满意度作为共同方向，在为客户提供优质、快速服务的同时，最大限度地降低整个供应链的成本，最大限度地提高供应链的整体效率。

ECR策略体现了供应链管理的创新，并带来了供应链的变革。如果说供应链管理是对整个供应链的需求、生产、供应、物流等项流程进行计划、协调、控制和优化，那么，ECR在本质上是一个贯穿了供应链工作流程始末的管理过程。这个过程对应于从结点企业到市场客户全部流程。基本内容包括：①有效的店铺空间布局；②有效的商品补充；③有效的促销活动；④有效的新产品开发和市场投入。ECR策略采用以客户为中心、面向过程的管理方法，提高对客户和市场的反应速度，注重整个流程最优的系统思想，消除内部环节重复和无效劳动，使资源在全过程流动中实现增值，以降低交易成本，缩短供货周期，改善信息管理和提高运行效益。当今，国际许多大型零售商和供应商，都在业务经营中采用ECR策略的思想和方法。

7.3.5　电子商务环境下供应链管理的新趋势

供应链管理是迄今为止企业物流发展的最高级形式。虽然供应链管理非常复杂，且动态、多变，但众多企业已经在供应链管理的实践中获得了丰富的经验并取得显著的成效。当前供应链管理的发展正呈现出一些明显的趋势。

1. 时间与速度

越来越多的公司认识到时间与速度是影响市场竞争力的关键因素之一。比如，在 IT 行业，国内外大多数 PC 制造商都使用 Intel 的 CPU，因此，如何确保在第一时间内安装 Intel 最新推出的 CPU 就成为各 PC 制造商获得竞争力的自然之选。总之，在供应链环境下，时间与速度已被看做是提高企业竞争优势的主要来源，一个环节的拖沓往往会影响整个供应链的运转。供应链中的各个企业通过各种手段实现其物流、信息流的紧密连接，以达到对最终客户要求的快速响应、减少存货成本、提高供应链整体竞争水平的目的。

2. 质量与资产生产率

供应链管理涉及许多环节，需要环环紧扣，并确保每一个环节的质量。任何一个环节，比如运输服务质量的好坏，就将直接影响到供应商备货的数量、分销商仓储的数量，进而最终影响到用户对产品质量、时效性以及价格等方面的评价。时下，越来越多的企业相信物流质量创新正在演变为一种提高供应链绩效的强大力量。另一方面，制造商越来越关心它的资产生产率。改进资产生产率不仅仅是注重减少企业内部的存货，更重要的是减少供应链渠道中的存货。供应链管理发展的趋势要求企业开展合作与数据共享以减少在整个供应链渠道中的存货。

3. 组织精简

供应链成员的类型及数量是引发供应链管理复杂性的直接原因。在当前的供应链发展趋势下，越来越多的企业开始考虑减少物流供应商的数量，并且这种趋势非常明显与迅速。比如，跨国公司客户更愿意将它们的全球物流供应链外包给少数几家，理想情况下最好是一家物流供应商。因为这样不仅有利于管理，而且有利于在全球范围内提供统一的标准服务，更好地显示出全球供应链管理的整套优势。

4. 客户服务方面

越来越多的供应链成员开始真正地重视客户服务与客户满意度。传统的量度是以“订单交货周期”、“完整订单的百分比”等来衡量的。而目前更注重客户对服务水平的感受，服务水平的量度也以它为标准。客户服务重点转移的结果就是重视与物流公司的关系，并把物流公司看成是提供高水平服务的合作者。

7.4 案　　例

物流案例——沃尔玛物流

1. 公司背景

沃尔玛公司的创始人山姆·沃尔顿于 1945 年在美国阿肯色州的小镇班顿威尔开始经营零售业，1950 年开办了店名“5～10 美分”的廉价商店，只是当地一家名不见经传的小企业。迄今为止，沃尔玛已经将业务拓展到了十个国家：美国、墨西哥、巴西、阿根廷、德国、波多黎各、英国、韩国、加拿大、中国，员工人数超过 130 万。

沃尔玛公司总部实行扁平结构的管理体制，下设四个事业部，分别管理着购物广场(含折扣店)、山姆会员店、国际业务和物流业务。两个商店管理事业部，通过事业部总裁、区域总裁、区域经理、店铺经理四个层次，直接对店铺的选址、开办、进货、库存、销售、财务、促销、培训、广告、公关等各项事务进行管理。店铺销售的所有商品，除了部分生鲜食品考虑到保鲜的要求，由店铺在附近自行采购外，全部要由事业部的采购部门统一采购，物流部门统一配送。这种连锁经营的模式，使得沃尔玛公司具有强大的市场竞争能力。

2. 沃尔玛的特点

(1) 沃尔玛由友善的员工以较低的价格、独到的顾客服务向消费者提供种类齐全的优质商品，其经营的核心是：天天平价，物超所值，服务卓越。

(2) 沃尔玛坚信，“顾客第一”是其成功的精髓。沃尔玛的创始人山姆·沃尔顿曾说过：“我们的老板只有一个，那就是我们的顾客。是他付给我们每月的薪水，只有他有权解雇上至董事长的每一个人。道理很简单，只要他改变一下购物习惯，换到别家商店买东西就是了。”沃尔玛的营业场所总是醒目地写着其经营信条：“第一条：顾客永远是对的；第二条：如有疑问，请参照第一条。”

(3) 沃尔玛一直都特别重视价格竞争，长期奉行薄利多销的经营方针。沃尔顿的名言是：“一件商品，成本 8 角，如果标价 1 元，销售数量是标价 1.2 元的 3 倍。那么我在一件商品上所赚不多，但卖多了，我就有利可图。”所以，沃尔玛提出了“低价销售，保证满意”的经营宗旨，“高品质服务，无条件退款”等承诺。为实现这一承诺，沃尔玛想尽一切办法从进货渠道、分销方式、营销费用、行政开支等一切办法节省资金，把利润让给顾客。

(4) 沃尔玛尽量避开了一切中间环节，直接从工厂进货，其雄厚的经济实力使之具有强大的议价能力，争取低廉进价。更重要的是，沃尔玛并不因自身规模大、实力强而肆意损害供应商来增加自身利润，而是重视与供应商建立友好融洽的协作关系，保护供应商的利益。沃尔玛给予供应商的优惠远远超过同行。美国许多大零售商对供应的商品平均 45 天付款，而沃尔玛仅为平均 29 天付款，大大激发了供应商与沃尔玛建立业务的积极性，

从而保证了沃尔玛商品的最优进价。

(5) 沃尔玛对营销成本的有效控制。沃尔玛的营销成本仅占销售额的1.5%，商品损耗率仅为1.1%，而一般美国零售商店这两项指标的平均值分别高达5%和2%。这些都使得沃尔玛实施低价策略的实力进一步加强。

(6) 沃尔玛使用领先的信息技术和后勤系统不断地大幅降低其运营成本。沃尔玛被称为零售配送革命的领袖，有完善的物流管理系统。它独特的配送体系，大大降低了成本，加速了存货周转，都成为沃尔玛价格优势的最有力的支持。沃尔玛补充存货的方法被称为"交叉装卸法"。

(7) 高效率的配送中心。沃尔玛的供应商根据各分店的订单将货品送至沃尔玛的配送中心，配送中心则负责完成对商品的筛选、包装和分拣工作。沃尔玛的配送中心具有高度现代化的机械设备，送至此处的商品85%都采用机械处理，这就大大减少了人工处理商品的费用。同时，由于购进商品数量庞大，使自动化机械设备得以充分利用，规模优势充分显示。

(8) 迅速的运输系统。沃尔顿早年服役于陆军情报团的经历使其特别重视信息沟通。事实上，在沃尔玛庞大的集团式购销网络中，以卫星通信和电脑管理所代表的信息化高科技联络方式起着举足轻重的作用。20世纪80年代初，当其他零售商还在钻"信息化"这个问题的牛角尖时，沃尔玛便与休斯公司合作，花费2400万美元建造了一颗人造卫星，并于1983年发射升空和启用。沃尔玛先后花费6亿多美元建起了目前的电脑与卫星系统。借助于整套的高科技信息网络，沃尔玛的各部门沟通、各业务流程都可以迅速而准确畅通地运行。正如沃尔顿所言："我们从我们的电脑系统中所获得的力量，成为竞争时的一大优势。"沃尔玛的机动运输车队是其供货系统的另一个无可比拟的优势。在1996年时，沃尔玛就已拥有了80个配送中心，2000多辆运货卡车，保证进货从仓库到任何一家商店的时间不超过48小时，相对于其他同业商店平均每两周补货一次，沃尔玛可保证分店货架平均每周补货两次。快速的送货，使沃尔玛各分店即使只维持极少存货也能保持正常销售，从而大大节省了存储空间和费用。由于这套快捷运输系统的有效运作，沃尔玛85%的商品通过自己的配送中心运输，其结果是沃尔玛的销售成本因此低于同行业平均销售成本2%～3%，成为沃尔玛全年低价策略的坚实基石。

(9) 先进的卫星通信网络。沃尔玛巨资建立的卫星通信网络系统使其供货系统更趋完美。这套系统的应用，使配送中心、供应商及每一分店的每一销售点都能形成连线作业，在短短数小时内便可完成"填妥订单—各分店订单汇总—送出订单"的整个流程，大大提高了营业的高效性和准确性。

(10) 沃尔玛迫使其供应商进行流程改造，使他们同沃尔玛一样致力于降低成本的运作，如对供应商的劳动力成本、生产场所、存货控制及管理工作进行质询等。

3. 沃尔玛触网

沃尔玛在全球网上零售业中的排名曾一度沦落到第43位，远远低于在网络泡沫经济中迅速膨胀发展起来的E-BAY和BUY.COM等。当美国亚马逊网上书店迎来第100万个用户时，沃尔玛的网站却只有几万人惠顾。在网站经营不振的时期，沃尔玛的在线销售额只占实际总销售额的3%。沃尔玛因此被有些人称为电子商务领域的侏儒。

沃尔玛主页如图 7-9。

图 7-9 沃尔玛主页（www. walmart. com）

沃尔玛没有被公司网站几年来的萧条经营所吓倒，沃尔玛开始仔细研究网络竞争者的特性，制定了一系列有针对性的计划，尤其是计划建立一个从牙刷到电器等无所不包的销售网站，来与它实力雄厚的配送系统相匹配。新网站将大大增加一些贵重商品，如 DVD 播放器和数字摄像机等品种，在线图书的书目也将从 500 万册增加到 700 万册。实践证实，这项措施将使沃尔玛相当于新建了 25 个商场，同时也使消费者网上购物的选择范围扩大了将近两倍。由于沃尔玛，这个传统的零售业巨头拥有众多的分支机构，完善的配送系统，低廉的价格优势，忠心耿耿的客户群体，以及强大的技术力量，这一整套的坚实后盾令积极拓宽网上零售的沃尔玛可谓是如虎添翼。

思考：

(1) 沃尔玛的核心竞争力是什么？

(2) 沃尔玛拓展电子商务的优势有哪些？

本章小结

电子商务的主旋律是信息流、资金流和物流三流的互动，物流在电子商务中处于非常重要的地位，并且发挥着很重要的作用。本章从物流的基本理论出发，介绍物流的产生、定义、分类和功能等；继而介绍物流的管理方法和策略，特别是关于供应链管理方法，以及供应链管理的两个策略：快速反应和有效客户响应。要想推动电子商务在中国的发展，必须解决物流这个瓶颈问题，必须用先进的管理方法以促进电子商务的发展。

习 题 7

1. 什么是物流？它的功能要素包括哪些内容？

2. 试从不同的角度对物流进行分类。
3. 物流在实现电子商务过程中的起到什么作用?
4. 什么是配送中心?它包括哪些类型?
5. 什么是供应链?什么是供应链管理?
6. 电子商务中的供应链管理有哪些策略?
7. 电子商务供应链管理与传统供应链管理的区别表现在哪些方面?

第 8 章 电子商务法律规范

8.1 电子商务法律概述

8.1.1 电子商务法的产生

1. 电子商务带来的法律新问题

电子商务的突出特征是通过互联网使重要的商业活动通过计算机及信道构成的网络世界完成。这种网络世界构成了一个区别于传统商业环境的新环境，被称为“虚拟”世界。在这个世界里，来自全世界各个角落的人和企业均可以缔结交易，当事人只要打开一个网站进行搜索和点击，无需谋面和使用笔墨，瞬间即可以完成寻找交易对象、缔结合同、支付等交易行为。这种环境和手段的改变，使在传统交易方式下形成的规则难以完全适用于新环境下的交易，因此，需要有新的法律规范，创造适应电子商务运作的法制环境。

2. 电子商务法与传统商务法

电子商务法与传统商务法的比较如表 8-1 所示。

表 8-1 **电子商务法与传统商务法的比较**

	电子商务法	传统商务法
立法原则	除一般的立法原则外，还应遵循国际性、技术中性、功能等同原则	一般的立法原则
调整对象	电子商务交易活动中发生的各种社会关系	传统商务活动中发生的各种社会关系
性质	公法与私法兼容	包括公法、私法
组成	可以单独立法	包括民法、刑法的一部分，经济法等，是个组合体系
形式	调整对象独立，手段跨部门	对象、手段都涉及几个法律部门
针对的法律问题	涉及交易形式的使用而引起的权利义务关系	涉及交易形式和实体权利义务关系

续表

	电子商务法	传统商务法
与国际立法的时间顺序	先有国际立法，《电子商务示范法》做示范	无国际示范法
法律关系的复杂性	较复杂。一次交易活动同时涉及多个参与方之间的法律关系	相对简单。一次交易活动一般只涉及买卖双方

这些新问题大致有以下 11 种：

(1) 电子商务运作平台建设及其法律地位问题

在电子商务环境下，交易双方的身份信息、产品信息、意思表示（合同内容）、资金信息等均通过交易当事人自己设立的或其他人设立的网站上传递和储存，世界上不特定的人均可借助电脑发出和接受网络上的信息，并通过一定程序与其他人达成交易。在通过中介服务商提供平台进行交易的情形下，服务商的地位和法律责任问题就成为一个复杂的问题。网站与在网站上设立虚拟企业进行交易的人之间、网站与进入站点进行交易的消费者之间是什么法律关系，在网站传输信息不真实、无效或其他情形下引起的损失，网站承担什么责任，受损失的交易相对人如何救济就是电子商务法要解决的问题。

(2) 在线交易主体及市场准入问题

在法律世界里，不存在虚拟主体，而电子商务恰恰偏离了法律的要求，出现虚拟主体。电子商务法要解决的问题是在确保网上交易的主体是真实存在的，且能够使当事人确认它的真实身份。这要依赖必要工商管理和网上商务主体公示制度加以解决。而主体的管制实质上也是一个市场准入和网上商业的政府管制问题。

在现行法律体制下，任何长期固定地从事营利性事业的人（主体）必须进行登记。而网络具有开放性，电子商务因此也具有开放性，任何人均可以设立网站（主页）或设立在线商店或专卖店销售其生产或经销的商品。这样，哪些主体可以从事在线商务，如何规范在线商事行为等便成为电子商务法研究的问题。

(3) 电子合同问题

在传统商业模式下，除即时清结的或数额小的交易是无需记录的外，一般要签订书面的合同，以免在对方失信不履约时作为证据，追究对方的责任。而在在线交易情形下，所有当事人的意思表示均以电子化的形式储存于电脑硬盘或其他电子介质中，而这些记录方式不仅容易被涂擦、删改、复制、遗失等，而且不离开电脑或相关工具不易为人所感知，亦即不能脱离其特定的工具而作为证据存在，所有这些便是电子合同问题。电子合同与传统合同有很大的区别，突出表现在书面形式，包括电子签名的有效性、电子合同收到与合同成立地点、合同证据等方面的问题。

(4) 电子商务中产品交付的特殊问题

在线交易的标的物分两种，一种是有形货物，另一种是信息产品。应当说，有形货物的交付仍然可以沿用传统合同法的基本原理，而对于物流配送中引起的一些特殊问题，也要作一些探讨。而信息产品的交付则具有不同于货物交付的特征，对于产品权利的转移、交付和退货等需要作详细的探讨。

（5）特殊形态的电子商务规范问题

在电子商务领域存在一些特殊的商务形式，如网络广告、网上拍卖、网上证券交易等，这些在传统法律领域受特殊规范的商业形式，转移至网上进行后，如何规范和管制，便是电子商务法必须探讨的问题。

（6）网上电子支付问题

在电子商务简易形式下，支付往往采用汇款或直接付款方式，而典型的电子商务则在网上完成支付。网上支付是通过虚拟银行的电子资金划拨来完成的，而实现这一过程涉及网络银行与网络交易客户之间的协议、网络银行与网站之间的合作协议法律关系以及安全保障问题。因此，需要制定相应的法律，明确电子支付的当事人包括付款人、收款人和银行之间的法律关系，制定相关的电子支付制度，认可电子签名的合法性。同时还应出台对于电子支付数据的伪造、变造、更改、赊销问题的处理办法。

（7）在线不正当竞争与网上无形财产保护问题

网络为企业带来了新的经营环境和经营方式，在这个特殊的经营环境中，同样会产生许多不正当的竞争行为。这些不正当竞争行为有的与传统经济模式下相似，但在网络环境下又会产生一些特殊的不正当竞争行为，这些不正当竞争行为大多与网上新形态的知识产权或无形财产权的保护有关，特别是因为域名、网页、数据库等引起一些传统法律体系中的不正当行为，需要探讨一些新规则。这便是在线不正当竞争行为的规制问题。实际上，保护网上无形财产是维持一个有序在线商务运营环境的重要措施。

（8）在线消费者保护问题

电子商务市场的虚拟性和开放性，网上购物的便捷性使消费者保护成为突出的问题，尤其是如何保障网上产品或广告信息的真实性、有效性问题，以及消费者信赖不实或无效信息发生交易的纠纷问题。特别是在我国商业信用不高的情形下，网上商品良莠不齐，质量难以让消费者信赖，而一旦出现质量问题，修理、退赔或其他方式的救济又很难，成为困扰电子商务发展的问题之一。加上支付手段、物流配送的落后，使方便的购物变得不方便甚至增加成本。寻求在电子商务环境下执行《消费者权益保护法》的方法和途径，制定网上消费者保护的特殊法律条文，既维护了消费者权益也是保障电子商务健康发展的法律制度的组成部分。

（9）网上个人隐私保护问题

计算机和网络技术为人们获取、传递、复制信息提供了方便，加上网络的开放性、互动性，凡是进行在线消费（购物或接受信息服务）均须将个人资料留给商家，而对这些信息的再利用成为网络时代普遍的现象。如何规范商家的利用行为，保护消费者隐私权，就成为一个新问题。这一问题实质上仍然是维护消费者利益、树立消费者信任的重要组成部分。

（10）网上税收问题

作为一种商业活动，电子商务是应当纳税的，但从促进电子商务发展的角度，在一定时期内实行免税是很有必要的。从网络交易的客观实际来看，由于其逐步发展为全球范围内的交易，因此管理十分困难。每天通过 Internet 所传递的资料数据相当大，其中某些信息就是商品，如果要监管所有的交易，就必须对所有的信息都进行过滤，这在事实上是不可能的。如果按照现有的税法进行征税，必然要涉及税务票据问题，但电子发票的实际运

用技术还不成熟，其法律效力尚有较大的争论。

(11) 在线交易法律适用和管辖冲突问题

电子商务法只是解决在线交易中的特殊法律问题，在线交易仍然适用传统的法律框架和体系，因此，虽然交易在网络这个特殊的“世界”完成，但它仍然要适用现实的法律。由于 Internet 的超地域性，这给法律的适用和法院管辖提出了难题。因此，对于网络环境引起的法律适用和管辖等特殊问题的研究也就成为电子商务法的重要组成部分。

3. 我国电子商务立法的途径

我国的电子商务立法尚处于起步阶段，因此，有必要对电子商务立法的途径问题进行研究和探讨。从立法学的角度看，我国电子商务立法可以有两条途径，如图 8-1、图 8-2 所示。

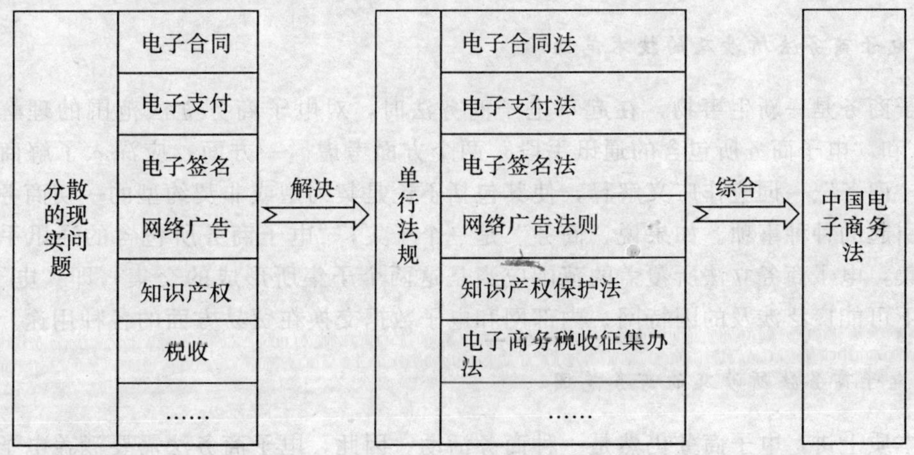

图 8-1　分-整的电子商务立法途径

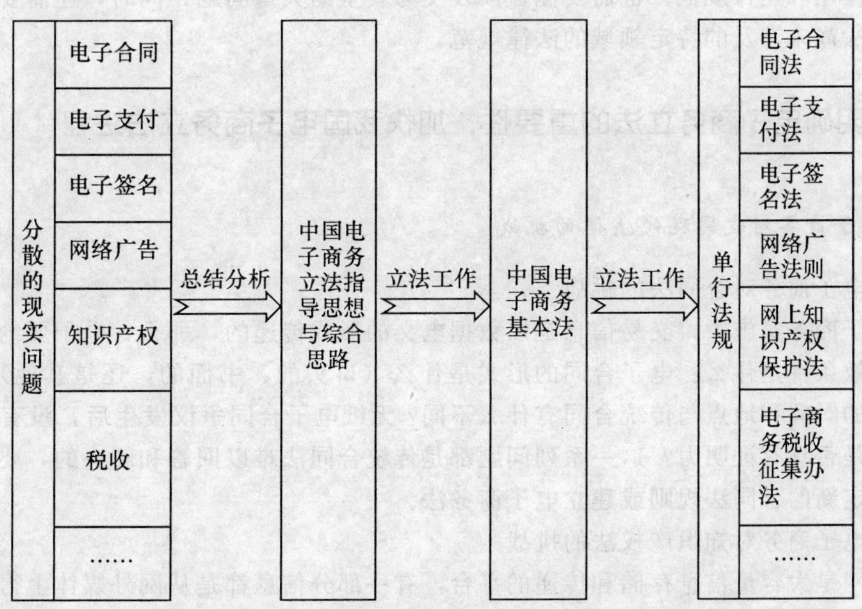

图 8-2　整-分的电子商务立法途径

8.1.2 电子商务法的调整对象和范围

1. 电子商务法的调整对象

调整对象是立法的核心问题，它揭示了立法调整的因特定主体所产生的特定社会关系，也是一法区别于另一法的基本标准。根据电子商务的内在本质和特点，电子商务法的调整对象应当是电子商务交易活动中发生的各种社会关系，而这类社会关系是在广泛采用新型信息技术并将这些技术应用到商业领域后才形成的特殊的社会关系，它交叉存在于虚拟社会和实体社会之间，有别于实体社会中的各种社会关系，且完全独立于现行法律的调整范围。

2. 电子商务法所涉及的技术范围

电子商务是一新生事物，在起草电子商务法时，对电子商务立法范围的理解，应从“商务”和“电子商务所包含的通讯手段”两个方面考虑。一方面，应深入了解商务的含义。对“商务”一词应作广义解释，使其包括不论是契约型或非契约型的一切商务性质的关系所引起的种种事项。如果说“商务”是一个子集，“电子商务所包含的通讯手段”为另一子集，电子商务立法所覆盖的范围应当是这两个子集所形成的交集，即“电子商务”标题之下可能广泛涉及的因特网、内部网和电子数据交换在贸易方面的各种用途。

3. 电子商务法所涉及的商务范围

从本质上讲，电子商务仍然是一种商务活动。因此，电子商务法需要涵盖电子商务环境下的合同、支付、商品配送的演变形式和操作规则；需要涵盖交易双方、居间商和政府的地位、作用和运行规范；也需要涵盖涉及交易安全的大量问题；同时，还需要涵盖某些现有民商法尚未涉及的特定领域的法律规范。

8.1.3 明确电子商务立法的重要性，加快我国电子商务立法进程

1. 电子商务对我国现代法律的挑战

(1) 电子商务对合同法的挑战

在电子商务实施中，交易信息是以数据电文的形式传递的，那么，电子要约和承诺的构成、生效条件是什么？电子合同的形式是什么（口头的、书面的，还是其他）？合同成立、生效的时间和地点与传统合同有什么不同？无纸电子合同争议发生后，没有原件的打印，合同是否具有证明力？这一系列问题都是传统合同法难以回答和解决的，要求我们必须研究制定新的合同法规则或建立电子商务法。

(2) 电子商务对知识产权法的挑战

互联网是大容量信息存储和传递的平台，有一部分信息都是从网外媒体上得到的，有一部分是其他网站转载的，还有一部分是原创的。那么未经过同意和支付报酬就使用网络

信息的网站或用户就构成著作侵权。如经过同意和支付报酬后使用，那么网站将难以发展，而且每件作品的使用均得到作者同意也很难操作。如何在保护作者权益和维持网站信息的丰富多样性之间寻求平衡，是著作权法的新任务。

(3) 电子商务对银行法的挑战

商务活动的支付手段较早实现了电子化支付，如信用卡支付、网上结算、电子资金划拨等。网络支付越来越普及，传统银行法中货币发行、支付风险、支付责任等规定很难直接套用于电子支付行为。在电子支付过程中，电子货币的发行人是哪些机构、电子支付的安全性由谁保障、支付中出现现金冒领等损失由谁承担等问题，都应制定新的法律规范予以调整。

(4) 电子商务对证据法的挑战

在传统的诉讼法中，证据的种类、证据的形式、证据的证明力等都与纸质介质的证据有一定的关系。而数据电文若没原件，诉讼中的举证方法如何确定？数据电文作为证据，它是独立的证据种类，还是传统证据的某一种形式？数据电子证据的排他性、防伪造问题如何解决等，是现有的证据法难以回答的。

(5) 电子商务对消费权益保护法的挑战

法律强调对消费者权益的保护是为了维护交易双方的实体平等。为此，消费者权益保护法赋予了消费者一系列的权利。但在电子商务环境下，消费者的角色发生了变化，消费者行为更信用化、理性化、个性化，同时在虚拟的网络市场中，消费者更关注自身权益能否得到法律的切实保护。现有消费者保护法，无法对网上消费者对商品和服务的知情权、退货权、隐私权等提供充分的保护。所以，应当考虑电子商务消费者的消费特点，制定新的电子商务消费者权益保护规则。

(6) 电子商务对税法的挑战

现有的税法和税种主要建立在商务主体开发的传统商务模式之上。交易双方的交易信息和账册都存储在纸质介质上，营业主体都有固定的地点和经营范围，利于税务部门的核查、监控及催收。在电子商务实施过程中，营业主体的地点和经营范围不固定，数据信息易于删除、修改、复制等。这为税务部门获取电子商务的真实交易资料带来极大的不便。此外，电子商务中生产、流通、分配、消费等环节的界限也在一定程度上难以区分，这对网上交易征税时税种的确定带来困难。为适应电子商务交易的特点，有必要制定电子商务税收法律制度。

2. 我国电子商务立法的现状

与美国、欧盟等西方国家相比，我国的电子商务立法相对落后。存在的一些主要问题包括：①立法层次普遍较低；②电子商务法与网络立法界限不清；③分别立法现象、法律重复建设现象严重；④现行法律的修订相对滞后；⑤大多针对表层问题，在深层问题上缺乏相关法规的规范。

3. 我国电子商务立法的作用

电子商务是依托 Internet 而兴起的一种全新商务模式，也是未来商务发展的一个必然趋势，代表着未来贸易方式的发展方向。电子商务的快速成长必然涉及社会生活的各个层面，其独特的运作方式向现有的商务规范提出了技术、财务和交易安全等方面的重大挑战，并涉及民商法、刑法、经济法、行政法、程序法等几乎所有方面的法律问题，因而，没有法律规范的电子商务是难以正常发展的，电子商务立法是推动电子商务发展的前提和保障。及时制定并出台相应的法律法规，鼓励、引导、维护电子商务沿着正确轨道前进，是当前中国立法工作的一项重要任务。

8.2 电子商务交易的法律规范

8.2.1 电子合同

1. 电子合同的概念和特征

根据《中华人民共和国合同法》规定，所谓合同指的是平等主体的自然人、法人、其他组织之间设立、变更、终止民事权利关系的协议。电子商务合同指的则是以交易为目的，通过计算机网络形成并订立的合同。

与传统的合同相比，电子商务合同具有以下特征：①电子合同的交易双方当事人的交易目的更加难以确定。②合同的订立对双方当事人的要求比传统交易更高。③电子合同关系中，当事人双方的身份和性质难以确定。④电子合同的法律构成要件和传统合同的构成要件有差异。例如，美国的法律规定，凡是交易额在500美元以上的交易都应采取书面形式，但是电子商务合同则没有书面形式。⑤电子商务合同的安全问题。电子商务合同采取的是电子文件的形式，电子文件很容易受到黑客的入侵和病毒的攻击。

2. 电子合同的成立

一般而言，合同的成立应该经过当事人之间的要约和承诺。在网络环境下，首先要解决以电子信息形式出现的要约的法律效力问题。各国法律对要约的形式一般都没有加以限制，也就是说，只要有一个意思表明想跟对方订立合同，愿意受对方所提出的各种条件约束，不管是通过口头、书面、电话、E-mail还是其他形式都是有效的。联合国《电子商务示范法》明确规定，要约和承诺可以采用E-mail的形式做出。第二个问题是要约的生效问题。英美法系采用的是发送主义，即要约一旦发出即产生法律效力。而大陆法系采用的是到达主义，即要约只有到达受要约人时才发生法律效力。我国合同法明确规定，要约到达受要约人时生效。如果采用数据电文形式订立合同，收件人指定特定系统接收数据电文，该数据电文进入该特定系统的时间，就视为到达时间。未指定特定系统的，该数据电文进入收件人的任何系统的首次时间视为到达时间。

3. 电子合同的立法

为了适应新的环境，各国纷纷立法或调整现有的法律规范。在亚洲，韩国、马来西亚、新加坡和菲律宾等国已经制定了有关法规。欧盟《关于内部市场中与电子商务有关的若干法律问题的指令（草案）》指出：各成员国须调整其国内立法以使电子合同合法化。各成员国应特别保证其关于合同缔结的法律制度，不得妨碍电子合同在实际中的应用，也不得因合同是通过电子方式缔结的这一事实而剥夺其生效权利和法律效力。

1999 年 10 月，我国开始实施的新合同法也在合同中引入了数据电文形式，从而在法律上确认了电子合同的合法性。但我国合同法关于电子合同的规定还只是粗线条的，缺乏具体而详细的内容，实际操作比较困难，所以我国合同法关于这方面的规定与国际立法趋势有相当大的差距。2004 年 8 月 28 日，十届全国人大常委会第十一次会议表决通过了《电子签名法》，这标志着我国首部“真正意义上的信息化法律”正式诞生。但仅此一部《电子签名法》是远远不够的，缺少其他有关电子合同的法律配套规定必将构成阻碍我国电子商务发展的重大法律障碍。要真正为电子商务立法，必须尽快完善电子合同法律制度。

下一步完善电子合同法律制度主要解决以下问题：

(1) 电子代理人的合法身份

在电子合同的成立和效力方面，电子代理人的合法身份是一个非常重要的概念，这关系到法律承认网上自动订立的合同的有效性问题。合同可以通过双方电子代理人的交互作用而形成，也可以通过电子代理人与自然人之间的交互作用而形成。电子代理人的要约和承诺行为可以导致一个有约束力的合同产生。在自然人与电子代理人的缔结过程中，自然人应当以作出声明或者行为的方式表示其同意缔结的真实意思。法律承认电子代理人的合法身份应有一定的条件限制，电子代理人首先应当能够显示其最终支配人的基本信息，该信息足以使相对人相信电子代理人行为的法律效力；其次，电子代理人应当具有在程序和技术上保证交易双方按照自己的意愿表达其缔约意思的功能，提供相对人以审查交易条款的充分权利；此外，电子代理人还必须能够对交易双方的交易信息实行保密，防止交易信息被截取、修改或破坏。

(2) 数据电文证据力的认定

数据电文证据力，即电子证据问题。电子商务交易履行中发生纠纷后，法院是否能接受计算机存储数据记录作为证据，首先是确认数据电文的合法性问题，立法的任务就是认定电子合同证据的效力。电子证据应当是一种介于物证与书证之间的独立证据，立法时应将其单列作为证据的一种。联合国贸易法委员会制定的《电子商业示范法》第九条规定，任何方面不得以数据电文形式不是原件为由否定其作为证据的可接受性。当今世界有关国家的立法都倾向于明确数据电文的证据力，从而也就确认了数据电文的法律效力与可执行力。

(3) 电子合同实施法律的监管问题

①电子商务合同的签约前监管（也可称为网络环境监管）。

电子商务合同签约前阶段主要是买卖信息的网上检索，交易双方都需要对支付问题、交货问题、信用认证问题作充分的考虑和准备。其核心“信息流”是电子商务中目前应用最广泛、最成功的一部分。从法律环境讲，这要求政府尽快修订出台“电子商务法”等一系列法律法规，构建起一个适应电子商务发展的法律体系，以解决电子商务所带来的安全、支付、电子货币、智能犯罪等问题。作为政府职能之一的工商行政管理，应在规范和监管“信息流”方面担当重要角色，为电子商务合同广泛使用建立良好的网络环境。

电子商务合同的网络环境监管，应注意把握以下几个环节：

一是切实加强对电子商务主体资格的监管，严把市场准入关。这包括：（ⅰ）经营性网站的准入；（ⅱ）网络经营公司的准入；（ⅲ）网站经营者的准入；（ⅳ）网站经营特殊商品和服务的准入。

二是监管电子商务中的商标、广告行为，保护知识产权，净化电子商务合同运作环境。应积极探索运用广告法、商标法监管调整网上广告、商标行为的法理手段。尽快地培养网络监管人才，改善网上监管的技术条件，以适应网络科技发展的要求。

三是监管电子商务交易行为，开展网上信息咨询和网上举报与投诉。这要求工商行政管理诸部门树立“多兵种”协同“作战”意识，利用工商行政管理的整体职能，对整个网络进行多方位监察，建立公平交易秩序。利用电子版营业执照和传统纸质营业执照“扫描上网”相结合进行网络主体资格认证，以规范市场准入行为。将网上巡查与地域巡查紧密结合，以规范市场交易秩序。

②电子商务合同的签约过程监管。

电子商务合同的签约过程即交易谈判和签订合同过程：主要是指买卖双方对所有交易细节在网上进行谈判，交易双方利用电子手段经过认真磋商后，将双方在交易中的权利、义务，所购买商品的种类、数量、价格、交货地点、交货期、付款方式和运输方式、违约和索赔等合同条款全部以电子交易合同的方式作出全面详尽的规定，合同双方利用 EDI 进行签约，或通过数字签名等方式签订电子贸易合同。国务院颁布的《互联网信息服务管理办法》等法规已开电子商务立法先河。通过法律和行政管理调整，促进电子商务的健康发展，是我国电子商务发展的基本方向。工商行政管理作为合同管理的主要职能部门，寻求有效的电子商务合同监管手段，应从建立“合同信用认证网络平台”和建立“红盾电子商务合同鉴别认证网”入手。

目前，全国工商系统完整和强大的企业信息资源以及不断完善的系统的网络布局已基本具备了成立“红盾电子商务合同鉴别认证网”的条件。

③电子商务合同签约后的履行监管。

电子商务合同签约后的核心是“清算支付，货物承运”，即资金流和物流，最重要的是电子支付环节。这也是电子商务目前还欠成熟的部分。物流与资金流分离的特点，导致了电子商务的风险所在。如消费者在网上购买、使用商品和接受服务一般都不与经营者以及商品或者服务直接见面，因而其合法权益易受到侵犯。

工商行政管理在电子商务合同监管中有必要承担起保护消费者合法权益和进行网上仲裁的责任和义务，加大对配送主体的规范和物流渠道的管理，加大网络巡查力度，积极开展网络案件查处，打击网络合同诈骗和欺骗行为，从而推动电子商务的完善与发展。

8.2.2 电子签名

1. 电子签名立法的必要性和重要性

在电子商务交易过程中，由于金融电子化，交易各方采取的电子票据这种无纸化的支付和结算方式，向传统的票据法律制度提出了挑战。在电子贸易中，人们无法采取传统上

的亲笔签名来确认身份而只能采取电子方式，即电子签名，而电子签名只是数字信息，不可能是票据法上规定的真实签名。而电子签名在电子票据制度中居于核心地位，其法律效力如何直接关系到电子票据在电子商务贸易中未来的发展命运。目前，国际社会已越来越多地接受电子签名的可行性，电子签名将会逐步取代传统的手写或机械方式，成为认证的一种主要手段。

电子签名（electronic signature)，学界目前仍没有一个公认的明确的定义。从本质上可以说，电子签名是一种电磁记录，是“建立在计算机基础上的个人身份”。与传统的签名相比，电子签名主要具有以下的特征：①客观准确：电子签名是计算机精确处理的产物，很少受主观因素的影响，能够客观、真实地反映事实。②技术要求强：电子签名本身是高科技的产物，它的使用也需要应用高科技，而且电子签名也会随着科学技术的不断发展而发生变化。③易改动：传统的签名如有改动，容易留下痕迹。而电子签名是以计算机的键盘输入，用磁盘介质保存的，改动、伪造后可以不留下痕迹。④无形性：电子签名是存储于磁盘等介质中的数字信号，以计算机存储为条件，是无形的，电子记录的管理、收集或保存比书面文件更方便，尤其是管理大量的文件时，更能发挥其优越性。

由于票据的快速流通性和严格要式性，我国现行的票据法将签名这一形式要件严格限定在亲笔签名或签章的形式范围内，也尚未明确规定其他的形式是否可以产生法律效力，因而可能造成经过电子签名的电子票据因不符合法律所规定的形式要件而由此导致票据行为无效的情况产生。同时，电子签名涉及电子票据支付和结算的效力和安全，缺少有关电子签名的法律规定必将构成阻碍我国电子票据在现代贸易发展中发挥作用的重大法律障碍。因此，修改现行票据法关于签名的规定或者制定新的电子签名法以确定电子签名的法律效力是完善我国票据立法的当务之急。

2. 国外对于电子签名法律效力问题立法的比较研究

纵观各国与电子签名相关的立法，其核心部分和最主要的目的都是一致的，就是确定电子签名的法律效力。事实上，电子签名的法律效力在世界范围内基本上已经得到认同。各国立法均在一定程度上对于电子签名的法律效力作出了界定，弥补了这一法律规定与现实需求的差距。

尽管世界各国都面临许多相同的电子签名法律问题，并且各国的电子签名的立法都在最大限度地遵循着与国际兼容的原则，但毕竟各国政治制度、法律制度、经济状况、电子贸易发展和应用水平等都有较大的差异，并且立法的时间各有先后，立法时电子贸易发展所处的阶段也完全不同，所以各国关于电子签名的法律的差异性就必然会以不同的方式体现出来。

(1) 美国的《犹他州电子签名法》

1995 年，美国犹他州为规范电子签名的运作和使用首先制定了《犹他州电子签名法》，成为世界上第一个为电子签名立法的地区，首次承认了电子签名在商业活动中与手写签名具有同等的法律效力。

(2)《国际与国内电子商务签章法》

此法解决的只是一些原则性和协调性的问题。除了有关电子签名的一般性内容外，对于电子签名的法律效力采取有限制性的承认，主要是由于电子签名在技术方案、安全性、应用以及与法律的衔接上尚存许多需要进一步完善的地方，如果让它完全取代传统签章，在实际应用中会出问题，在法律上的风险也会很高。所以，对电子签名法律效力的认可采取因地制宜、循序渐进的做法，先将一部分暂时还不宜于通过网络传输的事务排除在电子签名的适用范围之外，等时机成熟了，再逐步扩大电子签名的适用范围。

(3) 联合国的《电子商务示范法》和《电子签名统一规则》

联合国《电子商务示范法》总则的内容集中围绕数据电文的法律效力展开，其规定成为各国有关电子票据的电子签名立法的基础。其中对电子签名法律效力的确定最具指导意义的是规定了"功能等同原则"。所谓"功能等同的方法"指的是一种将数据电文的效力与纸面形式的功能进行类比的方法，其目的是要摆脱传统书面签名或签章这一单一媒介条件下产生的束缚，而通过在传统签名的具体功能中抽象出功能标准，再以此确定具有相应效果的电子签名的法律效力。《电子签名统一规则》主要是在"功能等同原则"的基础上进一步设定了一些判断电子签名是否可靠的条件，使得对电子签名效力的规定更科学、更完善。

(4) 新加坡的《电子贸易法》

该法最大的特色是对电子技术的选择和法律化方面。由于电子签名的技术性特征，因此何种技术生成的电子签名才具有法律效力必须由法律加以规定。对于这个问题，大致可以分为三种类型的解决方案：源于美国犹他州的技术特定化方案，以联合国贸易法委员会为代表的技术非特定化方案，以及以新加坡为代表的折中方案。前两种方案在立法模式上存在着针锋相对的意见，为了解决这一两难问题，新加坡《电子贸易法》采取了折中的办法，一方面规定了电子签名的一般效力，保持技术中立性，适用于以任何技术为基础的电子签名；另一方面，又对所谓"安全电子签名"（即以公共密钥技术为基础的电子签名）作出了特别规定，并建立了配套认证机制。

因此，制定我国的电子签名法、以法律形式承认电子签名的法律效力已经迫在眉睫。

3. 国内对于电子签名法律效力问题立法的研究

根据当前我国的具体国情，借鉴国外的立法实践，可从以下几方面对我国电子签名的法律效力作出认定：

(1) 电子签名固有的功能——"功能等同原则"

签名在交易中之所以重要，是因为它能满足交易双方对确认交易安全的需要，即：交易对象具有真实性以及交易双方之间传递的信息是真实、完整的。电子签名实际上并不是一种真正的签名，但从功能上来看，当它满足以下三个条件方具有法律效力：①签名者事后不能否认自己签名的事实；②任何其他人均不能伪造该签名；③如果当事人就签名的真伪发生争执，能够由公正的第三方进行裁决，通过验证签名来确认其真伪。以联合国国际贸易法委员会的示范法为例，对于电子签名的效力规定与电子票据有关的主要涉及以下三个方面：①肯定电子签名符合法律关于采取书面形式的要求。②电子签名符合法律关于签名的要求。只要采用了某种可靠的方法来证实当事人的身份，证明当事人同意信息中包含的内容，并且信息在传递过程中是可靠的，那么这种信息就符合了法律关于签名的要求。故电子签名也符合法律对签名的要求。③电子签名具有与书面签名同样的法律效力，不能因为它是一种数字化、电子化的信息就否认其法律效力。

对于电子签名的法律效力的认定应该以其功能作为依据，签名是纸质还是电子信息只是形式上的不同，只要其实质内容和功能达到签名的现实要求即应该得到法律的承认而被赋予法律效力。

(2) 电子签名的技术认证选择——“有限折中法”

根据法律经济学原理，法律其实是对社会利益的分配，好的法律应该寻求利益分配的最优化，达到“帕累托最优”。因此，鉴于我国目前经济和技术发展水平不高的现状，笔者认为，应根据我国具体情况并借鉴新加坡的折中方案加以修正，这将是电子签名立法的明智之举。即可在一般情况下以非技术特定化来原则性地规定电子签名的法律效力，同时特别规定“安全电子签名”以及采用公开密钥加密法具有特殊的法律效力，因其更能保证电子票据流通的安全性，同时也更节约社会成本。而具体采用何种技术手段则由当事人自己选择，将风险由政府转移给当事人，尊重市场的选择。

(3) 电子签名法律效力的保障——认证机构的完善

电子票据制度的核心是电子签名，而电子签名的法律效力由认证机构加以保障，因此认证机构在整个电子交易系统中处于重要地位。要真正实现电子签名的效力，就要完善我国的认证机构。认证机构首先必须具有权威性，其次要具有安全性，即确保自身系统资源的安全，防止外部的攻击和窃取。必须建立严格的准入制度。另一方面，完善认证机构还要考虑认证机构的设立方式。纵观各国的认证机构的设立方式，主要有三种类型：官方集中管理型、民间合同约束型以及行业自律型。我国政府的权力相对集中，民间和社会团体力量比较薄弱，加上我国信用体制尚未建立，采取行业自律及民间合同约束尚不具备条件。我国现阶段认证机构的设立方式采取官方集中管理型为宜。

8.2.3　电子认证

电子认证是保障电子金融安全的重要手段，电子认证中心是电子金融安全体系中的重要信用服务机构。应当通过对我国金融电子认证法律制度的建立与完善，保障和鼓励我国电子金融的安全发展。

1. 数字证书与金融电子认证机构的作用

为了保证互联网上电子交易的安全性（包括信息的保密性、真实完整性和不可否认性），防范交易及支付过程中的欺诈行为，必须在网上建立一种信任及信任验证机制，使交易及支付各方能够确认其他各方的身份，这就要求参加电子商务的各方必须有一个可以被验证的身份标识，即数字证书。数字证书是各实体（消费者、商户、企业、金融机构等）在网上进行信息交流及商务活动的身份证明，在电子交易的各个环节，交易的各方都需验证对方数字证书的有效性，从而解决相互间的信任问题。CA 是电子认证中心 (Certification Authority) 的缩写，它为电子商务环境中各个实体颁发数字证书，以证明各实体身份的真实性，并负责在交易中检验和管理证书；它是电子商务和网上银行交易的权威性、可信赖性及公正性的第三方机构。

金融认证中心（Finance Certificate Authority）作为一个权威的、可信赖的、公正的第三方信任机构，专门负责为金融业的各种认证需求提供证书服务，包括电子商务、网上银行、网上证券交易、支付系统和管理信息系统等，为参与网上交易的各方提供安全的基础，建立彼此信任的机制。对于网上银行、网上证券委托交易等网络金融业务，金融认证中心为网络应用提供身份认证、信息加密、数字签名、身份控制等多种服务。2000 年 6 月 29 日，中国第一家金融认证中心——中国金融认证中心（CFCA）正式挂牌，标志着中国正式开始了 CA 的认证工作。中国金融认证中心（金融 CA）是由中国人民银行牵头，中国工商银行、中国银行、中国农业银行、中国建设银行、交通银行、招商银行、中信实业银行、华夏银行、广东发展银行、深圳发展银行、光大银行、民生银行等十二家商业银行联合共建，专门负责为金融业的各种认证需求提供证书服务。

金融电子认证的产生与发展将引发金融领域的许多新型法律问题，主要包括：其一，金融数字证书与金融电子认证机构的法律地位以及对金融电子认证的法律监管应得到立法规范，否则无法引导与保障金融电子认证的有序发展。其二，金融电子认证所面临的风险将引发认证机构的责任问题，因为机构极有可能在某些场合给证书持有人或证书信赖人造成损失。其三，金融电子认证机构作为一个对电子金融市场具有重大价值的新型信用服务主体，在金融电子认证领域面临许多现实的或潜在的执业风险，如何鼓励其运行与发展。其四，金融电子认证所应实现的服务标准或技术标准应有相应的规范与完善，以真正达到保障电子金融安全的目的与价值。

上述法律问题的实质是网络化带来的新社会关系对于金融法律制度的新挑战。基于以上法律问题，对于在电子金融中保障网络交易安全以及信用制度起非常重要作用的金融电子认证，应在未来的金融立法中占据应有的地位。

2. 对建立与完善我国金融电子认证法律制度的理论思考

结合对我国电子金融发展及法律环境的现状分析，我国应通过积极的电子金融立法来建立与完善金融电子认证法律制度，以维护电子金融安全，鼓励依托网络的金融创新，促进中国金融机构效益性与竞争力的提升。

首先，从立法思路上而言，应当借鉴我国已有的成功金融立法经验。鉴于对金融认证领域的迫切调整要求，我国应尽快通过较低层次的立法对金融电子认证及金融 CA 的法律地位、效力及准入条件、服务标准等基本问题作出规定，待条件成熟后再将相关规定转化为高层次立法。这也是中国网络立法领域的成功经验。因此，对于需要先行立法来满足调整要求的金融电子认证领域，应同样采取开放、快速的立法思路。

其次，应从立法上为金融电子认证机构设置科学合理的法律责任机制，明确设定一些金融电子认证机构的责任，以促进电子认证机构遵守执业规则，向社会公众提供可信赖的、证实真实可靠信息的数字证书，以保障电子金融业务的安全性并促进网络信用制度的建设。

再次，应规定鼓励金融 CA 发展的责任机制与措施。为避免金融 CA 承担过重责任而限制了自身发展，从立法上又需设定对认证机构的责任限制的规定，以使其维持不过高的运营成本，为电子金融安全提供可靠的认证服务。

最后，应通过立法明确对金融电子认证的监管机构及监管手段。对金融电子认证领域的主要监管主体应是金融监管机构而并非网络行政监管机构。金融 CA 除应具备网络行政监管机构对于一般 CA 规定的成立条件外，还应取得金融监管机构的从业许可，并接受其监管。

8.2.4 电子支付

1. 电子支付概述

网上交易最终必须通过付款来了结债权债务关系，支付的一种重要方式是电子支付。电子支付是指以计算机及其网络为手段来负载有特定信息的电子数据取代传统的支付工具用于资金流程，并具有实时支付效力的一种支付方式。目前在互联网上出现的支付系统模式已有十几种。这些系统大致可以分为三类，即电子货币系统、支付清算系统、银行卡支付系统。

网上支付中的法律问题主要有两个方面：一是必须保证互联网的安全，二是不能改变支付的性质。

2. 网络银行的法律保护

自 1995 年 10 月，美国花旗银行率先在互联网上设站以来，网络银行发展迅猛。1998 年 3 月 6 日，我国内地第一笔网络银行交易在 Internet 中获得成功。现在我国已经有多家银行可提供网络银行服务。在网上银行业务中，关键的法律问题就是网络安全问题，虽然网络银行在设立时都已经采取了严格的措施，如数字签名、防火墙等。但是，由于这些是通过人们设计的程序进行的，很可能有人能够识别这些程序，通过修改这些程序进行破坏活动，从而给银行、消费者或者商家带来损失。

我国针对计算机和互联网业务制定了相应的法律法规，如《中华人民共和国计算机系统安全保护条例》、《计算机信息网络国际联网管理暂行规定》，就对计算机信息系统的安全和计算机网络的管理使用作了规定。作为计算机网络的重要组成部分的网络银行也适用这两部法规的有关规定。1997 年修订的刑法中有关通过互联网犯罪的规定也可适用于网络银行犯罪。今后应借鉴美国《电子资金划拨法》和《统一商典法》第 4A 编及联合国国际贸易法委员会制定的《国际贷记划拨示范法》来制定我国的电子资金划拨法，以明确网络银行等金融业的业务操作规则及电子资金划拨的风险责任。

3. 网上信用卡支付系统的法律保护

利用信用卡在网上购物有许多方式，根据当事人在其中所起的作用，大致可以分为以下两种：

(1) 商家主导型

在这种方式下，商家通过自己的网站展示有关商品的信息，并提示可以用信用卡进行支付，消费者在选择好需要购买的商品之后，根据计算机屏幕上的指示，将自己信用卡的有关信息（卡号和密码等）通过网络传递给商家。在传递信息时，消费者对信息一般是不加密的，或者只是简单地使用浏览器上提供的安全套接层技术进行加密，这种简单的加密技术一般在任何浏览器上都可以找到。商家收到这些信息之后，送给收单行的处理器进行处理，确认是不是真实的信用卡，再决定是否发货。

(2) 消费者主导型

这种方式和前一种方式基本一样，不同的是，消费者在传递有关信用卡信息时，使用了一种特殊的软件，消费者将经过加密的信用卡信息传递给商家，商家收到信息后转送给银行的处理器，银行解密，确定信用卡是否真实。在这种情况下，消费者的信用卡信息是经过加密的，商家没有办法了解信用卡的信息，从而使得交易更为安全。

利用信用卡进行网上购物可能涉及许多法律问题，包括发卡、授权、结算、挂失等许多环节中各方当事人之间的权利和义务。但最为核心的问题是未经授权使用信用卡所造成的损失应当由谁来承担，是商家、消费者还是发卡银行？或者应采用什么样的原则来承担损失。这种损失承担的机制直接影响到当事人使用信用卡的积极性。从现有的有关信用卡的法律来看，各国虽然不同，但基本都偏重于保护消费者。以美国为例，调查信用卡使用人和商家、银行之间关系的法律主要是《Z 条例》（Z Regulation）。该条例在三个方面作出了对消费者保护有利的规定：首先，消费者承担的责任有限，对于未经授权而冒用的信用卡，持卡人的责任只限于 50 美元以内。因此，损失大部分由商家和收单行承担，它们之间的责任分担由双方之间通过协议规定。总体来说，对欺诈产生的损失，商家承担较大的风险。其次，调查责任主要由发卡行承担。对于未经授权而冒用的信用卡，持卡人在发现后一段时间内必须报告发卡行，发卡行必须在一定时期内（一般为 90 天）纠正有关的错误，或向持卡人作出说明。在此期间，持卡人可以拒绝支付那些有争议的款项。最后，发卡行必须进行一定的信息披露，以便于持卡人及时发现未经授权的交易。

4. 电子支票及其法律问题

支票是由出票人签发的，委托办理支票存款业务的银行或者其他金融机构在见票时无条件支付确定金额给收款人或持票人的票据。在支票法律关系中，有关的当事人有出票人、持票人、出票人委托的银行、背书人等。

为了使网上支付更为便捷，一些银行和技术厂商开发出电子支票支付方式。电子支票用数字手段及数字化信息彻底取代了纸质支票。电子支票既适合个人付款，也适合企业之间的大额付款。

电子支票和其他网上支付手段一样，都是计算机和网络技术的产物，在通过电子支票进行网上支付的过程中，同样可能产出各种各样的法律问题。

（1）如何解决电子支票同票据法律的冲突问题。我国《票据法》第 4 条规定，票据出票人制作票据，应当按照法定条件在票据上签章；第 7 条规定，票据人的签章，为签名、盖章或者签名加盖章。而电子签名法则肯定了电子签名的法律效力。因此，应修订《票据法》中有关条款，使两部法律的条文一致。

（2）电子支票的金融监管问题，如何对一些中介所的技术服务商进行监管是一个突出的问题。我国《支付结算办法》第 6 条规定，银行是支付结算和资金清算的中介机构，未经中国人民银行批准的非银行金融机构和其他单位不得作为中介机构经营支付结算业务。人民银行是否允许这样的技术机构从事资金结算职能，还是维护银行的专营权，禁止其他机构涉足网上支付领域，是目前必须面对的问题。

（3）控制利用电子支票进行网络犯罪，保护消费者利益。电子支票很容易被犯罪分子利用作为洗钱的工具，如何将现有的防止洗钱手段适用于电子支票等网络支付工具，也是一个迫切需要解决的问题。

8.3　电子商务的相关法律制度

8.3.1　电子商务税收问题

对于网络交易是否完全征税，征什么税，应设计什么样的税收管辖模式，世界各国对此意见纷纭。重要的是，在网络交易的情况下，传统税收理论的税收原则、纳税人、课税对象、课税环节等范围越来越难以界定。因此，认真研究网络交易对税收理论、税收法律、税收制定的影响，很有意义。

1. 网络交易对传统税收理论的挑战

(1) 对税收基本原则的挑战

传统的税收原则有法宝原则、效率原则、适度原则、公平原则、实质课税原则。在网络交易条件下，上述原则均面临挑战。第一，目前除美国有专门关于网络税收的立法外，其他国家尚无网络税收立法的出现。第二，有的国家认为如果对网络交易征税将会极大影响网络经济的效率。第三，如果对网络交易免征税，则不够公平。第四，到底征多少税，适用什么税率、税目，仍然不能确定。

(2) 对课税对象与环节的挑战

在传统经济条件下，增值税和营业税的课税对象不容易混淆，但在网络交易的情况下会出现问题。数字化产品究竟销售的是货物还是劳务，这在实践中界定十分困难。

课税环节的概念也遇到新的挑战。所谓课税环节，是指在商品流通、劳务交换过程中应缴纳的阶段。利用 Internet 进行的直接交易，表现出虚拟化、隐匿化、非中介化的特点，从而使得课税环节不容易掌握。

(3) 纳税申报问题

在网络条件下，纳税申报概念的内涵已发生了实质性的变化，主要表现为以下几点：第一，纳税人进行纳税申报不一定非得采取书面形式，不一定非得履行传统意义上纳税人的法定代表人或其委托人在书面文件上签字或者盖章的手续，电子申报就是一种非书面，它所需要的是电子签名。第二，纳税申报的类别也不再限于上门申报和邮寄申报，而是采取现代化的、符合信息时代要求的、更为有效的形式。第三，由于网络交易条件下，国家之间的地域或者物理边界已被打破，传统意义上的居民纳税申报和非居民纳税申报的划分已不再具有很大的实际意义。

(4) 代扣代缴问题

在传统经济中，为节省征税成本，可采用代扣代缴的方法，从税源处加以征收。例如，对个人征收工资所得税较为麻烦，但税务当局可委托发工资的单位加以代扣代缴。但在网络经济条件下，作为代扣代缴义务人的商业中介会不复存在。

(5) 所得的性质问题

从传统的经济理论观点来看，对于货物销售所得、特许权使用费所得和劳务报酬所得是三种不同性质的所得。但是在网络系统交易中，以上三种所得概念正在趋于模糊。例如，对软件的网上下载销售，到底是货物销售、特许经营使用还是劳务就无法分得很清楚。

2. 对网络交易是否征税的争论

(1) 美国政府提倡暂不征税

美国始终占据网络交易的主导地位，欧洲、亚洲等国家则相对落后，美国不仅在全球网络交易中大获其利，而且更大的赢利机会还在后头。另一方面，美国对商品征收的是销售税而不是增值税，美国税收收入以所得税为主，销售税所占比重不大。所以美国为保护自己的既得利益和长远利益，并借此推行全球一体化的经济扩张战略，极力主张对网络交易暂不征税，并呼吁其他国家对网络交易也不要征税。

(2) 欧盟主张征税

由于欧盟在网络交易市场上起步较晚，所占市场份额不如美国大；另一方面，欧盟对商品交易普遍征收增值税，增值税收入占税收收入的比重较大。因此，如果对网络交易不征税，将对其税收收入影响较大，所以欧盟主张征税。

(3) 学术界的不同声音

一种观点认为网上税收不切实际，且会阻碍 Internet 的发展和网络交易的增长。第一，欧盟不能强迫美国企业到欧盟注册。第二，如果顾客用加密的信用卡或者电子货币付账，税务当局将很难推断出支付活动的目的国。第三，由最终用户为网上购买服务交纳增值税的想法也不可行，因为征税成本过高，税务机关无法实施税务监督。

另一方面，主张对网络交易进行征税的也大有人在。最极端的观点来自荷兰马斯特里赫特大学的鲁阿·索尔特教授，他主张对通过 Internet 传输的每一个数字单位征税，即有名的"字节税"理论。索尔特教授认为以字节来征税首先是可行的，其次还可以有效地防止信息污染和拥挤。

(4) 我国政府的态度

我国目前尚无专门的网络交易税收规定，政府将视情况在适当时机征收网络交易税，主要还是以增值税方式征收。

3. 网络交易税的征管措施

网络交易的特点主要表现为虚拟化、非中介化、无国界化，税务机关对网络交易事前、事后的监管越来越困难。如何对网上交易行为进行有效的税源控制，对网上交易行为中的应税项目进行切实有效的税款征收，避免国家税收的流失，已成为当前值得关注的问题。其实对网上交易，采取有效的方法是完全可以避免税收流失的，这种方法就是税源扣缴。新"税收管法"给网络交易税款的征收提供了法律准备。

8.3.2 电子商务隐私权的法律保护

1. 网络隐私权概述

隐私权是现代社会中一项非常重要的人格权，甚至可以说隐私权的发展是现代社会的重要特征之一。网络隐私权作为传统隐私权在网络环境下的延伸和体现，随着电子计算机的广泛使用和网络技术在全球范围内的普及，正面临着越来越多的危险，网络隐私权的法律保护问题日益引起人们的普遍关注，也成为互联网的社会信息化带来的最大困扰之一。因此，如何做到既恰当地保护广大用户的网络隐私权，又不妨碍电子网络产业的正常发展，已经成为世界各国在网络隐私权法律规制方面的重点和难点。

(1) 隐私权

世界上很少有国家用立法的方式对隐私权的概念进行明确的界定。目前，国内学者对隐私权的定义也存在较大的分歧，但一般都认为，隐私权作为一项基本人格权利，是指公民享有的私人生活安宁与私人信息依法受保护，不被他人非法侵扰、知悉、搜集、利用和公开的一种人格权。其内容具有真实性和隐蔽性，主要包括个人生活安宁权、私人信息保密权、个人通信秘密权及个人隐私利用权等。

- 隐私权的主体只能是自然人。
- 隐私权的内容具有真实性、隐蔽性。
- 隐私权是一种支配权、利用权。
- 隐私权的保护要受公共利益原则的限制。

(2) 网络隐私权

① 网络隐私权的定义及内容

网络隐私权并非一种完全新型的隐私权，是传统隐私权在网络空间环境下的延伸和体现。具体而言，公民的网络隐私权包括如下几个方面的内容：

- 网络个人资料信息搜集的知悉权。知悉权是网络隐私权的基本权利，是指任何单位和个人在搜集使用他人的个人数据资料时，必须向资料的所有者进行及时准确的告知。
- 资料搜集的选择权。用户的选择权主要体现在对个人信息资料的搜集使用上，在目前情况下，绝大多数网站所提供的服务都与用户付出的信息资料直接有关，这样不利于用户选择权的充分实现，所以，选择权的真正实现尚待时日，尚需各方的努力。
- 网络个人信息资料的控制权。这是网络隐私权的核心，这一权利包括网络隐私权人通过合理的途径访问、查阅被搜集和整理的网络个人信息资料，并对错误的个人信息资料进行修改、补充、删除，以保证网络个人信息资料的完整、准确；也包括任何单位或个人、未经网络用户本人的同意或授权，不得随意公开、使用或处置用户的网络个人信息资料。
- 网络个人信息资料的安全请求权。不论网站所搜集的是何种个人信息，只要涉及网络隐私权，就必然与信息资料的安全问题有密切关系，不论是人为的信息泄露或被窃取，还是技术上的缺陷、操作上的失误致使信息资料或数据丢失，都将严重地影响个人信息资料的正常使用和用户网络隐私权的保护。

② 侵犯网络隐私权的表现形式

- 非法侵入。网络空间属于个人的私人空间，是隐私权保护的重要领域之一，禁止非法侵入。未经本人同意，非法侵入他人电脑、电信设施，构成对他人隐私权侵害。

- 非法截取、覆盖。私人信息是最重要的隐私内容之一，未经同意在他人传播信息的过程中，对他人的个人信息进行拦截或非法截取，构成对他人隐私权的侵害；对他人的个人信息进行覆盖，也构成对他人隐私权的侵犯。
- 窃听、窃取、删除。未经他人同意、利用网络技术窃听他人网络电话或者网络聊天内容，窃取他人的图片、文字，窃取他人拨号上网的密码，恶意拷贝、删除他人资料等，这些都构成对他人隐私权的侵害，应当承担侵权责任。
- 伪造、修改他人私人资料。这种侵权行为是指非法侵入他人电脑、电信设施，恶意伪造、修改他人的资料，以使自己获得非法利益或者不获得任何利益。
- 骚扰。这种行为主要是指利用恶意代码将浏览器的首页设置为色情网站，发送大量的电子邮件造成对方的电子邮件爆炸、瘫痪，发送病毒，发送色情消息，直接将软件嵌入到用户的浏览器上面等。
- 披露。这是指未经他人同意将他人的网络姓名等个人信息资料予以公开。
- 监视。一般是指在网络传输的某一个环节设置监视软件，从而使他人的一举一动都在自己的监控之下，类似于现实世界中的隐性摄像头。
- 跟踪刺探。这是指通过聊天、邮件或实时软件，进行跟踪，以言辞或文字引诱，获得私人信息，侵害他人的隐私权。

2. 网络隐私权法律保护模式比较法考察

网络隐私权被不断地攻击给信息网络业的发展和个人隐私权的保护带来了巨大的威胁和挑战。各国在加强网络隐私的法律保护方面已取得共识。基于“任何对互联网的规制不应阻碍其发展”这一基本原则的坚守，各国因对规范网上个人数据资料的收集使用等行为可能对电子商务和网络发展造成的影响的估计不同及各国的网络隐私权现状和法律传统的不同，对网络隐私权进行法律保护和救济的模式与侧重点也有所不同，一般可以分为行业自律模式和立法规制模式两种。

（1）美国：行业自律模式

行业自律模式，是指依靠网络服务者的自我约束和行业协会的监督来实现，制定法律和法规是力图寻求一个平衡点以协调保障网络用户隐私权与促进网络信息产业发展和保证网络秩序安全稳定之关系。在对待网络业以及与之有关产业方面，美国为了鼓励和促进网络产业的发展，一直对网络服务提供商和其他与这一产业有关的各方实行比较宽松的政策，不主张通过严格的立法，给网络服务提供商施加过多的压力，要求尽过多的义务，因为担心这样做会对整个互联网和与之有关的产业遭受巨大的损失，从而对互联网和与互联网有关的产业带来负面作用。该模式最具特色、也最普遍的形式是网络隐私的认证计划。

这种模式的缺点十分明显，就是它完全建立在行业自律的基础之上，依据网络服务提供商和与之有关的其他产业的自觉行动来保证这些规定的执行。这种模式缺乏保证规定实施的机制，并仅仅对那些加入了该计划的公司有效，对大量没有加入这一计划的公司来讲，它起不到任何约束和规范作用。

（2）欧盟：立法规制模式

这是由国家和政府主导的模式，这种模式的基本做法是由国家通过立法的方法从法律上确立网络隐私权保护的各项基本原则和各项具体的法律规定、制度，并在此基础上建立相应的司法或行政救济措施。欧盟在这方面的做法最具有代表性。1995 年欧盟就制定了《欧盟数据保护指令》。1998 年 10 月，欧盟制定的《网络私人资料保护办法》开始生效，它十分严格地限定在传递和使用个人数据资料时必须遵守的规则。

欧盟主张立法规制模式，注重对于个人隐私权益的充分保护和尊重。这一模式也有负面影响。从法律上来讲，这样做的最直接的后果是增加了网络服务提供商的法定义务。从经济上或从网络产业本身来讲，这样做无疑增加了以网络服务提供商为代表的整个信息产业的成本，甚至会损害信息产业的利益并阻碍网络电子商务的发展。

(3) 软件保护模式

这是指依靠一定的技术支持，由网络用户自己选择自我控制为主的模式。该模式强调通过加强用户的权利保护意识，结合使用相关软件如“个人使用隐私选择平台（P3P）”等方式达到保护网络隐私权的目的。该模式将保护网络隐私的希望寄托于用户自己。

3. 我国网络隐私权的法律保护现状

与国外相比，我国的隐私权法律保护制度起步较晚。目前我国法律仍没有将隐私权作为公民一项独立的人格权利加以保护，而只是简单地规定了与公民的隐私权有关的权利(如肖像权、名誉权等)。对公民隐私权的立法规定散见于宪法、民法、刑法、民事诉讼法、刑事诉讼法和最高人民法院就此所作的司法解释中。

在实践中，我国通常把隐私权纳入名誉权的范畴予以保护，对隐私权采用间接保护方法，所以当公民的隐私权受到侵犯时，受害人不能以侵犯隐私权作为独立的诉因诉诸法院请求法律保护与救济，而只能以其他诉因提起诉讼，这种将隐私权归入名誉权加以间接保护的方式在诉讼上极为不便，也不利于受害人隐私的保护。名誉权所关注的是与民事主体名誉有关的事实表述是否真实及评价是否适当，而隐私权所关注的则是民事主体的私人生活安宁及私人信息秘密不被侵犯。同时，侵犯隐私权行为的构成要件与侵犯名誉权行为的构成要件也不尽相同，若对侵犯隐私权行为的构成以是否给名誉权造成侵害为前提，则会出现很大一部分侵犯了他人隐私权但并未对他人名誉权造成侵害的行为难以受到应有的处罚，这就从本原上降低了民法保护隐私权的效力。

隐私权保护的立法依据缺失，在网络立法上的规定也较为笼统，这就直接导致目前我国对网络隐私权法律保护基本上处于一种无法可依的状态，对我国的网络用户而言，在法律上既没有新的网络隐私权保护的规定可供适用，也不能求助于传统隐私权的保护手段来保护个人的网络隐私权，一旦出现网络服务提供商或其他的主体通过网络非法搜集网上个人用户的隐私资料，并用作对当事人不利的方面，网络用户就容易陷入孤立无援的境地，因此，构建我国公民的网络隐私权的法律保护就显得十分必要。

4. 我国有关网络隐私权立法保护模式之构建

我们应在考虑本国国情，比较考察世界发达国家有关网络隐私权法律保护模式的基础上，吸取可行的经验措施，形成我国网络隐私权立法的一般方式和原则。具体来说，首先应从法律上明确隐私权作为一项独立的民事权利的地位，进而尽快制定隐私权保护法，加强对传统隐私权的法律保护，另外，还应重视对信息时代下网络隐私权的调整，尽快制定保护网络隐私权的专门法规，建立一套完整的网络隐私权保护的法律法规体系，进一步加强个人网络隐私权的法律保护，为网络电子产业的发展开辟一条更为坦荡的道路。

因此在立法模式的选择上，我国的网络隐私权立法必须在国家利益、用户个人隐私利益和行业利益之间寻求合理的平衡。

应采用立法、技术和行业自律相结合的综合模式，既要加强立法，也要从行业、技术等多个角度去保护公民的网络隐私权。具体来说，即由行业自律组织制定出保护消费者隐私权的行业规范，把该标准作为最低的法定标准，如果经营者遵守该标准，就可以认为是合乎法律规定的可以免责。采用行业自律，其一是可以充分照顾不同行业的特点，适应网络技术的发展，克服法律的僵化。其二可以实现双重监督，即行业的规范与法律的监督。另外，法律是权利救济的最后手段，它可以使消费者在个人隐私遭受侵害时有寻求保护救济的途径，避免出现申诉无门局面的出现，克服行业自律无强制力的缺陷。具体来说应做好以下几点：

(1) 在立法上明确隐私权的法律地位

我国法律采用间接保护方式来对公民隐私权加以保护的模式，具有很大局限性，应改用直接保护方式。直接保护模式有利于加大对隐私权侵害的救济，我国立法机关应在法律上对隐私权独立的法律地位予以明确规定。

(2) 制定专门的网络隐私权保护法

在立法上明确隐私权独立的法律地位，解决了网络隐私权保护的请求权基础，但仅有隐私权保护的一般规定是不够的，还应制定专门的法律来保护公民的网络隐私权。我国网络隐私权的立法应包括如下内容：

① 网络隐私权的保护对象和内容

网络隐私权的保护对象是指在网上传输的个人资料，所有网上传输的个人信息都应受到保护。就目前来看，网络隐私权的保护至少应包括以下内容：（ⅰ）个人登录的身份、健康状况等个人资料。（ⅱ）个人信用和财产状况，包括信用卡、上网卡、交易账号和密码等。（ⅲ）E-mail地址。（ⅳ）用户网络活动踪迹，如IP地址、活动内容与浏览踪迹等。同时，由于网络技术的不断进步，网络隐私权的内容在扩大，侵权行为的类型也在增多。所以规定的范围与内容亦应采取灵活的方式，即在相关法律条款中单列“其他导致侵害隐私权的行为”。

②权利主体和义务主体

权利主体是指网上个人数据资料信息的拥有者，其对网上个人资料信息应享有如下几项权利：知悉权、选择权、控制权和安全请求权。义务主体是指任何潜在可能对个人网上隐私权构成侵犯的一切主体，应包括政府、企业、事业单位、社会团体组织、个人等。

③侵犯网络隐私权行为的认定

侵犯他人网络隐私权指：“未经他人许可，擅自通过网站上自己和他人的主页，将特定的他人隐私公之于众，或擅自通过第三人、第四人、众多他人发送 E-mail 的方式张扬特定的他人隐私，情节恶劣、后果严重的行为。”侵犯网络隐私权行为的构成要件应包括：（ⅰ）没有法律依据的使用，主要包括未经法律授权、用户授权和超越授权范围。（ⅱ）所用的资料信息属于个人客观真实的信息。如果是编造或虚构的虚假信息，则可能侵犯名誉权或其他人身权利。（ⅲ）主观上有过错。包括故意和过失。合法掌握或知悉了他人的网络隐私，就有责任和义务予以保密，若由于自己的疏忽或轻信可以避免而未采取有效的保

护措施而导致泄露了个人隐私的，则构成侵权。（ⅳ）造成损害后果，包括物质利益和精神利益的损害。（ⅴ）侵权行为与损害后果存在因果关系。

④ 明确网络隐私权保护的基本原则。具体来讲，这些原则应包括：（ⅰ）自己控制、利用原则；（ⅱ）合理使用规则；（ⅲ）公共利益限制原则。

8.3.3 电子商务中知识产权保护问题

在电子商务快速发展的同时，传统的知识产权法面临着如何认定电子商务中的侵权行为，以及如何保护电子商务中出现的新的知识产权等问题。为解决这些新问题，国际社会一方面通过制定新的公约加以协调，另一方面要求各国知识产权法作出相应的调整，以适应全球电子商务发展的需要。

1. 电子商务活动对知识产权保护的挑战

(1) 电子商务对传统知识产权观念及特点的挑战

① 电子商务对传统知识产权观念的挑战

知识产权制度主要是一种确立权利和保障权利的制度，此外也是体现一种激励创造的制度。传统的知识产权保护观念认为，权利尚未形成，则无权利保护可言；权利的保护有一定的界限并遵循单个法律判断。但是，网络世界向传统的知识产权观念提出了挑战，如专利的"即发侵权"的制止问题，域名问题迫使人们将商标、厂商名称、商誉、不正当竞争结合起来考虑，甚至提出了"一体保护"的方法。

可见，电子商务活动涉及多个方面，在社会上引起了很大的震动，对传统的知识产权保护观念更是提出了新的挑战。

② 电子商务对知识产权制度特点的挑战

知识产权具有与有形财产不同的一些特点，如垄断性、地域性、时间性、无形性、政府确认性等。其中，又以垄断性（专有性）和地域性最为特别。如果知识产权不能保证权利人的专有，则知识产权制度就不能发挥出应有的作用，其权利也就成了一种摆设。如果地域性被彻底打破，权利就有可能成为世界通行的"全球权利"或者产生世界性统一的制度。

(2) 电子商务对知识产权保护程序的挑战

① 法院管辖

电子商务中具有行为主体难以确定、行为地点难以界定、行为的跨时空性、国界性等特点，对传统的诉讼程序也产生了影响。"网上没人知道你是条狗"是形容虚拟世界"自由"的一句常用的话。在网上侵犯他人的知识产权也就比传统的侵权方式隐蔽得多。电子商务只需要一部电话、一个调解器和一台电脑就可以开展，因此在防范刑事犯罪以及防止民事欺诈等方面，"不在场"、"没有作案时间"等传统的判定方法就难以奏效。

② 证据及保留

网络上流动着的信息，是否要求服务商必须保存所有的数据，法院是否有权对服务商的所有数据进行证据保全，等等一系列问题不仅涉及案件程序的问题，也直接影响到案件的实质性审理，而且也还要考虑到社会的现实操作可能性问题。

2. 对电子商务中知识产权保护的立法现状

(1) 我国的立法现状

我国关于电子商务方面的立法比较少，缺乏一个专门性的法律。有关的条文体现在有关的法律之中。主要有《中华人民共和国合同法》第11条关于书面形式包括“数据电文”及第33条关于当事人采用数据电文订立合同可以“要求签订确认书”的规定。两者是关于承认电子合同以及电子合同生效方面的规定。

此外，国务院及有关部委也制定了一些行政法规，如1994年3月18日国务院发布的《中华人民共和国计算机信息系统安全保护条例》，1996年2月1日国务院发布的《中华人民共和国计算机信息网络国际联网管理暂行规定》，1996年4月9日邮电部发布的《中国公用计算机互联网国际联网管理办法》、《计算机信息网络国际联网出入口信息管理办法》，1997年5月30日国务院信息化工作领导小组印发的《中国互联网域名注册暂行管理办法》，1997年12月16日公安部发布的《计算机信息网络国际联网安全保护管理办法》，信息产业部1999年9月7日发布的《电信网间互联网管理暂行规定》，2000年1月1日开始实施的《计算机信息网络国际联网保密管理规定》，2000年4月26日公安部发布的《计算机病毒防治管理办法》，2000年8月25日国务院发布的《中华人民共和国电信条例》和《互联网服务管理办法》等。

(2) 国外的有关立法及国际公约

电子商务明显的跨地域性和非主权性，要求各国的法律保持一定的协调一致的规范。立法上到底是制定一部独立的电子商务单行法还是在修订现有的法律以适应时代的要求方面存在着争论。但是，美国、加拿大、韩国、新加坡等国家对电子商务已经有了关于电子商务方面的“基本法”，德国、阿根廷、意大利、俄罗斯、马来西亚，以及我国的香港特别行政区和台湾也有相应的某些关于电子商务方面的单行法规。在电子商务飞速发展的时代，谁不为电子商务发展奠定法律基础，谁就无法取得电子商务发展的主动权。

在国际公约的制定和修订方面，1996年6月联合国国际贸易法委员会通过了《电子商务示范法》，于同年12月被联合国大会通过。但是该示范法并非国际条约，也不是国际惯例，其作用是为成员国提供一个参考的基本电子商务法。1996年12月20日由世界知识产权组织主持，129个国家代表参加的外交会议上缔结的《WIPO著作权公约》和《WIPO边沿和录音制品条约》解决了网络环境下应用数字技术而产生的著作权保护的新问题，比较充分地弥补了《保护文学艺术作品伯尔尼公约》和《保护表演者、录音制品制作者与广播组织罗马公约》的缺陷，在保留“合理使用”的内容基础上，将“计算机程序”、“数据库”、“技术措施保护权”等纳入了保护范围，增加了不少权利。

3. 电子商务中加强对知识产权保护的对策

我国在知识产权法律制度建设方面，在短短的二十多年间，走过了发达国家一百多年所走过的立法过程，并取得了举世瞩目的成就。但是，相对于世界公约的要求以及从建立一个良好的尊重知识产权、建立完善的激励机制、维护社会竞争秩序方面来看，我国在对知识产权保护方面的工作仍有待结合电子商务的发展趋势进一步完善。

(1) 加大基础电信建设，为电子商务实现全球化创造条件电子商务的运行系统，直接影响到电子商务活动能否正常化实现，也涉及电子商务活动的有效监管。

全球正加速从工业社会向信息社会过渡，世界各国高度重视运用信息技术改造传统的产业，加快结构调整和产业升级。信息技术为企业获得新的信息、新的技术提供了可能，要求知识产权管理机关提供全方位、全天候的服务。这也是电子商务对知识产权管理机关提出的必然要求。

（2）建立和完善适合现代科技发展的中国知识产权保护制度

① 在立法暂时“滞后”的情况下，建立自律机制

加强网络自律是解决电子商务侵犯知识产权问题的最根本办法。尊重他人的知识产权，首先是体现诚实信用原则的要求。

② 完善电子商务及知识产权立法

电子商务在不断发展，仅靠自律是不够的，要构筑最后的一道防线对权利人和守法者给予法律的保护，将知识经济时代新发展的要求反映到知识产权法律制度之中，尽量减少漏洞。因此，将电子商务活动纳入法律管制的范畴，制定专门性的电子商务操作规范性法制，强调电子商务过程中对知识产权的法律保护，使合法与非法行为有一个明确的界定，减少新形势下出现的新种类知识产权之权利不稳定及“游离”状态。

③ 加大执法的力度，强调“一体化”保护手段

对电子商务中知识产权的法律保护，关键还在于加强执法和实现“一体化”综合保护手段。“一体化”保护，不但要求行政执法机关的协调，也要求在运用法律规定方面实行综合处理。对侵犯他人知识产权的行为，要给予严厉的制裁。只有严格地执法，才有可能实现竞争状态的良性循环，才能真正体现知识产权制度对科技创新的引导、激励、保护作用。

（3）加强知识产权国际保护的协调工作

目前国际上管理互联网大多还是依赖各国的立法与司法机构，只有一些技术层面的问题才是通过一些组织进行管理。

世界变化很大很快，特别是日新月异的科学技术进步深刻地改变了并将继续改变当代经济社会生活和世界面貌。电子商务也在改变着传统的知识产权法律制度。反映知识经济时代特征最为直接的知识产权制度，必须在不断的完善中才能实现其应有的作用。

8.3.4　电子商务中域名法律保护问题

随着新经济时代的来临，第四次工业革命到达了高潮阶段，互联网与电子商务技术迅猛发展并被广泛运用，域名的重要性已越来越被人们所认识。新经济时代即知识经济时代，它较原始的经济最大的不同便是人们对知识产权等基于人的智慧所产生的无形资产的价值逐渐被人们所认知和接受。

1. 域名的含义、性质与法律特征

（1）域名的概念

关于域名（domain name）的概念，立法上并未有统一的规定，学理界对此也有不同的理解，诸如，“域名，又称网址，是一个通过计算机登上 Internet 的人在 Internet 上的

地址”；“域名就是指 Internet 用户用以确定其在网上的位置，并与其 IP 地址相对应的名称”等。根据中国互联网络信息中心（CNNIC）的解释，“从技术上讲，域名只是 Internet 中用于解决地址对应问题的一种方法，可以说只是一个技术名词……从商界看，域名已被誉为企业的网上商标”。从法律角度来讲，域名是指域名所有人拥有的用于计算机定位和身份识别的网络地址。

(2) 域名的结构及其主要类型

根据现行域名规则，一个完整的域名通常由左右两部分构成，左边是由 TCP/IP 协议种类（如超文本网络协议 http）和万维网代码所构成的无识别性的通用前缀部分，右边是由英文中的句点“.”依次隔开的顶级（一级）、二级、三级甚至四级域名代码所构成的域名代码部分，如 HYPERLINK “http：//www. pku. edu. cn”（北京大学域名）。根据现行域名管理规则，顶级域名代码主要有两类：一类为国别域名代码，分别对应各个国家或地区，如中国为 cn，美国为 us 等；一类为类别顶级域名代码，具体分为 com（工商业实体）、net（网络服务实体）、org（非营利组织）、mil（军事机构）、edu（教育机构）、gov（政府机构）等。

(3) 域名的性质

关于域名的性质，一直存在着较大的争论。迄今为止，尚无一个国家的立法对此有明确规定。与立法上的不确定状态相适应，目前主要存在以下几种观点：

第一种观点认为，域名是一种商务活动标识，它与商标、商号有联系又有区别，不能概括地说它是或不是一项单独的权利。

第二种观点认为，域名可以成为知识产权的客体，但目前将之独立作为一种权利的依据还不充分。

第三种观点主张，域名是一项独立的知识产权，可称之为域名权，应给之以独立的法律保护。

第四种观点认为，域名不享有权利，因为法律尚未对其作出专门性规定。

域名是一种独立的权利，但并非全部属于知识产权的范畴，域名可分为两类：一类是不具有普通网络用户和计算机所理解的识别性的域名，此类域名与传统经济活动中民商主体的通信住址或电话号码在本质上并无二致，缺乏作为标识性知识产权受保护所需要的最基本条件——区别性（大部分域名均属于此类），故不应归为知识产权，而应比照住所权等进行保护；一类是具有普通网络用户所理解的识别性的域名（只有少数域名属于此类），此类域名应当归为知识产权范畴并应予以独立的法律保护。

(4) 域名的法律特征

域名的法律特征主要有三：

- 标识性。域名的设计与使用初衷是为了用识别性标记来区分网络上的计算机，以方便网络寻址和信息传输，故标识性应为其基本特征之一。
- 唯一性。域名的唯一性是绝对的、全球性的，这是由网络覆盖的全球性和网络 IP 地址分配的技术性特征所决定的。
- 排他性。域名的排他性是其唯一性的延伸与保证。在任一个注册机构注册的域名均具有全球的通用效力，同时，“先申请先注册”的域名注册原则保证了一个域名只能被成功注册一次，这些使域名必然产生全球范围内的排他性。

2. 域名与商标、商号、企业名称的关系

(1) 域名与商标的关系

域名与商标二者在标识性、排他性等方面具有一些共同点，但二者的不同仍是主要的，二者的不同主要表现在以下几个方面：

① 二者适用对象不同

商标是用于区别商品或服务的标识，使用在相同或相似的商品或服务上，并只能用于特定的商品或服务上。域名是用于解决 IP 地址对应的一种方法，是为了方便人们使用 Internet 而创设的，它并不直接与商品或服务相联系，且不能离开 Internet 而独立存在。

② 二者具有的标识性与排他性的基础不同

商标的相互区别性与排他性是以商品或服务的相同或相似为基础的，不同的商品或服务通常不会产生这种要求（驰名商标除外）。而域名则具有全球范围内的绝对唯一性，不因法律主体、商品或服务种类、国家或地区的不同而有任何区别，不存在不同国家的法律主体就相同域名分别主张权利的可能性。此种唯一性是其绝对的排他性的基础，并由 Internet 上域名系统的技术性特征所决定。

③ 二者取得的原则不同

商标取得的原则主要有三种：（ⅰ）注册在先原则；（ⅱ）使用在先原则；（ⅲ）前二者的折中。不同的国家或地区可能采用不同的原则。而域名的注册则采用注册在先原则，先申请、先注册，不注册就不能在 Internet 上使用，此原则为各国所普遍遵循。同时，商标的注册机构在注册时通常负有检索责任，而域名的注册机构则不负检索责任。

④ 二者的显著性要求不同

商标的构成以具有普通人主观上能够判断的显著性为前提，否则难以起到区分商品或服务来源的功能。而域名构成的显著性要求明显低于商标，任何形式的不完全相同或任何程度的相似，只要计算机能够识别则均可注册为独立的域名。

(2) 域名与商号、企业名称等的关系

域名客观上具有的商业标识功能，决定了人们可将之用于广告宣传、产品包装、服务标记等各种场合，并可以之表明域名所有人与特定商品或服务及其他域名使用人之间的特定关系。这一功能与商号、企业名称、原产地标记等现有知识产权的标识性功能并无本质不同。

3. 域名的法律保护

“域名抢注”一词最早见诸于国内大约是在 1995 年底。

所谓域名抢注，又称恶意注册和使用域名，是指注册人将他人的注册商标、企业名称等抢先注册为自己域名的行为。域名抢注的原因主要有三：一是域名与商标等在管理制度及法律保护方面存在较大不同，制度的差异为抢注人提供了可乘之机。二是现行域名管理系统的技术局限和域名绝对的唯一性、排他性特征决定了域名空间竞争的激烈性远远高于商标等传统标识。三是市场经济条件下域名的潜在商业价值与“搭便车”等利益驱动心理的存在构成了抢注行为发生的基本动因。这些原因共同决定了现实中域名抢注行为的大量存在。

在实践中，域名抢注主要表现为将他人商标抢注为自己的域名。域名抢注既有对驰名商标所有人域名的抢注，也有对普通商标所有人域名的抢注。由于驰名商标毕竟是少数且各国均普遍对之予以扩大化保护，故实践中，域名抢注更多地表现为对普通商标所有人域名的抢注。

对于域名抢注，Internet 地址分配公司（Internet Corporation for Assigned Names and Numbers，ICANN）于 1999 年 8 月通过的《统一域名争议解决规则》（UDRP）规定，在满足下列三个条件时，域名注册机构可认定某域名的注册属于抢注，并有权撤销、变更和转让域名注册，同时规定法院对域名争议拥有最终的司法管辖权：①该域名与异议人拥有权利的某商标或服务标志相同或引起混淆的类似；②域名持有人不享有涉及该域名的任何权利或合法利益；③该域名已经被恶意注册和使用。UDRP 同时规定了恶意的具体认定标准，包括注册域名的目的是为了向商标或服务标志的所有人或其竞争对手允诺出售、出租、转让该域名，为了妨碍商标所有人将自己的商标注册为域名，为了干扰竞争对手的正常经营，或者为了获取商业利益而故意制造混淆以吸引用户访问其网站等。

另外，为防止商标、企业名称等的所有人利用其商标或企业名称随意威胁域名持有人及反向劫持域名，UDPR 规定以下几种情形下域名持有人依法享有域名权利及相关权益：①域名持有人在收到异议通知之前已经善意使用或有证据证明准备善意使用域名或与域名有关的其他名称；②域名持有人虽未取得商标或服务标志的权利，但作为域名持有人，其域名已为公众所熟知；③域名持有人正在合法地使用域名，该等使用非以商业盈利为目的，并且不具有误导消费者或破坏商标或服务标志的图谋。

8.4 我国网络安全的法律保证

8.4.1 我国保证网络安全的相关法律

1. 我国涉及交易安全的法律法规

在现代社会的各个环节中，商品的交换扮演了非常重要的角色。相对于生产、分配及消费而言，交换体现了动态的效益价值。而交换秩序则是实现交换价值的基本前提。这种基本前提在法律上就表现为对交易安全的保护。交易安全较之静态的财产安全，在法律上亦体现了更丰富的自由、争议、效益与秩序的价值元素。

我国现行的涉及交易安全的法律法规主要有四类：

(1) 综合性法律。主要是民法通则和刑法中有关保护交易安全的条文。

(2) 规范交易主体的有关法律。如公司法、国有企业法、集体企业法、合伙企业法、私营企业法、外资企业法等。

(3) 规范交易行为的有关法律。包括经济合同法、产品质量法、财产保险法、价格法、消费者权益保护法、广告法、反不正当竞争法等。

(4) 监督交易行为的有关法律。如会计法、审计法、票据法、银行法等。

我国法律对交易安全的研究起步较晚，且长期以来注重对财产静态权属关系的确认和静的安全保护，未能反映现代市场经济交易频繁、活泼、迅速的特点。虽然上述法律制度体现了部分交易安全的思想，但大都没有明确的交易安全的规定，在司法实践中也没有按照这些制度执行。如《民法通则》第六十六条规定的“本人知道他人以本人的名义实施民事行为而不做否认表示则视为同意”，体现了交易安全中表见代理的思想，但却没有形成一套清晰的表见代理制度。在立法和司法解释上，背离交易安全精神的规范大量存在。在立法上，如《民法通则》第五十八条、《经济合同法》第七条关于民事行为无效的规定，过分扩大民事行为无效的范围，有损于交易主体对其交易行为的合法性信赖即交易安全利益。在司法解释方面，1987 年 7 月 21 日最高人民法院《关于在审理经济合同纠纷案件中具体适用〈经济合同法〉的若干问题解答》中，明显过分偏置于静的安全，而忽视动的安全，背离交易安全保护的精神。

2. 我国涉及计算机安全的法律法规

我国的计算机安全立法工作开始于 20 世纪 80 年代。1981 年，公安部开始成立计算机安全监察机构，并着手制定有关计算机安全方面的法律法规和规章制度。1986 年 4 月开始草拟《中华人民共和国计算机信息系统安全保护条例》(征求意见稿)。1988 年 9 月 5 日第七届全国人民代表大会常务委员会第三次会议通过的《中华人民共和国保守国家秘密法》，1989 年，我国首次在重庆西南铝厂发现计算机病毒后，立即引起有关部门的重视。公安部发布了《计算机病毒控制规定（草案)》，开始推行“计算机病毒研究和销售许可证”制度。

1991 年 5 月 24 日，国务院第八十三次常务会议通过了《计算机软件保护条例》，这一条例是为了保护计算机软件设计人的权益，调整计算机软件在开发、传播和使用中发生的利益关系，鼓励计算机软件的开发与流通，促进计算机应用事业的发展，依照《中华人民共和国著作权法》的规定而制定的。这是我国颁布的第一个有关计算机的法律。1992 年 4 月 6 日机械电子工业部发布了《计算机软件著作权登记办法》，规定了计算机软件著作权管理的细则。

1991 年 12 月 23 日，国防科学技术工业委员会发布了《军队通用计算机系统使用安全要求》，对计算机实体（场地、设备、人身、媒体）的安全、病毒的预防以及防止信息泄露提出了具体措施。

1994 年 2 月 18 日，国务院令第 147 号发布了《中华人民共和国计算机信息系统安全保护条例》，为保护计算机信息系统的安全，促进计算机的应用和发展，保障经济建设的顺利进行提供了法律保障。这一条例于 1988 年 4 月着手起草，1988 年 8 月完成了条例草案，经过近 4 年的试运行后方才出台。这个条例的最大特点是既有安全管理，又有安全监察，以管理与监察相结合的办法保护计算机资产。

针对国际互联网的迅速普及，为保障国际计算机信息交流的健康发展，1996 年 2 月 1 日国务院令第 195 号发布了《中华人民共和国计算机信息网络国际联网管理暂行规定》，提出了对国际联网实行统筹规划、统一标准、分级管理、促进发展的基本原则。1997 年 5 月 20 日，国务院对这一规定进行了修改，设立了国际联网的主管部门，增加了经营许可证制度，并重新发布。

1997 年 6 月 3 日，国务院信息化工作领导小组在北京主持召开了“中国互联网络信息中心成立暨《中国互联网络域名注册暂行管理办法》发布大会”，宣布中国互联网络信息中心（CNNIC）成立，并发布了《中国互联网络域名注册暂行管理办法》和《中国互联网络域名注册实施细则》。

1996 年 3 月 14 日，国家新闻出版署发布了电子出版物暂行规定，加强包括软磁盘（FD）、只读光盘（CD-ROM）、交互式光盘（CD-I）、图文光盘（CD-G）、照片光盘（Photo-CD）、集成电路卡（IC-Card）和其他媒体形态的电子出版物的保护。

1997 年 10 月 1 日起我国实行的新刑法，第一次增加了计算机犯罪的罪名，包括非法侵入计算机系统罪，破坏计算机系统功能罪，破坏计算机系统数据程序罪，制作、传播计算机破坏程序罪等。这表明我国计算机法制管理正在步入一个新阶段，并开始和世界接轨，计算机法的时代已经到来。

3. 我国保护计算机网络安全的法律法规

（1）加强国际互联网出入信道的管理

《中华人民共和国计算机网络国际联网管理暂行规定》规定，我国境内的计算机互联网必须使用国家公用电信网提供的国际出入信道进行国际联网。任何单位和个人不得自行建立或者使用其他信道进行国际联网。除国际出入口局作为国家总关口外，邮电部还将中国公用计算机互联网划分为全国骨干网和各省、市、自治区接入网进行分层管理，以便对入网信息进行有效的过滤、隔离和监测。

（2）市场准入制度

《中华人民共和国计算机网络国际联网管理暂行规定》规定了从事国际互联网经营活动和从事非经营活动的接入单位必须具备的条件：

① 是依法设立的企业法人或者事业单位；

② 具备相应的计算机信息网络、装备以及相应的技术人员和管理人员；

③ 具备健全的安全保密管理制度和技术保护措施；

④ 符合法律和国务院规定的其他条件。

《中华人民共和国计算机信息系统安全保护条例》规定，进行国际联网的计算机信息系统，由计算机信息系统的使用单位报省级以上的人民政府公安机关备案。

（3）安全责任

从事国际互联网业务的单位和个人，应当遵守国家有关法律、行政法规，严格执行安全保密制度，不得利用国际互联网从事危害国家安全、泄露国家秘密等违法犯罪活动，不得制作、查阅、复制和传播妨碍社会治安的信息和淫秽色情等信息。

8.4.2 加大法制宣传力度，提高全民族的网络安全意识

计算机网络已经在全社会普及，网络安全也日益关系到每一个人的切身利益。当自己的计算机被病毒侵害，被黑客入侵，而造成数据丢失、硬盘烧毁时，人们都会感到极度的痛苦和愤怒。如果发生在电子商务活动中，还会造成直接的经济损失。对于一个单位、一个国家来说，网络系统出现问题，破坏的影响面会更大，损失会更严重。

所以，必须从战略高度认识这一问题，在各个应用领域、教育层次开展网络安全教育，普及网络安全知识，宣传网络安全法律法规，使人们的安全意识跟上计算机网络飞速发展的步伐。

8.4.3　公钥基础设施（PKI）

为解决 Internet 的安全问题，世界各国对其进行了多年的研究，初步形成了一套完整的 Internet 安全解决方案，即目前被广泛采用的公钥基础设施技术（Public Key Infrastructure，PKI）。PKI 技术采用证书管理公钥，通过第三方的可信任机构认证中心 CA（Certificate Authority），把用户的公钥和用户的其他标识信息（如名称、E-mail、身份证号等）捆绑在一起，在 Internet 上验证用户的身份。目前，通用的办法是采用建立在 PKI 基础之上的数字证书，通过把要传输的数字信息进行加密和签名，保证信息传输的机密性、真实性、完整性和不可否认性，从而保证信息的安全传输。

所谓 PKI 就是一个用公钥概念和技术实施和提供安全服务的具有普适性的安全基础设施。但 PKI 的定义在不断地延伸和扩展。PKI 涉及多个实体之间的协作过程，如 CA、RA、证书库、密钥恢复服务器和终端用户。国外的 PKI 应用已经开始，开发 PKI 的厂商也很多。许多厂家如 Baltimore、Entrust 等推出了可以应用的 PKI 产品，有些公司如 VerySign 等已经开始提供 PKI 服务。网络许多应用已经在使用 PKI 技术以保证网络的认证、不可否认、加解密和密钥管理等。尽管如此，总的说来 PKI 技术仍在发展中。PKI 系统仅仅还是在做示范工程。我们认为 PKI 技术将成为所有应用的计算基础结构的核心部件，包括那些越出传统网络界限的应用。

PKI 公钥基础设施是提供公钥加密和数字签名服务的系统或平台，目的是为了管理密钥和证书。一个机构通过采用 PKI 框架管理密钥和证书可以建立一个安全的网络环境。PKI 主要包括四个部分：

①X. 509 格式的证书（X. 509V3）和证书废止列表 CRL（X. 509 V2）；

②CA/RA 操作协议；

③CA 管理协议；

④CA 政策制定。

本章小结

本章主要围绕电子商务的发展对传统商务法的冲击展开，为了适应电子商务的发展需要，必须建立电子商务的法律法规，以解决电子商务发展中出现的问题，给予法律制度保障，从电子商务法与传统商务法的区别着眼，逐步分析电子商务交易的法律规范，包括电子合同、电子签名、电子认证、电子支付等方面的有关法律制度，并针对电子商务出现的新的税收法律问题、隐私权法律问题、知识产权法律问题、域名法律问题展开论述，最后回到我国网络安全的法律保证上来，从制度、法律、技术等多个方面为电子商务的发展营造一个完善成熟的氛围。

习　题　8

1. 根据你的了解，国外主要出台了哪些电子商务法规？
2. 除本章介绍的内容，你还了解哪些我国出台的与电子商务相关的法规？
3. 试述电子商务法规对电子商务的影响。
4. 试举几个经济生活中电子商务对传统法规提出挑战的实例。

实训系统简介

电子商务实训系统以西安博星电子商务教学模拟软件为基础，以学生模拟在企事业单位开展电子商务和进行信息化建设环境下的商家和个人角色，以商务运营和实践操作为主要教学手段，配以教师强大的后台管理功能和教学工具，以满足电子商务及相关学科的教师运用现代化教学工具开展网络教学和实践教学的要求。

系统的设计参照了当前网上各类知名的电子商务平台，如国内的阿里巴巴、易趣，国外的亚马逊等大型电子商务网站，以及像 IBM、ORACLE 等 IT 企业提出的最新电子商务概念。其包含的各个平台对各类电子商务平台进行仿真模拟，界面设计和流程设计与当前网络上真实环境相一致；同时根据教学需要，辅以强大的教学管理平台，将实践与教学完美结合。

系统根据教学实际需要，以方便教学、提高教学质量为目的，采取三位一体的设计方式，即将系统管理员、教师、学生融于教学平台之中。管理员以对系统的初始设置和维护为主，如设置班级和任课教师，对系统进行升级等；教师以教学管理工作为主，如管理学生，各模块后台管理员设置，各模块教学相关的思考题和案例设置，试题库设置及考前练习和考试试卷设置等；学生通过承担不同角色，在系统中进行模拟实验，学生实验根据实验的内容和功能，分成网上交易模块、网络运营模块和电子商务应用模块。

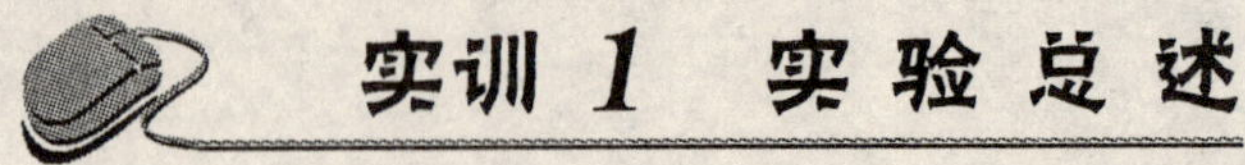

实训 1 实验总述

实验目的

学生熟悉系统，模拟扮演商务机构和个人角色，在电子商务交易及电子商务相关的安全认证、网络支付等活动中进行仿真操作，充分体验电子商务给商业活动和生活带来的商机、便利和乐趣，运用各种电子商务和信息化工具开展商务活动，熟悉电子商务交易等流程，了解电子商务的相关内容含义，从而更加直观地学习电子商务知识，对电子商务有感性的认识，从实践中学习理论，用理论指导实践。

角色设置

商务机构角色（包含供应商、采购商、运营商、金融机构、第三方信用机构、企业管理者）、个人角色（买方、卖方）、各模块后台管理员角色（可由老师指定学生担任）。

流程说明

（1）学生注册

首先选择院校（院校一般设定好，无需改动，一般用户选择默认院校即可），填写注册信息，用户名为学生姓名的汉语拼音全拼，注册密码设为 6 位或以上，注册的公司名称为企业在 B2B 和 B2C 企业方资料，建议设置的公司名为＊＊＊（学生名）集团公司。学生注册的资料，在实验中每一模块注册时数据将直接调用，无需二次输入。学生注册后需要教师通过身份验证，方可登录进行实验。实验前，老师也可以取消身份验证，学生注册后直接进入系统。

（2）个人控制台设置

学生登录后，在进行实验前需要设置好个人控制台，在“我的公司”里完善学生作为企业身份的相关企业资料，供其他企业或信用机构查看。新用户需申请网上银行并存款，才能拥有公司资金。系统给企业账号分配资金，为虚拟货币。在“初始产品”设置中对初始产品的设置，是进行 B2B 交易的前提，这里的设置相当于企业所生产产品的成品库。“我的资金”即学生作为个人身份进行交易时的银行账号，个人申请账号后系统自动为个人分配虚拟货币。

（3）进入 B2B 模块

首先注册，系统提示申请信用认证。申请信用认证后，企业即可获得认证证书，供其他企业查询。若不申请信用认证，则在发布信息后，系统会显示“本信息真实性未证实，请谨慎采用，风险自负”。进入细类中可发布信息，有终止日期，到期后即不再显示。

(4) 申请信用认证

提交申请后进入排队当中，信用认证方会对企业进行评分，根据分数，系统自动设定企业信用级别。信用认证机构可根据顾客的投诉情况重新评定信用级别。

(5) 发布商品

可以发布供应商品信息，也可发布求购商品信息，发布的信息都会出现在最新供求信息当中。商家发布产品之前，必须到个人控制台进行初始产品设置。若不设置，则不能发布商品。

(6) 与其他商家交易

在B2B平台找到需要购买的商品，选择该商品并进行询价。其中涉及查询商家信用认证、网上银行付款，具体流程参照B2B交易流程。

(7) 采购商品

当作为卖方身份的企业收到买方的询价通知后，便和买家商讨价格、签订合同，卖方把合同转为运输单交物流公司运输，并支付货款。买家在个人控制台收到交费的信息，通过网上银行进行转账。

(8) 网上银行

网上银行分为企业账号和个人账号，学生作为企业身份时要用企业账号进行转账等交易，B2B交易双方、B2C企业付款时用到企业账号。学生作为个人身份时要用个人账号进行转账等交易，作为B2C交易方的买方、C2C平台交易双方付款时要用个人账号。

(9) 买方提货

交易完成后，买方根据信息平台提供的交易号，到物流公司提货。

(10) 进入B2C平台

进入B2C平台后可申请成为发布商发布商品。把在B2B采购的商品拿到B2C平台上销售，即在B2B批发采购商品，在B2C平台零售。企业只有采购商品后才具有在B2C平台发布商品的能力，因为所发布商品是从个人控制台下“我的公司”的物品清单中调出，卖出一件就少一件。

(11) 申请成为发布商

注册B2C平台发布商，并通过网上银行汇款。B2C平台供应商收到汇款后自动通过验证，但此时发布商发布的商品不能在前台显示出来。前提是平台提供商后台管理员对平台发布商取消忽略，产品才可显示。申请后商家会收到缴费通知，交纳平台申请费用后平台提供商后台管理员对平台发布商取消“忽略”。

(12) 学生以个人身份进行实验

以个人身份包括以个人身份在B2C平台购买商品、在C2C平台卖商品和买商品。

(13) 以个人身份在B2C平台注册

用户进入B2C平台，首先应注册成为用户，然后才可以购买商品。个人资料是直接调用数据，登录用户名、密码和学生登录的一致。

(14) 购买商品

学生利用B2C平台，可直接购买商家在平台上发布的商品，交易双方为登录的个人和商品发布商。个人用户也可以直接购买平台提供商发布的商品。购买时尽量采用网上银行支付方式，可直接支付。具体交易流程参照B2C个人流程。

(15) 存放商品

用户成功购买商品后商品进入个人控制台下“我的资料”下“我的物品”中可到个人控制台查看其详细。有存货后才可以在C2C平台当中发布销售物品。

(16) 注册登录C2C平台

学生以个人身份登录到C2C平台进行拍卖实验。在C2C平台里，学生可以作为买方和卖方两个角色。用户可以到“个人通道”里查看自己的详细信息，包括个人资料的维护和在C2C平台上的各种购买信息，如正在进行的竞标、已售出的商品等内容。

(17) 作为卖方登录

卖方登录后，到“个人通道”里可查看正在出售的商品，以及当前的详细信息。成交后，会收到买方发送过来的成交信息。

(18) 作为买方登录

作为买方登录后，到“个人通道”里可查看正在进行的竞标和已经完成的竞标，以及当前的详细信息。待完成交易时，可通过短消息和卖方联系，进行付款交易。

(19) 发布商品

用户作为卖方发布商品，前提是卖方必须有商品，商品的来源是从B2C作为个人用户采购过来的。发布商品时，商品可以作为竞价商品，也可以作为定价竞买的商品。

(20) 采购商品

用户作为买方购买商品，可以参加竞价购买，也可查找定价竞买商品购买。具体竞价购买过程参照C2C购物流程。

注意事项

(1) 学生在实验之前需要做好准备工作，认真填写注册信息，并在银行中申请账户。

(2) 模拟交易时，尽量选择网上银行付款模式，这样可以与网上银行结合起来。

(3) 注意个人控制台的使用，在实验前熟悉个人控制台的使用方法。

(4) 学生的身份在系统中是统一的，以某一学生名登录系统后，只能以该学生名在各模块中的身份登录，不能以其他用户的身份登录。如果需要切换身份，则需要退出系统后重新登录。

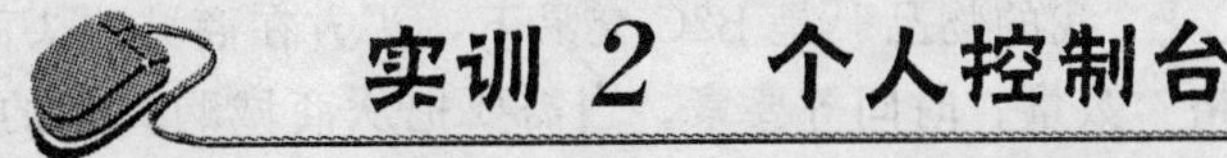

实训 2　个人控制台

实验目的

了解实验过程中信息的传递，设置初始商品为实验做准备，申请、拥有相应的银行账号，使实验过程中资金流畅通。

角色设置

要进行实验的学生、模块后台管理员。

实验要求

了解并掌握个人控制台的功能，设置好企业的初始产品，申请相应的银行账号并存款。

流程说明

（1）用户注册

学生登录 B2B 平台首先必须注册，注册信息从学生第一次登录系统的注册信息直接调用，无需再次输入，学生账号在系统内用户名和密码始终统一。学生注册后需要老师通过身份验证方可登录系统进行实验。

（2）进入个人控制台

（3）“我的公司”

学生作为企业身份实验时，将拥有公司资料、公司资金、初始产品、物品清单、经理名片，通过修改公司资料保持公司资料的及时更新，新用户的公司在网上银行是没有卡号的，需要到网上银行注册申请并存款。已经申请了网上银行的用户，在公司资金下，可以查看资金情况。

初始产品设置相当于把企业生产的产品放在成品库里，可随时用来在 B2B 平台发布并进行交易。单击添加，设置产品。

设置产品时产品编号、产品名称是必须填写的内容，建议设置商品时信息尽可能要全。物品清单是在 B2B 交易中作为买方购入商品存放的地点，当学生作为 B2C 交易的供货商时，他在 B2C 平台发布的商品也是从物品清单中调出来的。

(4)“我的资料”

学生作为个人身份实验时，首先要保证个人信息的完整性，如果需要修改，单击“修改”即可进行修改维护。

“我的物品”是B2C交易下，买方在商城购买商品的存放地点，同时可以记录购买价格、数量、时间等要素。当需要把从商城购买来的商品发布到C2C进行拍卖时，系统将调用“我的物品”里的信息。只有从商城购进的商品才有可能发布到C2C平台进行拍卖。

“我的资金”是学生作为个人身份交易时用来转账的资金账号。在这里记录了账号的号码以及账号的余额。在“我的资料”下还提供了“我的联系方法”和密码维护功能。

(5) 实验笔记

实验笔记为学生提供实时的记录文档。学生可以记录实验过程中遇到的难点或疑点。老师通过“教师管理”在学生管理的详细信息下可以查看学生的实验笔记。

(6) 考前练习

在考前练习的训练中，学生可以巩固所学的知识，并了解考试的基本模式。在每一道题后面都附上详细的答案说明，学生可以及时查看答案。

(7) 查看成绩

在这里查看到的成绩是学生在线测试后，老师评定的成绩。

实训 3　B2B 实验

学生在 B2B 模块中担任企业角色，可以模拟作为采购方采购产品，也可以模拟销售商发布和出售产品。

实验分成两个主要过程，一个是买方购买的过程，一个是卖方出售的过程，两个过程是交替进行的。学生可分组实验，分别作为买方和卖方，在网上洽谈订单、商定合同、网上付款和提货。

实验目的

学生模拟 B2B 实验中的买方和卖方角色，在系统中发布商品，查找商品，进行模拟交易操作，利用模拟过程了解 B2B 交易模式中的交易流程和注意事项。

角色设置

买方、卖方、信用认证中心管理员、网上银行后台管理员。

实验要求

学生在系统中发布商品，申请信用认证，在 B2B 平台中采购商品，与买方（卖方）完成整个交易流程，进行网上银行支付。买方的物品清单中增加购买商品，卖方银行账户中增加相应金额。

流程说明

(1) 注册成为 B2B 会员

单击会员注册，系统自动调用个人控制台学生的基本信息，不需要学生重新填写相关基本信息。注册后即可登录进行实验。

(2) 申请信用认证

学生注册后，首先申请信用认证，由信用认证中心为企业评分并根据分数颁发证书，企业的信用认证可由其他企业查询，能更加直观地说明企业的信用程度。企业信用查询在每个企业信息后都有一个图标，或企业详细信息介绍中信用认证档案，单击可查询到企业的证书。企业的信用程度不是固定的。信用认证中心根据客户投诉等情况可对企业重新评定信用度。

(3) 登录发布信息

学生登录B2B系统后，当作为卖方身份要发布商品时，选择供应信息，进入要发布该公司商品的行业类别中，单击右下角的“发布供应信息”，进行供应信息的发布。发布供应信息时选择要发布的商品并进行定价操作以及终止日期设定。

当作为买方身份需要求购商品时，单击B2B首页的“求购信息”，选择求购商品所属的行业类别，查找商品。

按行业类别查找商品，每一类别后面有一括号，里面的数字为该类别产品的总数量。当选择“供应信息”时，括号里提供的是供应商品的总数量；当选择“求购信息”时，括号里提供的即是求购商品的总数量。

单击该细分类别可查看商品的详细信息，购买商品时买方不仅关心商品的详细信息，还关心提供该商品的企业的信息等级。当买方找到要购买的商品时，单击商品名称查看该商品的详细信息。

(4) 向商家询价

查找到要购买的商品，单击，输入产品数量和价格，可在文本框中附带相关说明，单击“确认”订购，向卖方发送询价信息。

卖方登录系统后可在自己的信息通道中“您的订单”中看到买方发过来的信息。买方提交的价格可以是自己提出的价格。

(5) 信息通道

信息通道为企业开展网上业务的信息查询和发送处，包括订单处理、交易合同、未处理运输单、成功交易清单信息。在订单中，“您的订单”为作为卖方收到的买方发过来的订单，“回复的订单一览表”为企业作为买方收到的卖方的回复订单。下面的价格商讨模块和洽谈合同模块信息的传递都在信息通道中进行。用户进入到信息通道中，如果栏目下有新信息，则栏目旁显示图标。

进入后可看到订单状态、发件方、订购产品、时间等信息，单击发件方可查看买方详细信息，单击订购商品可查看到买方发过来的价格和留言。

(6) 买方查看信息通道

买方可在“您的订单”中看到卖方发过来的价格信息。如果确认没有问题，则单击“同意”，确认信息被发送回到卖方。

(7) 卖方拟发合同

卖方收到价格统一的信息后，可进入到拟发合同阶段。卖方拟好合同内容，点击“发送”将合同发送给卖方。合同有固定模板，也可重新拟发合同内容。合同发送后，系统提示“请等待买方确认”。

(8) 买方收到卖方发过来的合同

买方在自己的信息通道交易合同中会有新合同出现，点击“合同”查看合同内容。如果合同没有问题可点击“同意”确认；如果要修改，则修改后点击“修改”后重新发给对方。系统提示“请等待对方确认”。买卖双方将进入新一轮合同磋商，卖方将重新将合同发送给买方要求确认。

(9) 卖方把货物交物流中心发货

卖方收到买方确认的合同后，可直接到物流中心发货，单击进入物流中心选择发货方

式，系统自动转到货运表单。

选择运输方式、货物重量，希望运输天数，系统自动根据这些设置计算出物流费用；提交运输单后，进入网上银行支付物流费用，填入卡号密码，提交即完成自动转账。

卖方进入物流中心发货的同时，买方在个人控制台中即收到由卖方发过来的信息，信息内容包括交易号，卖方银行账号等内容。买方可马上汇款至卖方账户，也可等物流中心发过来确认信息后再汇款。

(10) 买方付款

根据通知的银行卡号、收款人信息、交易号和金额进入到“网上银行”付款。买方完成汇款后，银行将向卖方发送到款通知。

(11) 卖方收到货款

在买方汇款后，银行向卖方发送通知，通知卖方银行汇款已到，卖方登录“网上银行”可查看到银行账户中的金额增加。

(12) 买方提货

买方根据交易号，到物流中心单击“提货”，输入交易号，便可提到所购买的货物。如果没有付款则不能提到货。

(13) 卖方收到提货短信

买方提货后物流中心将向卖方发送提货短信通知。

注意事项

(1) 实验分为两个主要过程：一个是买方购买的过程，一个是卖方出售的过程。两个过程是交替进行的。

(2) 每一模块都包含有后台管理，用户注册时经常会需要后台通过验证，后台管理员可由老师设定，由某一学生担任后台管理员角色（具体管理办法参照后台管理模块）。

(3) 学生进行实验时，应首先了解系统的框架结构和各种功能，例如在哪里查找信息。

(4) 在B2B首页左上方有浮动工具条，把鼠标放在上面即可显示工具条功能，可切换到前台、后台、个人控制台和思考题模块。

实训 4　B2C 模块

学生在 B2C 实验中分别担任个人消费者和商品发布商角色。作为个人消费者查找商品，进行网上零售交易，同时利用网上支付等手段完成交易付款。商品发布商在系统中发布商品。见图 S-1。

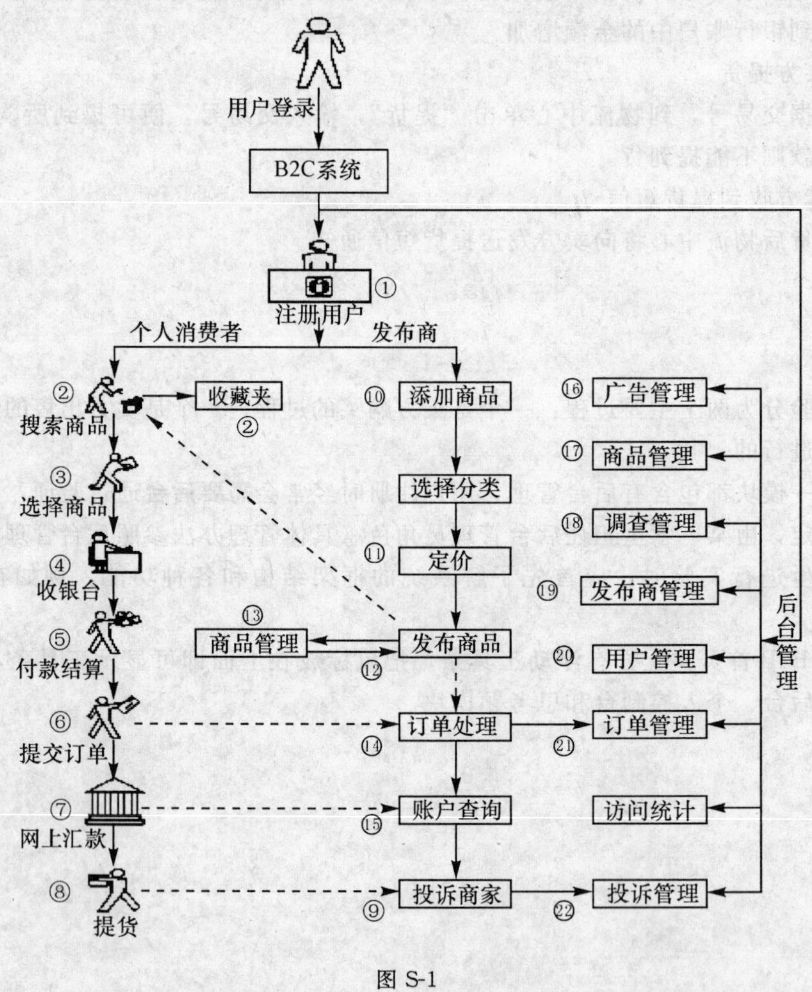

图 S-1

实验目的

学生模拟 B2C 实验中的个人消费者和商品发布商角色，在系统中发布商品，查找商品，进行模拟交易，利用模拟过程了解 B2C 交易模式中的交易流程和注意事项。

角色设置

个人消费者、商品发布商、B2C 系统后台管理员。

实验要求

学生在系统中发布商品，利用购物车在 B2C 商城中购买商品，与买方（卖方）完成整个交易流程，进行网上银行支付。买方的个人物品清单中增加购买商品，卖方银行账户中增加相应金额。

流程说明

Ⅰ. 个人用户

(1) 注册登录系统并设为 VIP 会员

学生登录系统后进入 B2C 模块进行注册。注册时系统调用个人控制台相关信息，不需要重新填写个人资料。

(2) 关注商品

登录 B2C 平台，按类别浏览 B2C 网上商城中的商品，单击所关注商品下的“收藏夹”使该商品进入自己的收藏夹。用户再次登录时可直接点击自己的收藏夹，找到自己关注的商品，直接进行购买。

(3) 把所购商品放入购物车

在浏览商品时选择要购买商品，单击“购买”，该商品将进入消费者的“购物车”列表，“购物车”是暂存商品的地方。在“购物车”里，消费者可以改变订购数量、取消想要购买的商品以及去银行付款等。

(4) 根据“购物车”里的商品去收银台付款

单击“收银台”，系统在结算前首先核实消费者个人信息。核实无误后，如图 S-1 消费者选择付款方式、交货时间以及完成相关详细信息的填写，并确认该信息。如果发现信息有误，可单击“上一步”重新操作，确保信息无误。

系统得到消费者关于付款方式的确认信息后，即允许消费者进行网上付款。

输入个人银行的账号和密码，系统将自动完成付款。

(5) 提货

交易完成后，系统自动将货物提到个人控制台下“我的资料”下“我的物品”中。若银行转账尚未完成，可单击 B2C 首页中“提货”，输入网上银行的用户名、密码以及订单号进行提货，订单号来源于个人控制台下信息平台中 B2C 平台发过来的信息。

Ⅱ. 商品发布商

(1) 注册成为发布商

在 B2C 平台，商品发布商进行注册，确认信息后直接转到银行接口进行付款，输入企业银行账号的用户名和密码并确认即可完成汇款。

汇款后，商品发布商即可发布商品。

后台管理为发布商取消忽略，则发布商可正常利用 B2C 平台发布商品进行零售。取消忽略时需单击注册的用户名，进入操作页面进行取消。

商品发布商点击“添加商品”，选择分类后选择商品，注意所选择的商品必须是同一系统身份从 B2B 模块中购买的物品，其数量会因出售而减少。

(2) 发布商品

商品发布商要发布商品时，单击“添加商品”，并选择该发布商品属于某大类所属的小类，发布在 B2B 平台购买的商品。确认该商品的出售数量，并进行定价操作（分为市场价格、本站价格），填写商品的简介和详细说明，最后提交所发布的信息。

(3) 管理商品

商品发布商可对已经发布的商品进行管理，如修改或删除相关商品的信息，可将其设为特惠商品（特惠商品将放入商城特惠区）。

(4) 管理订单以及修改公司资料

货款到账后，查看消费者下的订单，单击“处理状态”即自动处理完毕。商品发布商可进入“网上银行”查询账户总额（详见网上银行模块）。

注意事项

(1) 实验分为两个主要过程，一个是个人消费者购买的过程，一个是商品发布商出售的过程。

(2) 商品发布商注册时应注意，学生登录系统后进入 B2C 模块进行注册，同意注册协议后填写注册内容（默认为学生的系统注册信息），由后台管理员通过“审核”并“取消忽略”后方可发布商品并显示。

(3) 模块包含有后台管理，后台管理员只能查看自己发布的商品产生的订单，看不到发布商发布的订单，即管理员既可作为商品发布商的角色，利用自己的平台开展零售活动，也可作为平台管理员的角色。

实训 5　C2C 模块

C2C 模块为网上个人交易平台，用户可以在系统中拍卖商品和参加竞标。系统构建了完善的交易平台，学生通过模拟竞拍实验，可以体验到网上竞拍的乐趣，同时又可以了解 C2C 交易模式的运作方式和内容，见图 S-2。

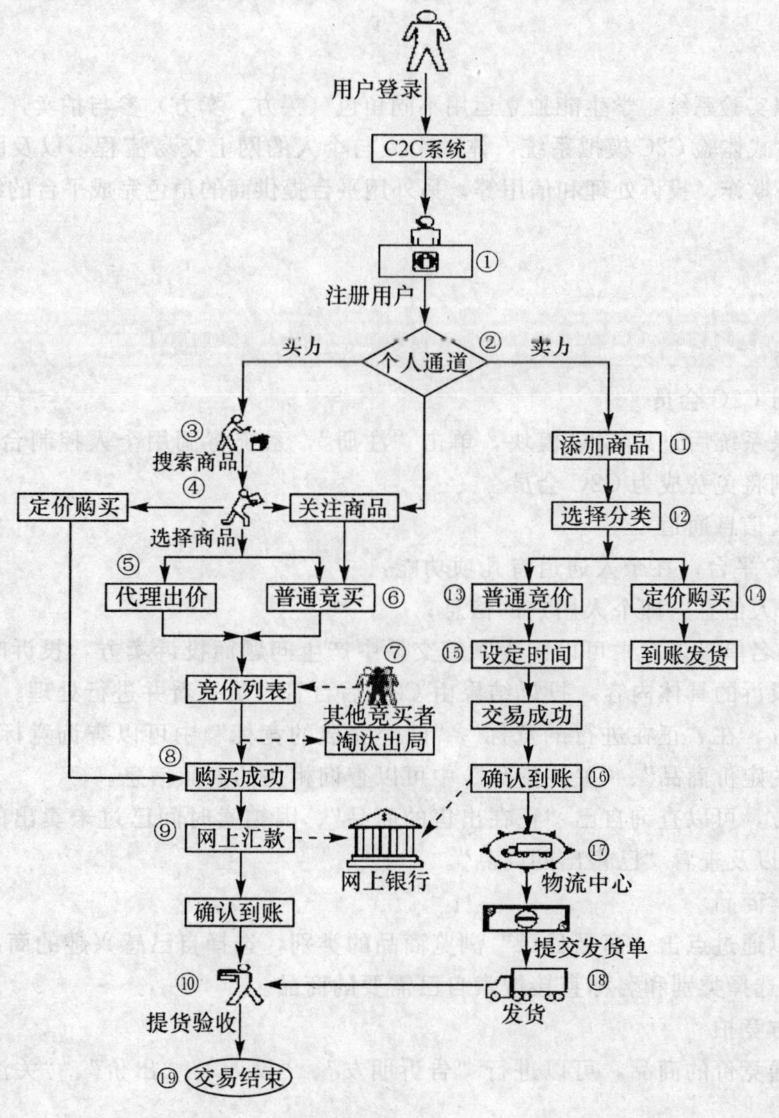

图 S-2

实验目的

学生模拟C2C实验中的买方和卖方角色，在系统中发布商品，查找商品，进行模拟拍卖和竞价，利用模拟过程了解C2C交易模式中的交易流程，并了解平台管理的结构和运作方法。

角色设置

买方、卖方、后台管理员。

实验要求

通过模拟实验系统，学生能独立运用不同角色（买方、卖方）参与拍卖，主要以竞价拍卖、拍卖的方式体验C2C模拟系统，体验个人与个人的网上交易流程，以及因此涉及的交易方式、交易欺诈、投诉处理和信用等，另外用平台提供商的角色完成平台的维护工作。

流程说明

Ⅰ. 买方

(1) 注册C2C会员

学生登录系统后进入C2C模块，单击“注册”，系统将调用个人控制台的相关信息，点“确定”则将免费成为C2C会员。

(2) 个人信息通道

登录C2C平台，在个人通道有几项功能：

- “个人信息”即个人用户的信息；
- “黑名单投诉”中可以因为某笔交易中产生问题而投诉卖方，投诉时填写商品号码，以及要投诉的具体内容，投诉结果由C2C后台管理员查看并进行处理。

作为买方，在“正在进行的竞标”“已经完成的竞标”中可以查询竞标的详细情况；在“已买入的定价商品”、“关注商品”中可以查询相关的商品信息。

作为卖方，可以查询自己“正在出售的商品”、因拍卖时间已过未卖出的“可重新出售的商品”，以及查看“已售出的商品”。

(3) 搜索商品

买方可以通过点击“商品目录”浏览商品的类别，选择自己感兴趣的商品，或者点击“搜索东西”选择类别和名称直接搜索自己需要的商品。

(4) 买方竞拍

对于普通竞价的商品，可以进行“告诉朋友”、“投诉”、“出价”、“关注”、“参考价格”等操作。

若对该商品感兴趣可单击“关注”以对该商品保持关注。在“个人通道”内有“关注

的商品”，点击后可以直接找到该商品。

单击出价后填写起价，并对该商品保持关注，在拍卖截止时间到达前及时出价。

竞价列表为所有欲购买者的出价列表，因每一次购买者出价而实时更新。“个人通道”中“正在竞标的商品”应经常关注并保持出价最高。

当该商品的拍卖截止时间到期后，出价最高者购得该商品，其余购买者被淘汰出局。同时该商品的“交易状态”的“交易”为可点击的按钮，点击后可以看到卖方的网上银行账号以及卖方的详细信息。

买方得到卖方的详细信息后，与卖方取得联系并通过网上银行转账完成交易。为了减少交易中的欺骗行为，管理员可依据情况评定相关会员的信用等级，买方和卖方均可以在“信用公告板”中查询对方的信用等级。

对于定价竞买的商品，不需要竞拍就可以直接购买，流程相似于 B2C 模块中在商场购物的流程。

购买时单击“购买”，选择购买数量、填写简单的留言并确认该信息。确认后系统提供银行接口，输入个人银行账号和密码，将自动完成转账操作。交易完成后商品将自动转到买方个人控制台下“我的资料”中“我的物品”下。

Ⅱ．卖方

卖方点击 C2C 系统“卖东西”大项，选择欲出售的商品，该商品列表必须是从 B2C 平台中购得，并且商品数量会因售出而减少。如果用户没有商品拍卖，则需要到 B2C 平台中购买。

选择好商品进行竞卖时，要选择“商品的类别”、“物品所在地”。在普通竞价中，要设定商品的“起始价”、“底价”以及拍卖的“结束时间”，“起始价”为拍卖开始的价格，而“底价”为卖家最低能接受的价格，设置时“底价”应该超过“起始价”。拍卖时只有买方出价超过“底价”才能成功交易。在定价竞买中，只需要设定“起始价”以及“结束时间”即可。

“高级选项”中，卖家可设定拍卖的“起始时间”、“物品总数”、“最少购买数量”、“最多购买数量”、“加价单位”（每次加价时最低的间隔）、“提醒价”、“发货方式地点”、“售后服务”、“商品包装”的相关说明。在用户限制中，卖方可以限制是否“只有会员”或者“同一城市的用户”才能购买，并可以设置“买方信用度”高于某个级别才能购买，以尽可能防止交易欺诈。

注意事项

（1）实验分成两个主要过程，一个是买方竞拍购买的过程，一个是卖方发布拍卖商品的过程。

（2）卖方也可以选择定价出售，过程类似于 B2C 模块，故不包含在本实验流程内。

（3）“拍卖截止时间”为普通竞价中最关键的设定，只有在到达该时间后，方能完成交易，所以在 C2C 试验时，应合理设定该结束时间，方可在一个较短的时间内完成实验。

（4）后台管理员在该模块交易中不参与交易过程，但学生需要根据后台部分管理内容，了解平台的管理运作方式。

实训 6 网上银行

网上银行根据现实中的银行在网上银行中开展的业务，模拟相关模块，并和系统其他交易模块相关联，不仅可以单独作为网上银行的模拟，也作为系统中相关银行款项转账和支付的手段。

实验目的

学生模拟企业和个人角色，熟悉网上银行开展的业务和操作过程，能熟练运用网上银行支付工具在网上实现转账、网上付款等操作。

角色设置

企业用户、个人用户、网上银行后台管理员。

实验要求

学生分别以个人身份和企业身份注册银行账号，并在网上银行中进行相关的存取款、转账、汇款等操作。

流程说明

（1）注册账号

学生在网上银行需要分别注册个人账户和企业账户，在选择类型时选择个人或企业用户，系统将自动分配银行账户卡号，学生应记住自己的银行卡号，也可以到个人控制台查看自己的卡号。页面提交后，在下一个页面选择所在地区，设置卡号密码并确认。

（2）存款

注册成功后，即可登录网上银行，在本系统中个人用户有最多可拥有的虚拟货币的限度，写入将要存入的金额，点击“存款”即完成存款。

（3）网上银行转账

从收款人列表中选择收款人（收款人列表为每次转账时收款人的记录，可点击“我的收款人”进行添加或者删除）。若列表中还没有收款人账号，则手工填写接收人卡号、姓名以及转账数目并提交表单。

（4）网上交易汇款

网上交易的汇款（个人账号汇款及无账号汇款）：转账必须填写收款人的全称（若是公司账户，必须填写公司全称）、收款人账号、交易凭证号以及所在地等，并提交表单。无账号汇款则无需填写收款人全称。收到汇款后，可点击“取汇款”，也可点击“查询”来浏览网上银行账户的资金流动记录。

注意事项

（1）在个人账号汇款中，必须填写收款人全称、收款人账号（或从“我的收款人”选择，两者只能选其一）、收款人所在地、汇款金额。如果是交易汇款，必须填写单证号。

（2）在交易模块中，经常需要进行银行转账操作。在交易完成后，可直接跳到网上银行接口，输入卡号和密码即可转账，不需要再进入银行转账。

（3）需要进行网上银行转账时，对方会以短信方式提醒，注意查看自己个人控制台中的信息，并记住其中的对方账号、全称和交易号，在进入网上银行汇款时要用到。

（4）个人与企业账户为两个无关的账户，同一学生完成整个实验流程必须各注册一个，系统首页中的“大富翁排名”即为学生企业账户中总资金的排名。本系统中，个人账户只能支付个人身份购买的商品款项，而公司资金因交易而增加或减少则体现在企业账户中。

实训 7 信用认证

信用认证是信用认证机构对网上交易的企业进行的评定和认证，学生通过信用认证实验，理解信用认证的概念，认识信用认证对交易双方的重要性，见图 S-3。

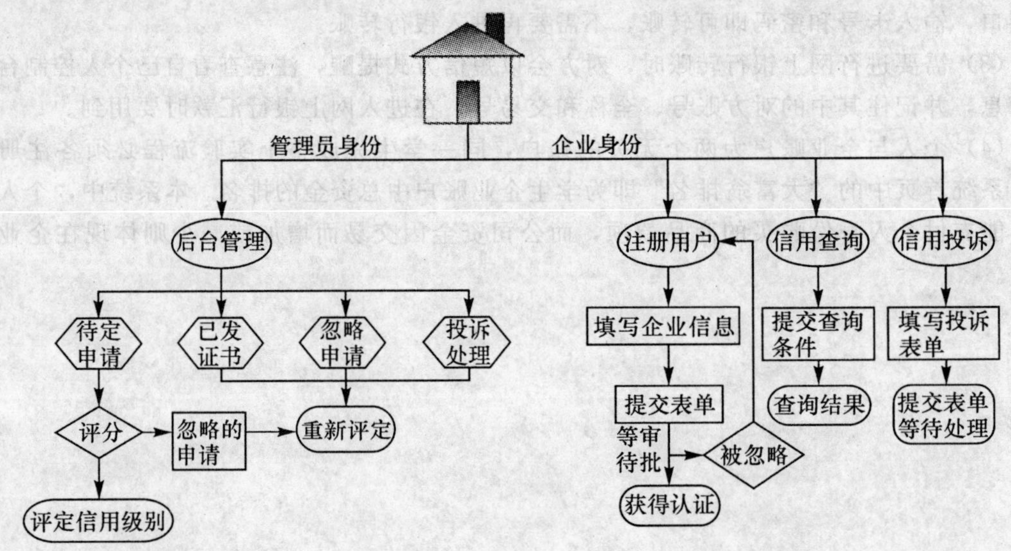

图 S-3

实验目的

学生通过为自己的虚拟企业申请信用认证，了解目前网络上信用认证的运作方式，学习信用认证的相关知识。

角色设置

企业用户、信用认证中心管理员。

实验要求

学生为自己的企业申请信用认证，后台管理员对企业的申请进行评分，根据评分为企业颁发信用证书，对投诉信息进行处理，重新评定企业的信用标准。

流程说明

(1) 申请信用认证

学生在信用认证首页，单击加入会员，同意注册条款并提交申请。

(2) 后台评定

后台管理员登录后在待定申请中可看到申请信息，点击“评定”，为企业评分：第一步为企业信息评定，输入分数，点击“评分”(所得评分不能超过该部分的最高分)，进入下一步；第二步为企业联系方法评定；第三步为企业被投诉情况评定。评分完成后将进入颁发证书程序。企业的信用高低来源于企业各部分的得分。

(3) 投诉处理以及重新评定并颁发证书

后台管理员接到其他企业的投诉信息，经过调查后若不属实将就作罢，若属实必须重新评定该企业的信用等级，并重新颁发证书。

(4) 信用查询

在首页“企业信用查询”中，输入企业名称，可查询到企业的信用信息，包括证书、企业经营管理信用、企业联系信息信用、企业被投诉信息信用等。

注意事项

(1) 企业信用是在B2B交易模块中经常用到的部分。企业在申请信用认证后，在企业名称后的图标链接企业的信用证书，点击可直接查看企业信用证书。

(2) 企业的信用等级是按照对企业的评定分数作为标准，自动生成企业的信用等级，后台在接到投诉信息后，对企业重新评分，重新产生信用证书。

(3) 企业分数与等级评定标准(X代表企业得分)。80≤X≤100——优秀，企业经营能力信用度和经营行为信用度属于优秀，此类企业的风险度最小；60≤X＜80——良好，企业经营能力良好并有较好的经营行为历史，此类企业低风险，而且优于平均水平；40≤X＜60——一般，企业经营能力和经营行为记录都低于平均水平，此类企业的风险度高于平均水平，有较高的交易风险；X＜40——有限，企业经营能力方面差且有不良经营行为记录，此类企业的风险度较大；NR——未评等，当信用等级缺乏分类时，会用NR表示。这种表示不应被解释为目标对象有任何不利因素，只能理解为目标对象难以用压缩的符号进行分类，因而建议查询者要获取更多的信息。

实训 8 CA 认证

CA 认证中心是发放与管理用户数字安全证书的机构，以保证网上交易数据传输的安全。申请安装证书可对数据的传输加密，加强交易的安全性。学生通过对 CA 证书的下载安装，了解申请安装证书的流程。

系统中的交易企业和个人向 CA 认证中心提交申请，并下载安装证书，通过对整个过程的操作，方便对 CA 认证的理解。主要实验内容包括：各种证书概念和管理方法、证书申请、证书下载、证书吊销、后台对申请的审核、策略的设置、证书的颁发。

实验目的

学生通过申请 CA 证书的申请、下载和安装导入，了解 CA 证书的相关概念、数据传输的加密方法。

角色设置

申请用户、CA 认证中心管理员。

实验要求

学生申请证书，通过管理员的验证，下载证书，将证书安装导入到本地机器根目录中。

流程说明

Ⅰ. 申请人

(1) 申请 CA 证书

单击“申请证书”，阅读“CA 证书申请协议”后点击“同意”，进入证书申请表的填写。选择申请类型（“企业”或者“个人”），填写相关信息，提交表单。

(2) 下载 CA 证书

后台管理员颁发证书后，申请人即可进入 CA 中心下载证书，申请人点击“下载证书”，用注册的用户名和密码登录。登录后首先要生成 CA 证书，生成后的证书才能被下载。

(3) 下载并安装证书

生成完成后，选择合适的实验目录进行下载。对下载后的证书进行安装，安装时双击所下载的证书，即可进入“证书管理器导入向导”，根据提示导入证书。

Ⅱ. CA中心管理员

管理员登录后，点击“待定申请”，选择“申请人”并单击“颁发”，进行CA证书的颁发操作。对于已经颁发的证书可以吊销，单击“颁发的证书”，选择要吊销的证书进行“吊销”。已经吊销的证书可在“重新颁发证书”下重新颁发。对于不成功的申请，单击“不成功的申请”，选择后可以将其删除。在“策略设置”下，选择证书的类别，并点击“删除”即可不颁发该类证书，或者进入“要颁发的证书”，点击“颁发”，使此类证书颁发。

实训 9 网站建设

网站建设用于学生建立自己的企业网站，利用网站对企业进行宣传，并把企业网站和网络营销相关联，利用网络营销宣传网站。

学生利用这一工具申请域名，学习制作网站，宣传企业或个人，也可作为教师对学生进行网页设计教学的工具。系统还利用自动建站系统提供了建站实例，方便教师教学和学生参考。

实验目的

学生利用网站建设系统，学习申请域名，建立网站，了解在网络上申请使用虚拟主机的过程、方法以及将网站发布到 Internet 的途径，学习一般企业在网站上的结构和功能，并可自行设计网站的构架，利用网站宣传企业或个人。

角色设置

建站用户、虚拟主机管理员。

实验要求

学生申请域名和空间，利用网上银行支付申请费用，学习建站实例，设计网站构架，制作网页内容，将网页上传，达到在网上发布网站的目的。

流程说明

(1) 域名申请

域名申请前首先要查询该域名是否被占用，在域名查询中输入要申请的域名，选择后缀名单击查询。如果该域名没有被注册即可马上申请。

申请时，单击“赶快抢注”或者“注册”，填写要申请的域名并提交。提交后在个人控制台将收到虚拟空间的缴费通知，根据缴费要求在网上银行转账。

后台管理员收到汇款后将审核该用户申请的域名，管理员审核后该用户即拥有相关的域名和空间。以用户 stux 申请“www. stux. com”域名为例，在得到后台审批后，用户即可登录网站运营站点进行管理。

(2) 管理站点

用户登录后，单击“管理您的网站”，并选择“管理 www. stux. com”即可上传相关文件。在主文件夹内一方面可以直接上传页面，上传页面时，一次最多可传 10 个，在上传时要保证首页的格式是 index. asp，index. htm，default. asp，default. htm 页面；另一方面也可以建二级目录文件夹，在二级目录文件夹里同样可以上传页面。

(3) 建站实例学习

单击建站实例，可看到一个网站包含的内容，以管理员的身份登录到后台即可修改网站的各种数据和栏目。点左上方浮动工具栏中的“登录后台”，以教师分配的管理员用户名和密码进入后台，可对网站的一级信息类别、二级信息类别、信息内容、友情链接、首页广告条等进行修改。该模块不直接提供给学生操作，仅供教师或学生演示学习之用。

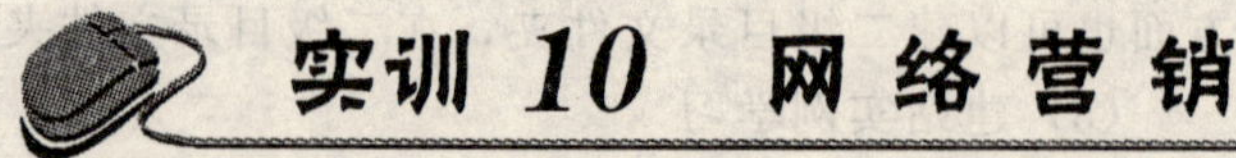

实训 10 网络营销

网络营销提供了多种营销工具，系统中的企业和个人可利用网络营销系统提供的工具开展商业营销活动，创造商机。

网络营销模块和其他多个模块相关联，企业和个人可以利用该模块进行网络宣传，主要功能包括：加入搜索引擎，申请 E-mail，邮件群发，邮件的设置使用，供求商机发布，网上社区交流等。

实验目的

学生利用网络营销系统提供的营销工具，为自己的模拟企业在网络平台上开展营销工作，寻找商机，了解目前网络上流行的营销模式，熟练使用各种营销工具，与企业建站结合，最大限度宣传企业信息。同时，学生应该了解搜索引擎和邮件群发等工具的工作原理。

角色设置

企业用户、个人用户、营销平台管理员。

实验要求

学生将企业加入网络搜索引擎，宣传网站，发布供求商机信息，查找企业商品信息，学习申请使用 E-mail，利用邮件开展营销工作，使用 BBS 论坛寻找合作机会。

流程说明

（1）加入搜索引擎

要完成本实验，学生应该在网站建设模块中申请并建设自己的网站，搜索引擎中上传的将是企业自己公司的网址，客户点击网址浏览企业网站查看企业信息。

单击“新站加入”，并同意加入协议，选择用户类型（免费用户和高级用户，免费用户不需要交纳费用，可免费加入；高级用户在加入时需要交纳一定的费用），用户网站将出现在所购买关键词的网站搜索结果的第一页，并显示推荐图标。免费用户申请时，学生输入网站地址和网站名称等信息，选择所属类别，输入关键字，其他用户利用此关键字搜索即可搜索到发布的信息，提交后等待平台管理员审核。通过审核后，即完成申请，用户

在个人控制台中会收到确认信息。高级用户完成以上申请后，需要到网上银行交纳费用，可申请后直接交费，也可到个人控制台收到确认信后，再到首页“修改网站”中交纳费用，交纳完成后，搜索功能将按照高级用户标准进行，进入搜索引擎细类可看到变化。

(2) 寻找商业机会

学生可利用关键字搜索企业网站，输入关键字来查找并进入查看企业信息；也可直接根据类别进入查找已经注册登记的企业信息，在企业类别后面的括号中有已经注册登录的企业数量，进入细分类后，下方列出所有该类别的企业网站。

(3) 发布供求商机

用户进入“供求商机”，可看到所有的供求信息，信息类别分为供应、求购、销售、代理、合作。在下方发布信息，输入标题和内容，选择类别后可直接发布，新的供求信息将出现在最上方。

(4) 邮件系统的使用

第一次使用，用户需要申请，单击“注册”，同意协议后输入用户信息，注册后将拥有一个 xxxx@allpass. com. cn 的虚拟邮箱。

利用邮件系统给个人发邮件：进入系统点击“发邮件”，选择“发送人”，输入 E-mail 地址和标题内容，发送即可。

创建邮件组，群发邮件：首先点击“创建邮件组”，然后进入该组添加组成员，添加时用逗号隔开名称。发邮件时，选择邮件组，输入标题内容，邮件将被发送到邮件组中的所有收件箱中。

加入垃圾地址：可以将某些邮件地址加入“垃圾地址”，加入后该地址将不能再向本邮箱发送邮件。点击“垃圾地址”，输入垃圾邮箱的地址。

(5) 社区的使用

社区的使用参照实训 11 网上社区。

注意事项

(1) 加入搜索引擎时，收费用户和免费用户在搜索引擎中出现的位置和显示特征有区别。

(2) 邮件使用者的邮件地址都是 xxxx@allpass. com. cn 的虚拟邮件地址，邮件的发送和接收都是以 allpass. com. cn 为后缀的邮箱。

实训 11 网上社区

网上社区主要提供学生交流的平台，对实验以及实践中遇到的问题，学生都可以登录到社区中发布信息，和他人讨论。社区可按功能创建不同的模块，讨论不同的问题。学生熟悉系统后，应该适应和习惯利用论坛来解决各种问题，包括利用 Internet 上各种功能的论坛来帮助自己解决问题。

实验目的

学生利用网上社区进行交流，熟悉社区的使用方法，了解各种网络术语，并延伸到网上各种类别社区的使用，了解社区对解决问题、学习知识、扩大视野等功能的作用。学生应能熟练使用各种论坛，并对自己的学习、工作、乃至娱乐休息起帮助作用。

角色设置

社区管理员、版主、各种权限的使用者。

实验要求

学生申请成为论坛用户，选择其中的模块发帖，掌握发帖方法；申请成为版主，管理用户和帖子；作为管理员设置论坛数据，管理整个论坛结构。

流程说明

（1）注册用户并登录系统

学生登录论坛首页，可看到目前的论坛信息，包括在线人数、论坛模块、各模块帖子数量等信息。进入模块中可查看里面的内容。

点击“注册”进入，填写用户资料，注册后可登录到论坛中。用户登录论坛后，可查看在线情况、帮助内容、搜索文章、隐身和修改个人资料。用户可根据自己的喜好来选择论坛风格，在右上角的自选风格中，可以选择各种颜色的风格，选择后，论坛自动变为选中的风格样式。

（2）发帖子

用户进入论坛，可以自由发帖子，帖子的类型包括原创、转贴、灌水、贴图等，输入标题和内容，点击“发表新主题”即可发表，可对内容进行各种编辑，如加超链接、加入图片、加入各种文件、对字体进行变换等，使用简单方便。

(3) 管理员管理论坛

管理员登录系统后，点击上方的“管理”，进入管理后台。管理员输入管理员密码后进入。用户管理：可对社区中的用户分配不同权限，以及限制发言、删除帖子、删除资料等操作；论坛管理：建立论坛数据，增加论坛模块，修改删除模块，在已存在的论坛上单击“建立论坛”，为论坛模块增加分类内容，为分类分配管理员即版主，版主可管理分配中的帖子内容；论坛资料管理：可批量删除某时间段、某论坛、含有某内容的帖子或回帖，将某一分论坛的数据合并到另一分论坛中，以清理数据库，避免浪费空间；设置管理：管理员可设置友情链接，社区的变量和社区的广告，管理员可在其中直接更改数据；社区管理：可对用户群发邮件，发送公告和短信；此外，管理员还可管理上传的附件，如果有必要还可以删除这些附件。

实训 12 网上练习和网络测试

Ⅰ. 网上练习

网上练习是为学生提供考前练习的机会，教师在后台设置并开放试卷后，学生可进入练习。网上练习有以下特点：

(1) 网上练习的题目和网上考试一样是从题库中抽取的，但是练习时点击参考答案，答案会显示出来。

(2) 其他功能与网上考试相同，具体方法参照下面的“网上考试”。

(3) 学生通过个人控制台的考前练习进入练习平台。

Ⅱ. 网上考试

网上考试为学生提供了利用网络进行测试的平台，平台包含有选择题、操作题、分析题三种题型，操作方法和说明如下：

(1) 进入“选择题”，直接在上面选择答案，完成后点击“交卷”，系统自动为学生评分，得分在交卷后自动显示出来。

(2) 进入“操作题”部分，包含有题目的各种要求。根据教师的设置，里面若包含有文件下载，学生将文件另存为本地，在本机器打开文件；若有实验地址，点击链接即可链接到指定地址。实验答案直接填写即可，如果教师没有设置，则看不到文本框，不需要填写。若有答案上传，将本地文件通过浏览上传。

(3) 进入“分析题”部分，将答案直接填写交卷即可。

(4) 学生可通过系统首页的“在线测试”进入考试。

(5) 学生交卷后，将不能再参加该门考试。

参考文献

1. 简·考夫曼·温，本杰明·赖特. 电子商务法［M］. 第4版. 张楚，译. 北京：北京邮电大学出版社，2002.
2. 梁玉芬，胡丽琴. 电子商务基础与实务［M］. 北京：清华大学出版社，2003.
3. 杜煜，姚鸿. 计算机网络基础［M］. 北京：人民邮电出版社，2002.
4. 高家望. 电子商务概论［M］. 武汉：华中师范大学出版社，2002.
5. 陈月波. 电子商务概论［M］. 北京：清华大学出版社，2005.
6. 曾强. 电子商务的理论与实践［M］. 北京：中国经济出版社，2000.
7. 杨坚争. 电子商务基础与应用［M］. 西安：西安电子科技大学出版社，2004.
8. 方美琪. 电子商务概论［M］. 北京：清华大学出版社，1999.
9. 王学东. 企业电子商务管理［M］. 北京：高等教育出版社，2002.
10. 蔡元萍. 网上支付与结算［M］. 大连：东北财经大学出版社，2006.
11. 王钊. 电子商务技术教程［M］. 合肥：合肥工业大学出版社，2004.
12. 张铎，周建勤. 电子商务物流管理［M］. 北京：高等教育出版社，2006.
13. 曾剑，王景锋，邹敏. 物流管理基础［M］. 北京：机械工业出版社，2004.
14. 梅绍祖. 电子商务物流［M］. 北京：清华大学出版社，2004.
15. 黄敏学. 网络营销［M］. 武汉：武汉大学出版社，2002.
16. 冯英健. 网络营销基础与实践［M］. 北京：清华大学出版社，2004.
17. 陆卫民. 奥斯卡有奖竞猜活动引起反不正当竞争［J］. 电子知识产权，2001（4）：38-40.
18. 薛红. 再论网络服务提供者的版权侵权责任［J］. 科技与法律，2002（4）：54.
19. 刘瑞霓. 关于网络名誉权的几个问题［J］. 科技与法律，2000（4）：82-83.
20. 刘满达. 电子格式合同效力的实证分析［J］. 南京经济学院学报，2003（1）：79-85.
21. 龚炳铮. 我国电子商务的发展现状与趋势［OL］.（2004-5-8-）［2007-5-1］. http：//www.ec.org.cn/2004-05/08/content_1456844.htm
22. 曹文婷. 网上购物，是痛？还是快乐？——从网上购物看消费者权利的保护［OL］.（2005年5月8日）［2007-8-9-］. http：//www.chinaclaw.com/readArticle.asp？id=2923
23. 基振杰. 电子商务与知识管理［OL］.（2004-8-17）［2008-2-4］. http：//www.eifi.com.cn/gaofengzixun/zhishigl/zsg16.htm

图书在版编目(CIP)数据

电子商务概论/姚春荣,刘利华主编.—武汉:武汉大学出版社,2009.4
高等院校计算机技术系列教材
ISBN 978-7-307-06819-3

Ⅰ.电… Ⅱ.①姚… ②刘… Ⅲ.电子商务—高等学校—教材
Ⅳ.F713.36

中国版本图书馆 CIP 数据核字(2009)第 006126 号

责任编辑:杨 华　　责任校对:黄添生　　版式设计:詹锦玲

出版发行:**武汉大学出版社** (430072 武昌 珞珈山)
(电子邮件:cbs22@whu.edu.cn 网址:www.wdp.whu.edu.cn)
印刷:武汉中远印务有限公司
开本:787×1092 1/16 印张:16.75 字数:397 千字 插页:1
版次:2009 年 4 月第 1 版 2009 年 4 月第 1 次印刷
ISBN 978-7-307-06819-3/F·1226 定价:28.00 元

版权所有,不得翻印;凡购买我社的图书,如有缺页、倒页、脱页等质量问题,请与当地图书销售部门联系调换。

高等院校计算机技术系列教材

书目

计算机基础教程

C语言程序设计

汇编语言程序设计

计算机网络

微机原理与接口技术

操作系统（Windows版）

互联网使用技术与网页制作

Java语言程序设计

计算机网络管理与安全技术

Visual Basic 语言程序设计

Flash 动漫设计基础

办公自动化教程

计算机组成原理与设计

电子商务概论

多媒体技术与应用

数据结构